Introduction to Copyright Value

版权价值导论

段桂鉴 /等著

2018年·北京

图书在版编目(CIP)数据

版权价值导论/段桂鉴等著.—北京:商务印书馆,2017
(2018.6 重印)
ISBN 978-7-100-14966-2

Ⅰ.①版… Ⅱ.①段… Ⅲ.①版权—价值—研究—中国 Ⅳ.①D923.41

中国版本图书馆 CIP 数据核字(2017)第 180187 号

权利保留,侵权必究。

版权价值导论

段桂鉴 王行鹏 刘 计 李 劼 著

商 务 印 书 馆 出 版
(北京王府井大街36号 邮政编码100710)
商 务 印 书 馆 发 行
北京市白帆印务有限公司印刷
ISBN 978-7-100-14966-2

| 2017 年 9 月第 1 版 | 开本 880×1230 1/32 |
| 2018 年 6 月北京第 2 次印刷 | 印张 13¼ |

定价:58.00 元

自　　序

随着我国经济发展进入新常态,经济增长速度从高度增长转向中高速增长,发展方式从规模速度型转向质量效率型,经济结构调整从增量扩能为主转向调整存量、做优增量并举,发展动力从主要依靠资源和低成本劳动力等要素投入转向创新驱动。遵循经济发展新常态这个大逻辑,满足增速换挡、发展转型、结构转变、动力转换的需要,用供给侧结构性改革的方式解决经济发展的深层次矛盾,增强供给结构的适应性和灵活性,是适应新常态、引领新常态的应有之义。

当前,我国国民经济体系中的低效益、低附加值、高消耗的产业仍旧占据着较大的比重,社会生产模式多数处于"微笑曲线"中部的低端环节。以推进供给侧结构性改革为突破口,减少低端供给,扩大中高端供给,促进高知识含量、高附加值产业的发展,需要实施创新驱动发展战略,以创新作为促进产业结构优化升级的第一动力。创新离不开知识产权制度,充分利用知识产权制度的激励保护功能,发挥知识产权联结创新与发展的桥梁纽带作用,激发大众创业、万众创新的热情,让创新的源泉充分涌流,让创新的力量全面迸发,让创新的成果合理应用,促进新技术、新业态、新经济的蓬勃发展,创造更多的社会财富和价值。

版权作为知识产权的重要组成部分，主要是指文学、艺术和科学作品的创作者对其作品享有的系列权利。版权具有高知识性、高收益性、高附加值的特征，它强调通过文化、艺术和科学技术的传播和应用来促进经济活动的扩张和经济实力的增长，成为促进财富和价值创造的重要因素，对国民经济乃至区域经济发展具有突出的贡献。而版权价值作为一种价值形式，已经广泛参与到国民经济体系的生产、流通、消费活动，并具有其特定的涵义，版权价值的开发和利用本质上就是将创新成果转化为推动经济发展的生产力。

在版权经济蓬勃发展的背景下，版权服务开始向版权经济领域扩展和渗透，并逐步和整个国民经济融为一体。认识和把握版权经济的重要性，探索版权价值服务经济发展的途径，中国版权保护中心科研团队一直在致力于寻找一块理论基石，并在多年来的版权理论研究和版权服务工作的基础上，于国内外首次提出版权价值是依附于版权产品、版权企业和版权产业三个层次而存在的。这意味着，版权价值具有产品、企业、产业三个层次的表现形式，同时也具有相应的三个层次的计量方式。具体说来，版权价值表现形式的三个层次为产品层次的版权权益、企业层次的版权资产、产业层次的版权产业经济贡献，而版权价值计量方式的三个层次为产品层次的版权权益评估、企业层次的版权资产管理、产业层次的版权产业经济贡献测算。围绕版权价值的层次性，中国版权保护中心科研团队正在持续深入探索并已形成一整套完善的版权价值理论体系。

版权价值理论是阐述版权价值的创造机理、表现形式和计量方式的理论。这种理论的提出,对版权价值的创造、表现和计量构建起了一种新的研究范式,这是顺应了学术界的特殊要求,同时也是对版权价值提供了一种全新的、可供借鉴的解读视角,具有十分重要的方法论意义。鉴于研究能力和水平的限制,也恳请各位学术界同仁批评指正,提出宝贵意见。

目　　录

导言 ·· 1
　第一节　本书的研究背景 ·· 1
　第二节　本书的预期目标和研究意义 ································ 6
　　一、本书的预期目标 ··· 6
　　二、本书的研究意义 ··· 8
　第三节　本书的框架结构和论证方法 ······························ 12
　　一、本书的框架结构 ··· 12
　　二、本书的论证方法 ··· 16
　第四节　本书的现实约束与未来设想 ······························ 18
　　一、本书的现实约束 ··· 18
　　二、本书的未来设想 ··· 20

第一章　版权价值的理论研究 ··· 23
　第一节　价值理论的溯源 ·· 23
　第二节　版权价值理论 ··· 28
　第三节　版权价值的制度基础 ······································· 31
　　一、国外的版权制度 ··· 32
　　二、我国的版权制度 ··· 36
　第四节　版权价值的创造机理 ······································· 40
　第五节　版权价值的经济属性 ······································· 43

第六节　版权价值的计量评估 …………………………… 46

第二章　版权价值的基本释义 …………………………… 51

第一节　价值 ……………………………………………… 51
　　一、价值的诠释 ……………………………………… 51
　　二、价值的性质 ……………………………………… 57
第二节　版权价值 ………………………………………… 61
　　一、版权价值的概念 ………………………………… 61
　　二、版权价值的基础 ………………………………… 63
　　三、版权价值的决定 ………………………………… 72
第三节　版权价值的保护 ………………………………… 77
　　一、版权价值的保护机制 …………………………… 78
　　二、基于版权价值保护机制的版权价值保护路径 …… 84

第三章　版权价值的层次性 ……………………………… 93

第一节　版权价值的层次性内涵 ………………………… 93
　　一、版权价值自身的层次性内涵 …………………… 93
　　二、版权价值计量方式的层次性内涵 ……………… 95
第二节　版权价值自身的层次性 ………………………… 98
　　一、版权价值自身层次性的构成 …………………… 98
　　二、版权价值三个层次之间的关系 ………………… 100
第三节　版权价值计量方式的层次性 …………………… 102
　　一、版权价值计量方式层次性的构成 ……………… 102
　　二、版权价值计量方式三个层次之间的关系 ……… 105

第四章　产品层次的版权价值 …………………………… 108

第一节　版权产品 ………………………………………… 108
　　一、版权产品的定义 ………………………………… 108

二、版权产品的类型 …………………………… 109
　　　三、版权产品的特点 …………………………… 115
　第二节　产品层次的版权价值——版权权益 ………… 119
　　　一、版权权益的定义 …………………………… 119
　　　二、版权权益的特征 …………………………… 120
　　　三、版权权益的实现 …………………………… 123
　第三节　版权权益与其他计量属性的关系 …………… 130
　　　一、与版权权益相关的其他计量属性 ………… 130
　　　二、版权权益与其他计量属性的关系 ………… 135

第五章　产品层次的版权价值计量方式 ………………… 139
　第一节　版权权益评估 ………………………………… 139
　　　一、版权权益评估的定义 ……………………… 139
　　　二、版权权益评估的原则 ……………………… 140
　第二节　版权权益评估的影响因素 …………………… 145
　　　一、版权权益评估的外部影响因素 …………… 145
　　　二、版权权益评估的内部影响因素 …………… 150
　第三节　版权权益评估方法 …………………………… 155
　　　一、版权权益评估的基本方法 ………………… 155
　　　二、版权权益评估方法的适应性选择 ………… 169
　第四节　版权权益评估的应用与实践 ………………… 177
　　　一、版权权益评估的案例简介 ………………… 178
　　　二、版权权益评估的应用实践 ………………… 180

第六章　企业层次的版权价值 …………………………… 191
　第一节　版权相关企业 ………………………………… 191
　　　一、版权相关企业的定义 ……………………… 191

　　　　二、版权相关企业的类型 ……………………………… 193
　　　　三、版权相关企业的特征 ……………………………… 196
　　第二节　版权相关企业的价值创造 ………………………… 199
　　　　一、版权相关企业创造价值的价值链结构 …………… 199
　　　　二、版权相关企业价值链的基本创造活动 …………… 204
　　　　三、版权相关企业价值链的辅助创造活动 …………… 208
　　第三节　企业层次的版权价值——版权资产 ……………… 211
　　　　一、版权资产的定义 …………………………………… 212
　　　　二、版权资产的性质 …………………………………… 213
　　　　三、版权资产的分类 …………………………………… 216
　　　　四、版权资产的功能 …………………………………… 218

第七章　企业层次的版权价值计量方式 ……………………… 221
　　第一节　版权资产管理 ……………………………………… 221
　　　　一、版权资产管理的内涵 ……………………………… 221
　　　　二、版权资产管理的相关活动 ………………………… 222
　　第二节　版权资产管理的原则 ……………………………… 224
　　第三节　版权资产管理的方式 ……………………………… 226
　　　　一、版权资产的实务管理 ……………………………… 226
　　　　二、版权资产的价值管理 ……………………………… 241
　　第四节　版权资产管理的未来规划体系 …………………… 249
　　　　一、版权资产管理的标准体系 ………………………… 250
　　　　二、版权资产管理的监管体系 ………………………… 251
　　　　三、版权资产管理的服务体系 ………………………… 253
　　　　四、版权资产管理的认证体系 ………………………… 254
　　第五节　版权资产管理的应用与实践 ……………………… 254

一、版权资产管理的案例简介 ……………………………… 255
　　二、版权资产管理的案例应用 ……………………………… 261

第八章　产业层次的版权价值 …………………………………… 273
第一节　版权产业 ……………………………………………… 273
　　一、版权产业的定义 ………………………………………… 273
　　二、版权产业的种类 ………………………………………… 275
　　三、版权产业的特征 ………………………………………… 281
　　四、版权产业与相关产业的关系 …………………………… 288
第二节　版权产业的价值形成基础 …………………………… 304
　　一、经济基础 ………………………………………………… 304
　　二、文化基础 ………………………………………………… 305
　　三、政策基础 ………………………………………………… 307
　　四、制度基础 ………………………………………………… 308
　　五、技术基础 ………………………………………………… 310
第三节　产业层次的版权价值——版权产业经济贡献 …… 311
　　一、版权产业经济贡献的形式 ……………………………… 311
　　二、版权产业经济贡献的构成 ……………………………… 316

第九章　产业层次的版权价值计量方式 ………………………… 322
第一节　版权产业经济贡献测算 ……………………………… 322
　　一、版权产业经济贡献测算范畴 …………………………… 322
　　二、版权产业经济贡献测算原则 …………………………… 326
第二节　版权产业经济贡献测算对象 ………………………… 328
　　一、对经济增长贡献的测算 ………………………………… 328
　　二、对就业贡献的测算 ……………………………………… 333
　　三、对对外贸易贡献的测算 ………………………………… 335

第三节　版权产业经济贡献研究的实践情况 ……… 339
　　一、世界知识产权组织的实践情况 …………………… 339
　　二、美国国家版权局的实践情况 ……………………… 342
　　三、中国版权产业经济贡献测算的实践情况 ………… 344
第四节　版权产业经济贡献的数据分析 ………………… 349
　　一、美国版权产业的经济贡献 ………………………… 349
　　二、中国版权产业的经济贡献 ………………………… 369

第十章　基本结论 ………………………………………… 385
第一节　版权价值具有丰富的内涵 ……………………… 385
第二节　版权价值具有显著的层次性 …………………… 386
第三节　版权价值具有层次性的计量方式 ……………… 389
第四节　版权价值计量方式的应用实践 ………………… 391
　　一、版权权益评估的应用实践 ………………………… 391
　　二、版权资产管理的应用实践 ………………………… 392
　　三、版权产业经济贡献测算的应用实践 ……………… 393

第十一章　政策性建议 …………………………………… 396
第一节　强化版权价值计量方式的应用研究 …………… 396
第二节　创造版权价值计量的外部市场条件 …………… 398
第三节　突出版权价值计量的重点工作环节 …………… 399
第四节　推动版权价值计量的制度建设进程 …………… 401

参考文献 …………………………………………………… 403

附图表目录

图 1-2　版权价值的框架结构图 …………………………………… 15
表 1　版权价值层次性关键因素的比较 …………………………… 102
表 2　版权价值开发运用方式层次性的关键因素的比较 ……… 106
表 3　版权权益评估方法一览表 …………………………………… 174
表 4　版权权益评估方法的对比 …………………………………… 176
图 3　价值链结构 …………………………………………………… 200
图 4　版权相关企业的价值链 ……………………………………… 203
图 5　版权资产实务管理的示意图——"两进两出" …………… 227
图 6　版权资产实务管理的示意图——"七进七出" …………… 228
图 7　版权资产清查示意图 ………………………………………… 230
图 8　版权资产录入示意图 ………………………………………… 231
图 9　不涉密版权资产的自用流程 ………………………………… 235
图 10　涉密版权资产的自用流程 …………………………………… 236
图 11　版权资产的销售流程 ………………………………………… 238
图 12　版权资产的入股投资流程 …………………………………… 239
图 13　版权资产的置换流程 ………………………………………… 240
图 14　版权资产的报废流程 ………………………………………… 241
表 5　版权资产的权利状态表 ……………………………………… 266
表 6　版权资产的存储状态表 ……………………………………… 267
表 7　版权资产"人像"运营数据表 ……………………………… 272

表 8	美国国际知识产权联盟对版权产业的分类	276
表 9	WIPO 对版权产业的分类	278
表 10	WIPO 对核心版权产业的分类	279
表 11	文化及相关产业的类别名称	292
表 12	创意产业分类	296
表 13	内容产业的类别	299
表 14	不同国家和组织的文化产业分类与内容	301
表 15	版权产业与相关产业的具体对象比较	303
表 16	WIPO 发布的版权因子数值	325
表 17	核心版权产业、总体版权产业增加值、美国 GDP 及增长率	350
图 15	美国版权产业的增加值	351
图 16	美国版权产业增加值增长率	352
表 18	美国核心、总体版权产业、美国全国就业人数及增长率	353
图 17	美国核心、总体版权产业以及美国总就业的人数	354
图 18	美国核心版权产业、总体版权产业、总就业增长率	355
表 19	美国版权产业的薪酬	356
图 19	美国核心版权产业、总体版权产业、美国全国就业的人均薪酬	357
图 20	核心版权产业、总体版权产业与美国全国的人均薪酬的比率	358
表 20	核心版权产业中部分行业海外销售和出口所创造的收入	359
图 21	美国若干核心版权产业的出口额	360
表 21	核心版权产业中部分行业海外销售和出口所创造的	

	收入的增长率 ……………………………………………	361
图 22	部分版权行业海外销售额和美国出口总额的增长率 ……	361
表 22	核心、总体版权产业增加值及其对美国 GDP 增长的贡献 ………………………………………………………	362
图 23	美国版权产业的贡献 ………………………………………	363
表 23	核心、总体版权产业增加值及其对美国 GDP 增长的贡献率 ………………………………………………………	364
图 24	美国版权产业的经济贡献率 ………………………………	365
表 24	美国版权产业就业的贡献 …………………………………	366
图 25	美国版权产业的就业贡献 …………………………………	367
表 25	美国版权产业的对外贸易贡献 ……………………………	368
图 26	美国版权产业的对外贸易贡献 ……………………………	369
表 26	中国版权产业的增加值及其增长率 ………………………	370
图 27	中国版权产业的增加值 ……………………………………	372
表 27	中国版权产业的就业量及其增长率 ………………………	373
图 28	中国版权产业的就业量 ……………………………………	374
表 28	中国版权产业的对外贸易量及其增长率 …………………	375
图 29	中国版权产业的对外贸易量 ………………………………	376
表 29	中国各类版权产业占 GDP 比重的计算 …………………	377
图 30	中国各类版权产业占 GDP 的比重 ………………………	378
表 30	各类别版权产业产值对 GDP 的贡献率 …………………	379
图 31	各类版权产业对 GDP 的贡献率 …………………………	380
表 31	各类别版权产业的就业贡献率 ……………………………	381
图 32	各类别版权产业的就业贡献 ………………………………	382
表 32	各类别版权产业的贸易贡献 ………………………………	383
图 33	各类别版权产业的贸易贡献 ………………………………	384

导　　言

第一节　本书的研究背景

进入新世纪以来,随着人类社会逐渐发展到以知识、文化和科学技术为主的知识经济时代,知识创新、文化创作和服务产业成为新经济时代的典型特征。当前,知识经济将成为继传统的农业经济、工业经济之后主导国民经济发展的经济形态,掌握知识经济发展的主动权和控制知识经济发展的制高点,是世界各国提升本国在新经济时代的创新能力和竞争实力的重要手段。因此,促进知识经济的大幅度、跨越式发展,发挥知识、文化、艺术和科技因素对国民经济发展的重要作用,加强版权保护对经济社会发展的促进功能,这是知识经济时代的永恒主题。

在知识经济时代,人类不但创造触手可及、视而可见的物质形态的产品,而且开始更多地创造无形的、虚拟化、符号化的非物质形态的产品。作为凝结着人类创造性劳动的文化、艺术和科技产品,其终极价值也不再仅是满足人类的生存发展需求的使用价值或其所具有的独特的、用以进行市场交易的交换价值,而在于对人类生活品质、个体欲望、感官享受和艺术追求的满足感。这些产品的创作、流通、交易、推广等一系列活动创造一种特殊的价值形式——版权价值。这些产品的创作、流通、交易、推广过程本身就是版权价值创造、传递和转移的过程，并使版权价值不断向中观层次的版权企业和宏观层次的版权产业渗透和扩散。然而，以往对版权价值的研究多是从版权制度层面展开的规范性研究，但这难以对版权的经济价值进行详尽到位的分析和阐述，有鉴于此，需要从技术层面探索版权价值的新的研究角度——版权价值的计量评估，进而有效说明版权价值促进社会经济发展的现实功能。

文化经济学家思罗斯比(Throsby)认为，当思想和创意成为创新的起因，并由此成为技术进步的推动力量，版权对于社会创新的价值就会充分显现，并促进思想和创意最终会转换为促进社会经济发展的现实社会生产力[1]，形成社会经济体系中的一种新的生产函数和一项发明的应用[2]。艾米顿(Emyton, 2006)指出，版权对于创新的作用是把创新过程转化为3C过程，即知识创造(knowledge creation)、知识转化(knowledge conversion)和知识商业化(knowledge commercialization)。在这一过程中，版权价值将使新知识、新思想、新创意和新设计实现由诞生到获取利益的一系列商业化过程，并

---

[1] Thieny M., Salomon M., VanNunen J., ete. Strategie Issue in Produet Reeovery Management. California Management Review, 1995, 37—43.
[2] [美]熊彼特：《经济发展理论》，何畏、易家详等译，商务印书馆2000年版，第103—110页。

物化为实实在在的外部存在①,即形形色色、多种多样的版权产品、版权企业和版权产业。按照英国创意产业小组的研究成果,版权产业与创意产业的范畴相类似,都是以个人思想、创意、技巧及才华为基础,通过知识产权的开发和运用,具有创造财富和就业潜力的行业。

哈佛大学教授迈克尔·波特在其著作《竞争优势》中首先提出了"价值链"(valuechain)的概念。波特指出,企业从建立、投产、经营以及扩大生产经营规模所经历的一系列活动,既有各项生产要素的投入和运用,同时又反映了价值增值的全过程,这一系列活动连接成的一条完整的链条,即是价值链。价值链实质上就是一系列连续完成的价值活动,是各种生产要素转换成系列最终产品并不断实现价值增值的过程②。通常来说,价值的形成过程都是遵循这样的轨迹得以实现的,版权价值亦不例外。版权价值不仅表现出纵向形成过程的特征,还鲜明地表现出扁平化的层次性特征。版权价值的层次性,主要是指产品层次(微观层次)的版权价值—版权权益、企业层次(中观层次)的版权价值—版权资产和产业层次(宏观层次)的版权价值—版权产业经济贡献。对应于版权价值三个层次的表现形式,版权价值的计量方式也表现出对应的三个层次,即产品层次的版权价值计量方式—版权权益评估、企业层次的版权价值计量方式—版权资产管理和产业层次的版权价值计量方式—测算版权产业经济贡献。版权价

---

① Emyton. Knowledge Creation Knowledge Conversion Knowledge Commercialization. International Journal of Uthan and Regional Researeh,2006,3—5.

② [美]迈克·波特:《竞争优势》,陈小悦译,华夏出版社1997年版,第108—120页。

值的层次性是版权价值的重要属性。在解析版权价值基本结构的基础上,准确计量版权价值,紧密连接和整合版权价值不同层级之间的关系,进一步突出在微观层次、中观层次和宏观层次对版权价值开展计量评估的必要性,是对版权价值理论研究的一大突出贡献。

在版权价值的形成过程中,版权产品的创作、流通、交易、推广等活动作为能够创造巨大价值的核心环节,承担着价值增值、转移和实现的重要任务和使命。正如马克思指出的,"商品是价值的物质承担者,社会的生产经营过程,是价值形成、价值增值和价值实现过程的统一"①。在知识经济时代,文学写作者、艺术创作者、软件编写者、影视摄制者、音乐开发者、技术创新者进行创作的时候,其所创造的价值就源于依赖知识、思想和创意而进行的创造性劳动。版权产品通过创造性劳动将各种各样的知识、思想、创意加以利用,并进一步将其符号化、艺术化和形象化,相应的消费者通过与版权产品的创作者或流通者进行交易而消费版权产品,最终实现了各个利益相关者基于版权而享有的权利和利益。从事版权产品创作和开发的版权相关企业,如新闻出版企业、文化演艺企业、影视传媒企业、互联网企业、软件服务企业等,通过版权价值的开发和运用,使得企业的价值重心逐渐由有形的资产转向无形的资产,并成为企业成长与发展的主要支撑。在版权产业方面,新闻出版、文化艺术、广播影视、软件数据库等行业的蓬勃发展,将版权价值转化为实实在在的经济贡献,这不仅在于版权产业能够带来国民经济的繁荣和发展,而且能够有效促进社会就业和扩大对

---

① 马克思:《资本论》第一卷,人民出版社1975年版,第45页。

外贸易规模,最大限度地挖掘国民经济发展潜力和增强国际竞争实力。

从版权价值层次性的应用实践来看,对应于产品、企业和产业层次的版权价值表现形式,版权价值计量方式的层次性则有效地整合和优化版权价值创造、转移和实现之间的关系,在价值创造、优化配置和开发运用过程中实现版权资源的合理利用。通过对版权价值计量方式的应用实践,这些基于共同目的(创造价值和计量价值)的实践活动在同一横向维度上构成版权价值计量方式的三个层次的格局。具体说来,版权权益评估、版权资产管理和测算版权产业经济贡献,将不相关联、彼此独立、互不统属的价值计量行为,整合成一系列相互促进而又联系紧密的、系统性的、层次性的计量活动,实现版权价值计量活动由小到大、由弱到强、由无序到有序、由分散到集中、由各自为战到系统集成的实质性转变,发挥版权价值对创新文化金融、资产资源管理和社会经济发展的重要支持作用。

通过研究版权价值的层次性,在产品、企业和产业三个层次上构建版权价值的表现形式和计量方式的模型,理顺版权价值在产品、企业与产业三个层次上的表现形式及其计量方式之间的关系,提升人们对版权价值创造、版权价值表现和版权价值计量的认识和理解,进一步完善和健全版权价值理论,不断推动版权价值层次性向相关领域渗透、延伸和拓展,有利于在版权产业链中形成合理的版权价值创造和计量活动的利益关系,进而为我国版权产业的改革发展提供新的理论依据和实践经验。

第二节 本书的预期目标和研究意义

一、本书的预期目标

在知识经济时代,社会竞争已经演变为以知识、文化、技术和创新能力为主导的文化、艺术和科技领域的竞争,版权价值的功能和作用比以往任何时代都更为重要。当前,版权价值已经成为促进社会经济创新发展的至关重要的资源,也是保证社会经济能够持续获得发展动力的新源泉。由于版权价值构成的多样性,本书在综合分析版权价值构成的基础上,有针对性地对版权价值的层次性开展分析研究,具有独特的预期目标。

（一）构建版权价值理论体系

当前,版权价值理论的研究还处于快速深化、发展的阶段,而版权价值层次性的研究将有助于推动版权价值理论不断创新和发展,并逐渐构建起一整套完善的版权价值理论体系。在版权产业迅速崛起的背景下,开展对版权价值的表现形式和计量方式的分析和研究,进一步明确版权价值层次性的研究领域、研究内容和研究方向,探索不同层次的版权价值的计量方式,深刻揭示版权价值的创造、转移和实现活动的基本规律,可以增强全社会对版权价值的认识和理解,对于丰富和发展版权价值理论,进而构建完善的版权价值理论体系具有重要的意义。

（二）丰富发展版权经济理论

版权价值层次性的有关研究主要是对版权价值的经济属性展开分析，旨在阐述版权经济价值是促进社会经济发展的重要因素。立足于社会经济发展的现实需要，将版权经济作为拉动国民经济发展的新引擎和新源泉，重视版权价值在提升经济发展质量、推动创新体系构建和培育新经济增长点方面的重要作用，为社会经济的持续、健康、快速发展注入新的活力和动力，需要加强对版权价值经济属性的分析研究。因此，版权价值层次性的研究活动必然会促进版权经济理论的丰富和发展，为突出和挖掘版权价值的经济属性提供理论指导。

（三）形成版权价值研究范式

此前，学术界对版权价值的研究更多的是从版权制度层面展开分析的，而从计量评估角度对版权价值的研究则相对较少。版权价值的层次性理论首次提出在三个层次上对版权价值展开研究和计量评估，提出版权价值在微观层面、中观层面、宏观层面具有不同的表现形式和计量方式。因此，研究版权价值的层次性，在产品、企业和产业层次上解构版权价值，可以形成综合性、多角度、扁平化的版权价值研究范式，对于拓展版权价值的研究角度和维度，充分挖掘版权价值的增值潜力具有重要的意义。

（四）创新版权价值计量方法

从实践角度看，版权产品的创作、版权企业的运营和版权产业的发展均需要注重版权价值的计量和评估。加强版权价值层次性研究，将版权价值计量评估的新思想和新理念引入版权产品创作、版权企业运营和版权产业发展过程，对版权价值计量、核算、评估的核心环节、组织结构、基本流程和模式机理等问题展开研究,在这一链条的循环和运转过程中进一步突出版权价值计量评估的重要性。在此基础上,逐步建立一整套与我国国情相适应的、符合版权行业发展需要的、完善健全合理的版权价值计量方法,提高版权价值创造和运用中的计量评估水平和效率,进而努力实现版权价值的经济功能。

二、本书的研究意义

(一) 理论意义

1. 促进文化金融理论的创新和发展

文化的核心是版权,文化产业兴旺发达的基础支撑是版权价值。以版权价值为核心,推进文化金融理论的创新发展,充分发挥金融引导资源配置、调节经济运行、服务经济社会的重要作用,针对我国文化产业的发展提出了切实有效的金融解决方案,是文化金融理论的重要使命。版权与股权、债权、物权等财产权利具有同样的价值属性,并表现出其优于其他财产权利的更大增值潜力。在推动文化金融业务发展方面,作为文化产业的核心资产和文化金融服务的关键要素,版权价值的运营和开发具有不可忽视的重要作用。加强版权价值的研究力度,有利于创新和发展文化金融理论,按照"资源资产化、资产资本化、资本产权化、产权金融化"这样一条清晰的路线,发挥版权作为文化产业的"灵魂"、"货币"的重要功能,并以版权价值为支撑,推进文化与金融对接,突出文化金融理论指导文化金融实践的作用。

2. 促进财务会计制度的创新和发展

随着版权产业的迅速发展,很多企业的财务管理重心逐渐由注重对有形资产的管理过渡到有形资产和无形资产并重的局面,某些企业甚至是注重无形资产管理要显著高于注重有形资产管理。当前,由于无形资产的构成内容也较之前更为复杂多样,如版权等无形资产需要在财务管理中加以明确。但是,当前的财务制度尚不能适应以无形资产管理为重心的财务管理工作的需要,主要表现在:一是财务制度未能体现企业追求无形资产价值最大化目标的诉求,沿用的依然是有形资产占据主导地位情况下的相关规定;二是财务制度对无形资产特别是对版权价值的计量和评估未予以足够重视,尚未明确有效适应无形资产及版权价值计量和评估的专业方法;三是财务指标的设计方面,尚未对无形资产的构成内容加以细分,未按照财务管理的要求对会计记账科目进行拓展和延伸,如当前的财务制度中还没有对应于版权资产的财务指标,所涉及到的版权资产内容均以"无形资产"的形式加以记录,不利于企业有针对性地对版权资产进行财务管理。版权价值理论的研究立足于上述基本问题,通过深入分析版权价值的内涵及层次性,突出版权价值在微观、中观和宏观层次对社会经济发展的重要意义,提出版权价值的表现形式及其相应的计量评估方式,并为版权资产的财务管理提供更为清晰明确的财务标的和评估认定方法,针对当前财务会计制度提出合理的修订建议,促进财务会计制度的创新和发展。

(二) 实践意义

1. 激励引导版权产品创作生产

版权产品的创作和生产是文化、思想、创意等要素物化为版权产品的过程,同时也是产品层次的版权价值创造和形成的过程。立足于版权产品的创作生产活动,版权价值就是凝结在单个版权产品中的人类创造性劳动的成果。版权价值的开发和利用,本质上就是版权产品的创作者凭借所拥有的版权权利获得物质报酬和经济利益的活动,是对创作者在付出创造性劳动的同时所获得的相应回报,进而激发创作者进一步创作生产版权产品的积极性和主动性,并有足够的动力和激励机制将自己的创新成果转化为推动社会发展的现实生产力。开展版权价值层次性的研究,在产品层次上分析和探讨版权价值的表现形式和计量方式,科学地认识开发运用版权价值对版权产品创作生产的重大意义,通过促进新闻出版、广播影视、文学艺术、文化娱乐、广告宣传、美术绘画、计算机软件等产品的生产创作,推出一批反映社会消费需求、富有创新精神、体现行业水准的文化、艺术和科技精品,推动版权要素大范围、跨领域地高效有序流动,最大限度地挖掘、推广、放大和保护版权产品的价值,推动版权产品生产和创作活动的蓬勃发展。

2. 合理开发运用企业版权资产

对于版权相关企业的管理者来说,版权资产是企业经营和管理的核心内容,也是企业资产管理活动的最重要的关注点。版权资产对于版权相关企业也是非常重要的资产形式,拥有的版权资产的数量多寡、价值的高低、品质的优劣是促进企业生存和发展的支撑力量,是衡量一个企业的发展潜力和竞争力的重要指标,也是企业能够长期稳定获得利润乃至超额利润的重要保障。由于以知识、文化、科技等资产形式为代表的版权资产具有显著的边际报酬递增效应①,较之企业所拥有的有形资产,版权资产对企业具有更强的增值潜力,能够迅速为版权相关企业创造价值、提升价值和实现价值。因此,开展版权价值研究,通过对企业所拥有的版权资产进行有效清查、核算和管理,构建起健全合理的企业版权资产管理体系,可以有效地确认版权相关企业所拥有的版权资产的价值额度,进一步明确版权资产在企业成长壮大过程中的重要地位。加强版权资产管理,突出知识、文化、科技等因素对企业创新发展的重要作用,既可以有效分析企业价值中的核心资产因素,又可以为版权相关企业管理者提升企业资产管理水平和实施科学管理措施提供参考建议,最终为版权相关企业合理开发运用版权资产奠定基础。

3. 促进版权产业健康快速发展

在知识经济的背景下,研究版权价值的层次性,在宏观层次上也必然会促进版权产业的健康快速发展。版权产业由于具备高成长性、高融合性、高收益性和高附加值等特征,对国民经济乃至区域经济的发展具有突出的经济贡献,而版权价值则是版权产业发展的基础支撑。知识经济是建立在知识、文化和信息及相关服务的生产、存储、使用和消费基础上的经济形态,而版权产业也是以知识、文化和科技为主要内容的业态,从一定意义上说,版权产业就是知识产业,是能够把知识迅速转化成经济效益的产业,其表现出的低能耗、低污染和高附加值的特性,促使国家和各地区政府部门将其作为增强区域经济竞争力的关键产业。开展版权价值研

---

① 边际收益递增是指在知识依赖型经济中,随着知识与技术要素投入的增加,产出越多,生产者的收益呈递增趋势明显。这一规律以知识经济为背景,在知识依赖型经济中生产要素简化成知识性投入和其它物质性投入。

究，从价值计量测算角度深入分析版权产业价值的内部结构、行业关系和价值增值途径，有利于建立与市场经济要求相符合的、科学化的版权产业层次的价值管理模式，进而增强版权产业的竞争优势。此外，开展版权价值层次性研究，通过计量和测算产业层次的版权价值，明确版权产业的发展状况和对国民经济发展的贡献水平，可以为政府部门制定和设计版权产业政策提供重要的参考依据，提高版权产业政策的针对性、适用性和实效性。

第三节 本书的框架结构和论证方法

一、本书的框架结构

本书主要内容是分为11章进行论述的。

导言。导言是在详细说明研究背景的基础上，阐述本书的预期目标和研究意义，介绍本书的框架结构和论证方法，并明确提出开展这一问题的现实约束和未来设想。

第一章是版权价值的理论研究。本章以价值理论的溯源为起点，阐述版权价值理论的基本内容，在此基础上对国内外有关版权价值的制度基础、创造机理、经济属性、计量评估的文献进行系统归纳和总结。

第二章是版权价值的基本释义。本章以价值的概念为逻辑起点，明确提出"版权价值"的基本涵义，并对版权价值的基础、决定因素进行阐述，围绕版权价值说明阐释版权价值保护机制的内涵和构成，在版权价值保护机制的基础上重点阐述了基于版权价值保护机制的版权价值保护路径。

第三章是版权价值的层次性。本章对版权价值的层次性进行深入分析和解读，明确界定版权价值层次性及其计量方式的内涵，并对版权价值三个层次的构成及其逻辑辩证关系和版权价值计量方式的三个层次及其逻辑辩证关系进行了探讨，为下文开展版权价值的分层次研究奠定基础。

第四章是产品层次的版权价值。本章是以版权价值产品层次的表现形式——版权权益为研究对象，立足于版权产品的定义、类型和特点，对版权权益的定义、特征和实现进行了阐述和说明，并列举历史成本、重置成本、现行市价、可变现净值和未来现金流量现值等指标，将版权权益与之相比较，进而突出版权权益的特定内涵及计量属性。

第五章是产品层次的版权价值计量方式。本章是以产品层次的版权价值——版权权益为着眼点，探讨和设计产品层次版权价值计量方式——版权权益评估，着重阐述版权权益评估的定义、基本原则和影响因素，并重点介绍市场比较法、重置成本法和收益现值法等评估方法及对这些方法进行比较分析，并以案例形式具体说明版权权益评估在版权价值计量活动中的应用和实践。

第六章是企业层次的版权价值。本章是以版权价值企业层次的表现形式——版权资产为研究对象，立足于版权相关企业的定义、类型和特征，说明版权相关企业创造版权价值的价值链结构。通过界定版权资产的具体定义和阐述版权资产的性质，从来源、用途和权利归属等角度介绍版权资产的分类，进而突出版权资产所具有的功能，为研究版权资产的计量方式提供重要支撑。

第七章是企业层次的版权价值计量方式。本章是以企业层次的版权价值——版权资产为着眼点，探讨和设计企业层次版权价值计量方式——版权资产管理。围绕版权资产管理活动，主要阐述版权资产管理的内涵、相关活动、原则和具体方式，在此基础上，提出建立包括标准体系、服务体系、认证体系和监管体系在内的版权资产管理体系，并以案例方式分析版权资产管理活动的应用和实践。

第八章是产业层次的版权价值。本章是以版权价值产业层次的表现方式——版权产业经济贡献为研究对象，立足于版权产业的定义、种类和特征，通过阐述文化产业、创意产业、内容产业的具体内容，全面比较版权产业与上述各类产业的异同。本章分析了产业层次版权价值的形成基础，进一步介绍产业层次的版权价值——版权产业经济贡献的不同形式，着重说明产业层次的版权价值侧重研究版权产业的直接经济贡献，其主要包括版权产业对经济增长的贡献、就业的贡献和对外贸易的贡献。

第九章是产业层次的版权价值计量方式。本章是以产业层次的版权价值——版权产业经济贡献为着眼点，分析产业层次的版权价值计量方式——测算版权产业经济贡献，主要阐述版权产业经济贡献测算的范畴、原则和对象，通过搜集美国版权产业和中国版权产业相关的数据资料，测算美国版权产业和中国版权产业的经济贡献水平。

第十章是结论。本章是在全书研究成果的基础上得出基本的研究结论，提出版权价值具有丰富的内涵，版权价值及其计量方式具有层次性以及版权价值计量方式具有较强实践性等结论。

第十一章是政策性建议。本章是围绕版权价值的理论研究及计量评估的需要,提出强化版权价值计量方式的应用研究、创造版权价值计量的外部市场条件、理顺版权价值计量评估工作的重点环节和推动版权价值计量评估的法律建设进程等政策建议。

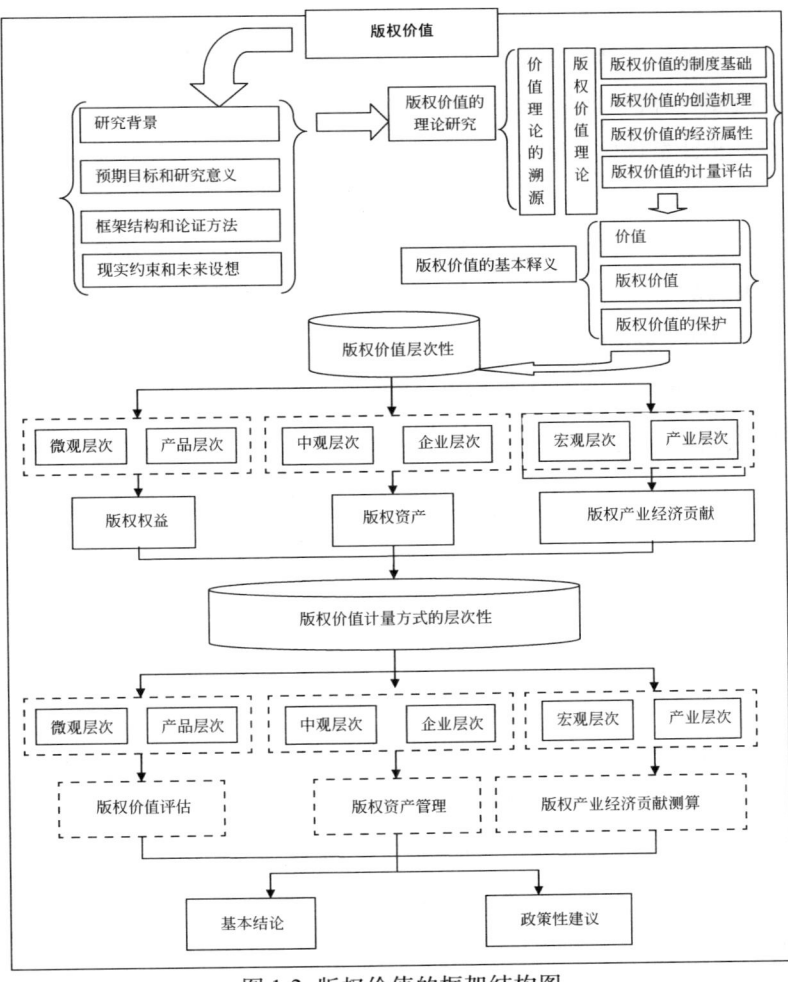

图 1-2:版权价值的框架结构图

二、本书的论证方法

（一）文献研究法

文献研究法是本书所采用的重要研究方法。本书以版权价值的内涵、构成和计量为研究对象，在版权价值的表现形式、创造机制以及计量评估方面实现对现有的研究范式与理论成果的突破和创新，是需要以版权价值的理论文献研究为起点的。在本书的理论研究章节及其他的章节，均涉及文献搜集、整理、归纳、总结为主要内容的研究或一定比例的文献研究，并对这些版权价值理论相关的文献资料进行评价。如第一章的价值理论的溯源、版权价值的创造、属性、计量评估的文献综述，又如第三章对价值链理论及版权价值层次性理论的研究综述等。这些文献资料详细地回顾、归纳与总结版权价值相关的研究成果，为全书提供坚实的理论基础。

（二）定性与定量分析法

版权价值的研究既包括"质"的问题，也包括"量"的问题，在研究方法方面，需要采取定性与定量相结合的方法。基于研究目的的差异，版权价值的一些相关因素是可以计量的，诸如规模、额度、贡献程度等，而另一些相关因素是不可以计量的，诸如概念、性质、制度、特征等。本书对版权价值三个层次的表现形式及每种表现形式的概念、特征、性质等进行了相应的定性分析，同时，对版权价值三个层次表现形式的计量方式及具体的方法进行定量分析。因此，定性分析与定量分析是本书所采用的重要研究方法。

（三）比较分析法

比较分析法是一种通过对比方式进行分析和研究的重要方法。本书在文中多处采用比较分析法。如对版权权益与其他计量属性的关系方面，将版权权益与历史成本、重置成本、现行市价、可变现净值、未来现金流量现值进行比较，表明版权权益与其他计量属性的共同性和特殊性。又如在版权权益评估方法方面，本书对市场比较法、重置成本法和收益现值法的计算方法和应用环境进行对比分析，提出在版权权益评估过程中不同评估方法的适用条件。本书在分析版权产业与文化产业、内容产业、创意产业的关系时，也运用了比较分析法。

（四）系统研究法

系统研究方法是依据系统论的基本原理来研究与分析问题的重要方法。本书对版权价值层次性的解读和分析就是运用系统研究方法，在产品层次（微观层次）、企业层次（中观层次）和产业层次（宏观层次）解读版权价值的构成，重点论述了不同层次版权价值表现形式之间的关系以及版权价值计量方式之间的关系。并且，本书对每一层次的版权价值也运用系统研究法进行分析，表明相应层次的版权价值也具有一个相对独立、完整的系统结构，进而揭示出各个层次版权价值分析的基本脉络。

（五）案例分析法

案例分析法是本书在版权价值计量方式的研究过程中所采用的重要方法。立足版权价值计量方式的实际应用问题，考虑版权价值计量和评估的现实需要，将理论分析与实践检验相结合，需要运用案例研究方法探索具体的、具有可操作性的版权价值计量方法。本书在第五章"产品层次的版权价值计量方式"、第七章"企业层次的版权价值计量方式"和第九章"产业层次的版权价值计量方式"均用具体案例对相应层次的版权价值计量方法进行应用实践。

第四节　本书的现实约束与未来设想

一、本书的现实约束

（一）版权价值计量评估结果具有不确定性

随着业界对版权价值的关注和重视程度日益加强，进一步挖掘、放大、推广和保护版权价值成为各个利益相关者的共识。但在市场经济条件下，无论何种表现形式的版权价值，其经济功能的发挥和实现是以版权价值的数额和规模为基础的，版权价值的计量和评估问题日益凸显。研究版权价值的层次性，如何较为准确地计量和评估版权价值是一个难点问题。

一方面，版权价值计量评估的不确定性源于版权价值影响因素的易变性。版权价值发挥作用的大小受到外部宏观因素和内部微观因素的双重影响，而这些因素的变化直接提高版权价值计量评估的难度，而且还限制了版权价值的开发利用及其经济功能的发挥。在这些因素的影响下，版权价值并不是一个容易评估的量，它反映了特定条件下的版权权利所蕴含的实时价值。不同的评估环境、不同的评估时点、不同的评估目的、不同的评估方法，版权价值的额度往往是不同的，版权价值的实现程度也各存差异。以版权产品为例,产品层面的版权价值不仅受到经济发展趋势、所处行业的景气程度、市场供求状态、竞争对手实力、版权保护氛围等因素的影响,而且还受到企业的市场发展策略、技术创新和产品研发能力、产品生命周期、生产设备水平等因素的影响。这些因素综合体现了版权产品所拥有的实际价值,同时也在很大程度上决定版权产品的市场价格围绕版权产品的实际价值起伏波动的态势。

另一方面,版权价值计量评估的不确定性源于其自身具有的特性。在版权价值计量评估过程中,准确了解和掌握待评估标的物的性质并不容易。例如企业所拥有的版权资产,自创而生的版权资产和采购而来的版权资产是企业版权资产的两大基本来源,以创作成本的形式还是以采购价格的形式记录版权资产价值,需要对版权资产的来源以及历史记录进行清查整理,这并不容易做到。此外,计量评估版权资产的价值,需要明确版权资产的使用期限,除法律规定的版权资产使用期限之外,其余的版权资产有效使用期限难以准确地确定;用于投资和运营的版权资产的未来预计收益也是不确定的,这也增加计量评估工作的难度。

(二)财务规范对版权价值管理的不适应性

我国的《会计准则》对会计科目的设计,除明确规定的会计科目之外,对版权价值的记录方式多是以其他科目加以代替,以无形资产进行记录的情况较为普遍。财务工作者在有关版权价值的财务管理工作中,易将一些表现版权价值的企业资产悉数归入无形资产的范畴,这种记账方式在很大程度上对搜集和整理版权价值的财务数据带来了很多困难和不便。当前的会计准则无法适应版权价值财务管理的需要。

首先,《会计准则》需要设计符合版权资产财务管理要求的会计科目。现行的《会计准则》对有形资产的会计科目设置较为细致,但将有形资产之外的资产项目均列入无形资产的范畴,使得无法在无形资产类别中具体体现包含哪些资产形式。对于版权资产,现行的《会计准则》中也没有可以确认和披露财务信息的相关规定,并且,即使在企业财务实务中能够得到确认和披露,但在财务报表中也无法得到充分体现。因此,《会计准则》需要针对版权资产设计相应的会计科目,使版权资产能够体现在企业的资产负债表中,准确记录企业所拥有的版权价值的信息。

其次,《会计准则》需要明确对版权资产的确认范围。《会计准则》没有明确对版权资产的确认范围,即使在未来通过设计相应的会计科目来记录版权资产,也可能面临版权资产边界不清、无法确认的局面。《会计准则》需要明确版权资产的确认范围,细分版权资产的基本类别,对符合资产管理需要的、具有可控性和可计量性的版权资产,可以适当地加以确认和披露,进而将更多的版权资产纳入到企业资产负债表内,使版权资产能够在企业的账面价值中得到体现,以便明确企业拥有版权资产的规模以及相关的运营管理情况。

二、本书的未来设想

(一)需要加强研究版权价值的社会属性

随着版权价值研究领域的延伸和拓展,分析研究版权价值的经济属性,阐明版权价值在产品层次、企业层次和产业层次上的表现形式和计量方式,进一步突出版权价值对激励版权产品创作生产、合理开发运用企业版权资产和促进版权产业健康发展的重要作用，这已经取得了一定的研究成果。但是，版权价值作为一种价值形态，不仅具有三个层次的经济属性，而且还具有不容忽视的社会属性，并且，版权价值社会属性的研究也应该是版权价值理论的重要组成部分。当前，受经济指标的引领和唯经济为中心的观念的影响，业界对版权价值的研究更多地侧重于版权价值的经济属性方面，着重于在经济层面来解读版权价值。但版权价值是一种复杂的、多元的、综合的、系统的价值形式，对版权价值经济属性的过多重视，必然会对版权价值的社会属性研究不足。鉴于版权价值社会属性的重要性，忽视版权价值中的思想价值、艺术价值、教育价值等非经济因素，就会忽视版权价值开发运用过程中的社会价值取向问题，在一定程度上限制了版权价值在思想、文化和社会建设中的支撑作用，也不利于推进版权事业和版权产业的协调发展。因此，加强版权价值社会属性的研究，明确版权的社会价值在版权价值开发运用过程中的重要作用，是需要进一步突破的研究设想。

（二）需要拓展版权经济价值的计量范围

版权经济价值具有丰富的内涵，表现出产品层次的版权权益、企业层次的版权资产和产业层次的版权产业经济贡献，但在版权经济价值的计量和评估范围方面，还存在着需要进一步拓展和延伸的领域。以产业层次的版权价值为例，版权产业对国民经济及区域经济的发展具有突出的贡献，成为许多国家或地区转变经济发展方式和提升经济发展质量的重要产业，但是版权产业对国民经济发展贡献的计量和评估还处于较为狭隘的范围。依据版权产业经济贡献的基本类型,可以划分为直接经济贡献、间接经济贡献和消费经济贡献。其中,直接经济贡献表现为版权产业对经济增长、就业和对外贸易的贡献;间接经济贡献是指与版权产业相关的各项生产经营活动向各个国民(地区)经济部门购买必要的产品及服务或通过技术联系而创造的经济贡献;消费经济贡献是源于版权产业创造的直接经济贡献和间接经济贡献所形成的国民收入被分配与使用后所产生的国内(地区)生产总值增量。但按照世界知识产权组织《版权产业的经济贡献调研指南》,版权产业经济贡献仅表现为版权产业对国民经济发展的直接贡献。本书囿于数据资料收集和调研的局限性,也未能对版权产业的间接经济贡献和消费经济贡献展开分析研究。因此,拓展和延伸版权经济价值的计量评估范围,也是本书需要突破的方向。

第一章　版权价值的理论研究

第一节　价值理论的溯源

（一）劳动价值论

劳动价值论属于政治经济学的理论范畴,经过英国古典学派的威廉·配第、亚当·斯密、大卫·李嘉图等学者的发展,后被马克思和恩格斯加以批判继承。因此说,劳动价值论的研究是以古典学派的劳动价值论和马克思主义的劳动价值论的演进发展为逻辑主线的。

威廉·配第在其所著的《赋税论》一书中提出了"劳动创造价值"的观点。通过引入自然价格[①]和市场价格的概念来分析商品的价值,说明市场价格变化是有规律可循的,这个规律就是自然价格即价值。之后,亚当·斯密在对商品的交换进行研究时,提出真实价格的概念即价值,认为价值是隐藏在商品交换背后的无形之手,

---

[①] 威廉·配第在劳动价值论的基础上考察了工资、地租、利息等范畴,认为自然价格相当于价值,是愿支付商品出售前所必须支付的地租、劳动工资和利润的全部价值。

并由此对交换价值进行了研究。此后,大卫·李嘉图在亚当·斯密价值观点的基础上,对"劳动创造价值"的观点进行深入研究,讨论了使用价值和交换价值的区别与联系,认为价值的构成不仅包括直接劳动的耗费,还应有间接劳动的耗费。

马克思吸收了威廉·配第、亚当·斯密、大卫·李嘉图的古典经济学派关于价值理论的合理成分,用辩证唯物主义和历史唯物主义的方法从根本上改造了"劳动价值论",论证了它的历史性质,并在"劳动价值论"的基础上创立了剩余价值理论。特别是以商品价值分析为基础,对交换价值、使用价值做出阐释。马克思首先界定了"价值"的概念,并系统梳理了价值量与劳动生产率的关系,提出"价值是凝结在商品中的无差别的人类劳动",其衡量的标准是社会必要劳动时间。马克思系统地阐述商品的两个因素——价值和使用价值,说明使用价值是商品的有用性,是商品能满足人们某种需要的属性,同时也是商品的自然属性;价值是凝结在商品中的无差别的人类劳动,体现着商品生产者之间交换劳动成果的社会关系,是商品的社会属性。商品是使用价值和价值的统一体。价值是商品最本质的特征,因为不仅商品具有使用价值,其他不是商品的产品也具有使用价值,所以,只有价值才能体现商品的本质,价值是商品的特有属性。作为商品二因素的使用价值和价值,是由劳动的二重性,即具体劳动和抽象劳动决定的。生产使用价值的具体劳动具有不同的性质和不同的形式。尽管具体劳动创造商品的使用价值,但不是商品使用价值的唯一源泉,商品的使用价值是自然物与具体劳动相结合的产物。抽象掉劳动的具体形式的一般人类劳动就是抽象劳动,抽象劳动形成商品的价值,是创造价值的唯一源泉。

(二) 要素价值论

19世纪初期,让·巴蒂斯特·萨伊提出土地、劳动、资本三要素共同创造价值的观点,即要素价值论。萨伊认为,生产并不是创造更多的物质,而是创造了更多的效用。地球上的物质总量,既不能增加,也不能减少,人们只不过是以新的形态把原有材料重新生产出来,扩大材料从前已具有的那种效用,或创造出材料从前没有的效用。萨伊指出,生产创造效用,就是创造财富。物品的价值源于物品的效用[①],是由物品的用途而产生的,当人们承认某种东西有价值时,所根据的就是物品的有用性。

萨伊从效用决定价值的起点出发,认为亚当·斯密把"价值创造完全归于人的劳动"是片面的。他认为,不只是劳动创造商品的价值,还有资本和土地,这三者是生产商品的三个要素,而要获取创造价值的生产要素,就需要支付生产费用,因而商品的价值又由商品的生产费用,即工资、利息和地租三者决定。劳动、资本和土地在创造商品效用时各自所耗费的代价,就是这三要素分别创造的收入,即劳动创造的工资、资本创造的利息和土地创造的地租。

要素价值理论的逻辑是,商品效用是测量商品价值的尺度,价格则是测量商品效用的尺度,而商品的价格又由市场的供求关系决定。即在一定时间和地点内,一种商品的价格会随着需求的增加与供给的减少而成比例地上升。反之亦然。综观萨伊的要素价值论,尽管在不同的场合表现为"效用论"、"生产费用论"、"价格论"等,但其核心仍然是"要素创造价值"的思想。

---

① 钟祥财:"萨伊经济思想再议",载《贵州社会科学》2010年第4期。

(三）均衡价值论

均衡价值论由剑桥学派的代表人物阿尔弗雷德·马歇尔提出。该理论是以供求关系为主线，认为边际效用决定需求，生产费用决定供给，而需求和供给的均衡则决定了均衡价值（价格）。马歇尔的价值理论是将交换价值作为桥梁，用价格代替了价值的概念，所以其理论又称为可替代性理论。应当指出的是，均衡价值论将价格与价值等同起来，其价值概念的核心内容是价格。

马歇尔以英国古典经济学中的"生产费用论"为基础，吸收边际分析概念论述价格的供给一方，又以边际效用学派中的边际效用递减规律为基础，对其进行修改并论述价格的需求一方，认为商品的市场价格决定于供需双方的力量对比。均衡价值论认为，均衡价格是指需求价格和供给价格①相一致时的价格。马歇尔分析了均衡价格的三种形式：暂时的、短期的和长期的均衡价格，研究了生产成本的三种情况：递增成本、递减成本、不变成本，提出了"弹性"理论、生产者剩余和消费者剩余概念，并设计了供给曲线、需求曲线及其公式。马歇尔还用均衡价格分析方法论述了工资、利息、利润、地租，这分别是劳动、资本、企业家才能和土地的均衡价格。

均衡价值论认为，在其他条件不变的情况下，商品价值是由受商品供求状况影响的均衡价格决定的，这是马歇尔庸俗经济学说的核心和基础。均衡价格是指一种商品的需求价格和供给价格相

---

① 需求价格是消费者对一定数量的商品所愿支付的价格；供给价格是生产者为提供一定数量商品所愿接受的价格。

一致时的价格,也就是这种商品的市场需求曲线与市场供给曲线相交时的价格。均衡价格被认为是经过市场供求的自发调节而形成的。需求价格是买者对一定数量的商品所愿意支付的价格,是由该商品的边际效用决定的;供给价格是卖者为提供一定数量的商品所愿意接受的价格,是由生产商品的边际成本决定的。马歇尔用商品的均衡价格来衡量商品的价值,认为均衡价格和价值是一致的。他通过对需求和供给的分析,指出在供给和需求达到均衡状态时,产量和价格也同时达到均衡。

(四)效用价值论

效用价值理论,也称为边际效用价值理论,其核心观点主要为:价值是使用者对商品效用满意程度的主观评价。效用价值理论认为,价值并非实体,也不是商品的内在客观属性,而是表示物品满足某种欲望的能力与欲望本身之间的关系,即人对物品效用的主观感觉和评价。效用学派是这样解释价值含义的,价值,就是使用价值,因为只有具有使用价值的物品才能带来满足感。此外,交换价值是由使用价值所决定的,使用价值是交换价值的物质基础。由于商品的有用性千差万别,使用价值很难找到一个统一的衡量标准,于是就从人的主观比较出发,判断效用的大小和高低。换言之,不同的使用价值在人们心中的尺度是可以比较的。

效用论者认为,价值纯粹是一种主观心理现象。价值起源于效用,而效用和稀缺性是价值得以出现的必要条件。因为只有在物品相对于人的欲望处于稀缺状态时,才构成价值的不可缺少的条件,从而引起人的评价,即价值。价值尺度是边际效用,而边际效用的出现是人的享乐定理,即"戈森定理"①发生作用的结果。按照效用递减规律,物品对人的效用会随欲望的不断被满足而递减;如果物品数量无限,则欲望可得到完全满足,即达到欲望饱和状态,这意味着欲望强度递减到零,从而满足该需求的物品效用也完全消失。物品满足边际欲望的能力就是边际效用,它必然是物品一系列递减效用中的最后一单位物品所具有的效用,即最小效用。因为只有这个边际效用最能显示物品价值量的变动,即随物品数量增减而发生的、相反方向的价值变动。所以,边际效用可以作为价值的衡量尺度。

第二节 版权价值理论

价值理论的溯源,主要是指包括劳动价值论、要素价值论、均衡价值论、效用价值论等价值学说和流派。基于不同的研究起点,对不同的理论学说和流派的认可和归属感也是大不相同的。但是,无论是哪一种理论学说,都是发展着的理论,而不是机械的、一成不变的、教条式重复的理论,并且,理论总是跟随实践的需要而不断获得充实和发展的,价值理论也同样处于这样的境地。就对

---

① 1854年德国经济学家H.H.戈森提出人类满足需求的三条定理:①欲望或效用递减定理,即随着物品占有量的增加,人的欲望或物品的效用递减。②边际效用相等定理,即在物品有限条件下,为使人的欲望得到最大限度的满足,务必将这些物品在各种欲望间作适当分配,使人的各种欲望被满足的程度相等。③在原有欲望已被满足的条件下,要取得更多享乐量,只有发现新享乐或扩充旧享乐。这三条定理后来被称为戈森定理。

上述价值理论的基本态度而言,笔者是马克思主义劳动价值论的认可者和追随者。但是,现实中所存在的、亟待解释的价值问题,促使笔者对价值理论的研究必须探索马克思主义劳动价值论的新的理解思路和研究范式,尤其是在知识经济条件下,迫切需要新的价值理论解释这种经济形态下的价值创造和计量方式。

在知识经济条件下,创造价值的劳动从以标准化、模式化和同质化为特征的传统形式向以独特性、个性化、差异化为特征的新形式转变。在新的价值创造方式中寻找马克思主义劳动价值论的现实形态,需要重点阐述一种新的劳动形态——创造性劳动。以创新性为特征的创造性劳动,不仅表现为满足人们精神文化消费需要而创作文化创意产品的劳动,而且表现为社会化大生产主导下的物质资料生产体系提供创意设计服务的劳动。

具体说来,创造性劳动是以知识劳动、智力劳动、创意劳动为主的,且需与体力劳动相结合的复合型劳动。狭义的创造性劳动,区别于生产物质财富的劳动形式,是纯粹以满足精神文化需要为核心的文化、艺术、科技产品的生产劳动,如文学作品的创作、艺术品的创造等。这种类型的创造性劳动,需要经历一个从创意、构思到创作,再到完成,直至修改完善的过程。在这个过程中,依靠纯粹的智力劳动是无法完成作品创作的,而是完成创作作品的第一个步骤,因为一部作品要面对广大文化产品的消费者,还需要经过复制、出版、发行的过程,还需要通过一系列的推广、宣传、销售活动才能被消费者所认知、了解和接受。因此,只要作品的创作者是为了将作品推向市场,而不是为了创作而创作的话,就需要借助其他类型的劳动才能最终完成产品的生产和再生产过程。广义的创造性劳动,存在于完整的文化创意产品乃至其他产品的生产链之中,这种形式的劳动贯穿文化创意产品的创作、设计、研发,再到产品成形,最后推向市场的一系列过程,且可以为非文化创意产品充实新的文化内涵和提高其文化品位,增强产品的竞争性和差异性,使传统的产品成为思想、构思和创意的载体。无论是文化创意产品,还是非文化创意产品,从个性化、差异化的思想、构思和创意转化为有形的作品,再以标准化、模式化、统一化的生产活动被推向市场的过程,本身就是一个创造性劳动及与其他类型的劳动相协作的劳动过程。

创造性劳动,这种源于人类大脑中的最活跃、最宝贵的创造力所主导的劳动形式,相对于创造和形成价值的一般性劳动而言,是取之不尽、用之不竭的价值源泉。"依托科学力、知识力创造财富是当前财富生产的新方式,也是财富创造效率最高的模式"。[①] 在现实社会中,以创造性劳动为核心的新型劳动形态已经成为创造价值的最活跃的劳动形式,并且,其创造的价值依然是马克思主义劳动价值论所阐述的"凝结在商品中的无差别人类劳动",只是这种价值在知识经济形态下被赋予了一个新的称谓——版权价值,由此形成的价值理论就是版权价值理论。突出马克思主义劳动价值论在知识经济时代的指导意义,必须构建起马克思劳动价值论的普遍原理在新的历史条件下的解读模式,进而满足社会经济发展实践对马克思劳动价值论提出的新的要求,版权价值理论正是在这种形势下应运而生的。

版权价值理论是阐述创造性劳动创造版权价值的机理及版权

---

① 刘诗白:"现代财富的性质、源泉及其生产机制",载《经济学动态》2005年第11期。

价值计量方式的理论。在知识经济条件下，创造性劳动日益融入和渗透到社会经济生活的方方面面、边边角角，但这种创造性劳动是如何创造价值的问题，却是鲜见有文献对此展开系统的论述。学术界需要一种新的理论学说阐述创造性劳动在版权价值创造过程中的重要作用，也需要客观的分析创造性劳动在知识经济发展中所扮演的重要角色。基于此，版权价值理论的提出，尝试对创造性劳动的价值创造问题构建一种新的研究范式，这不仅是顺应学术界的这一特殊要求，同时也是对创造性劳动的价值创造问题提供了一种全新的、可供借鉴的解释，具有十分重要的方法论意义。

第三节 版权价值的制度基础

美国著名法学家罗斯科·庞德提出，"价值问题虽然是一个困难的问题，但它是法律科学所不能回避的。"[①]对版权价值的研究，始于版权制度的出现，只有在版权制度出现以后，文学、艺术和科学领域内具有独创性并能以某种有形形式复制的智力成果才附着了相应的人身权和财产权，也即版权，此时对版权价值的研究才有了明确对象。因此，对版权及版权价值的研究应是从对版权制度的研究开始，并伴随着对版权制度的演进和完善而不断发展。通过对版权制度的简单梳理，从源头上把握版权的概念，可以帮助我们从整体上了解版权价值的起源。

---

① [美]庞德：《通过法律的社会控制——法律的任务》，沈宗灵、董世忠译，商务印书馆1984年版，第55页。

一、国外的版权制度

1450年,德国人古登堡印制《拉丁文文法》以后,欧洲大陆的印刷术进入了实用阶段,并在短短的几十年时间里迅速传到了西欧各国,逐渐产生了以控制信息传播、维护产业利益为目的的书商印刷特权。这在英国的发展最为典型,简单来说,其内容主要表现为:只有获得王室特许的书商(以书商公司的会员为主)才能从事印刷业务,而作为书商公司对图书印刷的管理机制,书商必须将书稿提交到书商公司的登记大厅进行注册登记,然后才能进行印刷,一切未经许可的印刷活动都将受到书商公司的处罚。尽管这还不能算是真正意义上的版权制度,但可认为是版权制度的雏形。

直到17世纪中叶,英国发生了"资产阶级革命",出版业和出版制度也经历了重大变革。1640年的革命爆发后,星法院①被关闭,王室出版审查制度中止,书商公司失去了政治依靠,出版市场的垄断也逐渐被打破。书商集团在失去原有地位之后,以维护图书业秩序为由,通过上书议会等方式要求恢复出版许可制。加之以部分文学家为代表的知名人士对创作者的报酬、鼓励创作及繁荣文化的强烈呼吁,英国安娜女王于1709年批准并由议会通过颁

---

① Star Chamber,也译作"星室法庭",成立于1487年的英国,由于位于西敏寺一个屋顶有星形装饰的大厅而得名。它同枢密院、高等法院等构成英国封建王朝最重要的专制机器,特别是在惩治出版商上一直充当重要的角色,"成为英国报纸出现前一长段历史中禁止自由发表意见的又一障碍"(美国新闻史学家埃默里)。星室法庭也成为英国专制制度的象征。1641年7月英国资产阶级革命初期,由长期议会通过法案予以取缔关闭。以上资料改编自维基百科:http://zh.wikipedia.org/wiki/星法院。

布了《安娜女王法》①，该法于 1710 年生效。

《安娜女王法》被认为是世界上第一部现代著作权法。该法案首次规定了作者的权利，实现由保护出版者利益为核心的立法精神转变为保护创作者利益为核心的立法精神，是版权制度的重大突破，具有划时代的意义。《安娜女王法》明确提出了"登记注册"的要求，规定对已出版作品取得保护的条件是在书籍业行会的登记簿上进行登记，也即作品创作完成后，要取得著作权，只有经过登记注册才能取得，此即为著作权登记取得制度。受其影响，许多英美法系国家和少数大陆法系国家纷纷效仿。

美国于 1783 年脱离英国的殖民统治，在其后 3 年内，13 个州都分别参照英国《安娜女王法》制定了本州的著作权法。在 1787 年制定宪法时，美国政府更是将著作权写入国家根本大法②。根据宪法的规定，美国国会于 1790 年通过了第一部联邦《著作权法》。这部《著作权法》确立了著作权登记存档制度，规定著作权登记机关为各地方法院设立的专门办公室。并且，《著作权法》规定，出版发行后的作品，只有在进行著作权登记后才能得到法律的保护。1870 年，美国联邦《著作权法》修正案将各地区法院的著作权登记职能统一收归由美国国会图书馆行使，由国会图书馆授权其下属的美国版权局负责著作权登记和存档等事宜。

---

① 又译作《安娜法》《安妮法》和《安娜法令》等，原名为《为鼓励知识创作授予作者及购买者就其已印刷成册的图书在一定时期内之权利的法》，英文全称为"An Act for the Encouragement of Learning, by Vesting the Copies of Printed Books in the Authors or Purchasers of Such Copies, during the Times Therein Mentioned"。

② 美国《宪法》第一条第八款规定了国会拥有"保障著作家和发明家对其著作和发明在限定期间内的专有权，以促进科学与实用技艺的发展"的权利。

1886年，各与会国在瑞士伯尔尼通过《伯尔尼公约》①，标志着国际版权保护体系的初步形成。《伯尔尼公约》以国际公约的形式确立了"自动保护"原则，根据该公约，受保护作品的作者自动享有各国版权法律给予其所有权和该公约规定的权利，不用再履行任何手续。现行《伯尔尼公约》第5条第2款规定："享有和行使这些权利不需要履行任何手续，也不论作品起源国是否存在保护。因此，除本公约条款外，保护的程度以及为保护作者权利而向其提供的补救方法，完全由被要求给予保护的国家的法律规定。"

虽然《伯尔尼公约》规定了作品著作权的"自动保护"原则，但这只是对公约的成员国具有一定的约束力，并且，《伯尔尼公约》未干涉各成员国的著作权法关于著作权的登记取得制度或登记是行使著作权相关权利的前提条件的规定。如1919年的西班牙《著作权法》第36条规定：履行登记手续，是享有本法中所授予的任何权利的前提。直到1987年西班牙的新著作权法才废除了著作权的登记取得制度。但受西班牙著作权法影响颇深的拉丁美洲和少数非洲国家，如阿根廷、乌拉圭、巴拿马和哥伦比亚等，仍要求作者将作品提交著作权管理部门进行登记，否则不受著作权法的保护。

由于《伯尔尼公约》的著作权自动保护原则等一些规定与美国的《著作权法》有一定的冲突，因而美国在1989年以前一直没有加入《伯尔尼公约》。为了调和这种矛盾，1952年，与会国在瑞士日内瓦签订了《世界著作权公约》②，这样一来，以美国为代表的部分

---

① 全称为《保护文学和艺术作品伯尔尼公约》（Berne Convention for the Protection of Literary and Artistic Works）。

② Universal Copyright Convention，也称为《世界版权公约》。

美洲国家的作品可以在其他成员国受到国际公约的保护,而伯尔尼联盟也希望美国能够加入一个世界性的版权公约。与《伯尔尼公约》不同,《世界著作权公约》采取的是"非自动保护原则",但也不要求以登记为取得著作权保护的前提条件,而是要求以加注版权保留标记为保护条件。所谓"加注版权保留标记",即在作品首次出版时,每一份复制品上都标有著作权符号"©"、著作权人姓名、首次出版年份。依据公约第 3 条的规定,除标明上述标记外,如果成员国对其本国国民取得著作权还须履行更多的手续,公约并不干涉。[①] 由此可见,相关的国际公约并没有突破著作权的地域性,是否加入国际公约并不影响一国著作权法对本国国民关于著作权登记的规定。

在"版权"概念方面,英美法系国家是最早使用"版权"(copyright)的概念来描述著作权人享有的基本权利,目的是禁止他人未经授权复制或使用作品。"版权"主要包括著作权人的财产权利和人身权利,相应地,版权的主体既可以是自然人,也可以是法人等组织。但从英文原词就可以看出,其最初意思是为"复制权",侧重点在于保护权利人的作品财产权而非作者的作品人身权。大陆法系国家的著作权法则强调"作者权"(droit de auteur 或 author's right),这一概念来源于法国,认为作品是作者人格的一部分,只能由作者享有作品的这些权利,因而作者也只能是自然人,不能是法人等组织。这种概念上的差异就体现了版权的价值取向是不同的,除了作品财产权外,是否还强调作品人身权,将关系到版权的经济价值和社会价值的大小、高低及其如何实现。

[①] 冯晓青:《著作权法》,法律出版社 2010 年版,第 322 页。

二、我国的版权制度

中国的版权保护观念产生较早,至少在中国的宋代就产生了。① 宋代活字印刷技术的发明和应用,图书印刷和流传变得愈加便捷,作为一种文化产品,图书越来越成为可以带来经济利益的"文化商品",肆意翻刻、售卖他人书籍的现象也开始泛滥。宋光宗绍熙年间(1192—1194),出版的《东都事略》在目录后用长方碑牌记标明:"眉山程舍人宅刊行,已申上司,不许覆版。"② 虽然当时没有成熟的"版权"概念,更谈不上专门的版权法律和版权登记规定,但这种向官府提交"不许覆版"的申请以求得保护的思想,可以认为是我国版权制度的发端。

我国虽然自宋代起即对著作权实施保护,但各个封建朝代始终未能制定一部专门保护著作权的法律。直至清末,我国第一部著作权法——《大清著作权律》才在内忧外患中出台。《大清著作权律》主要参考了日本等国的著作权法,并结合自身实际,确定了著作权注册制度。律文第四条规定:"著作物经注册给照者,受本律保护。"第二条规定了"注册给照"的部门:"凡著作物归民政部注册给照。"第三条还规定了注册的程序:"凡以著作物呈请注册者,应由著作者备样本二分,呈送民政部;其在外省者,则呈送该管辖衙门,随时申送民政部。"③《大清著作权律》出台后不久,清政府

---

① 李明山主编:《中国版权保护政策研究》,河南大学出版社2009年版,第2页。
② 周林、李明山:《中国版权史研究文献》,中国方正出版社1999年版,第2页。
③ 秦瑞玠:《大清著作权律释义》,商务印书馆2016年版。

即告终结,因而未及全面实施。1911年,辛亥革命爆发后,《大清著作权律》鉴于"尚无与民国国体抵触之规定",因而被"暂行援用"。北洋政府1915年的《著作权法》和南京国民政府1928年的《中华民国著作权法》,在著作权登记方面均沿袭了《大清著作权律》的基本规定,要求著作权注册才能取得受到保护的资格。

新中国成立后甚至改革开放之后的相当长的时间里,我国一直没有专门的著作权法律,直到1990年才颁布新中国的第一部著作权法,即1990年9月7日第七届全国人民代表大会常务委员会第十五次会议通过并颁布的《中华人民共和国著作权法》(以下简称《著作权法》),从1991年6月1日起施行。其后,著作权法又经过了两次修订,第一次是2001年10月27日第九届全国人民代表大会常务委员会第二十四次会议通过的《关于修改〈中华人民共和国著作权法〉的决定》,第二次是2010年2月26日第十一届全国人民大会常务委员会第十三次会议通过的《关于修改〈中华人民共和国著作权法〉的决定》。1991年5月24日经国务院批准,1991年5月30日国家版权局发布《中华人民共和国著作权法实施条例》(以下简称《著作权法实施条例》),该条例自1991年6月1日起施行。其后,著作权法实施条例又经过两次修订,分别是由2002年8月2日中华人民共和国国务院令(第359号)和2013年1月30日中华人民共和国国务院令(第633号)公布。

在当代中国,"著作权"是一个与"版权"同义的概念,两个概念可以被并行使用,版权即著作权,是指作者或其他著作权人依法对文学、艺术或科学作品所享有的各项专有权利的总称。[①] 从历史渊

---

① 吴汉东主编:《知识产权法》,法律出版社2009年版,第33页。

源上看，版权与著作权的称谓在国内能够并行使用，主要原因在于近代以来以英美法系和大陆法系为代表的两大法系对我国现代版权法的显著影响。

关于"著作权"概念的由来，据史料记载，最早是日本学者在翻译西方法律及文献时被引入日本，后于20世纪初传入我国。我国在1910年颁布的《大清著作权律》中采用了"著作权"一词。著作权是"版权"与"作者权"折中的结果，它将财产权和人身权同等对待，偏向性不明显。新中国成立后，在颁布的关于著作权的法律文件中，有时使用"版权"的概念，有时使用"著作权"的概念。1985年，文化部在颁布的《图书、期刊版权保护试行条例》以及《图书、期刊版权保护试行条例实施细则》中使用了"版权"的概念，同样在1985年，我国颁布的《继承法》则使用了"著作权"的概念。

我国1990年颁布的《著作权法》第51条规定，"本法所称的著作权与版权系同义语"。该法在2001年修订后，相对应的规定改为第56条，即"本法所称的著作权即版权"，2010年再次修订后的著作权法第57条延续了这一规定。我国的《著作权法》经多次修订，暂时平息了之前的版权与著作权的区分之争，现在两个概念通用的情况较为普遍，一般不予区分。但由于历史原因，在特定的场合下也有各自固定的用法。目前，只因特定的需要，才以法定方式将二者的定义和内涵加以区分（不过这种情况不多），否则，版权和著作权并用的情况还将持续一段相当长的历史时期。反观国际社会，随着经济社会的发展和国际交流往来的深入，虽然"版权"和"著作权"这两个概念平行使用至今，但是在相关的国际公约体系框架中，两者之间的差异已经逐渐缩小，亦呈现出相互融合的趋势。

就"著作权"的基本内涵而言,我国现行《著作权法》第1条规定:"为保护文学、艺术和科学作品作者的著作权,以及与著作权有关的权益,鼓励有益于社会主义精神文明、物质文明建设的作品的创作和传播,促进社会主义文化和科学事业的发展与繁荣,根据宪法制定本法。"从该条文可以看出,法律规定是将"著作权"和"与著作权有关的权益"分开且并列的,后者就是我们通常所说的"邻接权",包括图书、报刊的出版者权益,表演者权益,录音、录像制作者权益,广播电台、电视台权益等四类。① 有的学者就持有这样的观点,如吴汉东(2009)认为,著作权是指作者或其他著作权人依法对文学、艺术或科学作品所享有的各项专有权利的总称。② 这个观点认为著作权是不包括邻接权的。但是,国内也有对"著作权"内涵的不同看法,如郑友德、田志龙(1995)认为,版权、作者权或著作权通常是指文学、艺术和科学作品的作者依法对其创作作品所享有的人身权、财产权和邻接权。③ 这一观点认为"著作权"包括了"邻接权"。一般情况下,"著作权"与"邻接权"是并列关系还是包含关系并不是问题的焦点,但"邻接权"也有着与"著作权"类似的属性,即具有一定的价值。因此,在论及著作权及其价值问题时,如无特别强调,均包含邻接权的相关内容。

---

① 在著作权法律制度中,邻接权也称为相关权,是指与著作权有关的权利,即作品传播者所享有的专有权利,在我国包括出版者权、表演者权、录音录像制作者权、广播组织权。
② 吴汉东主编:《知识产权法》,法律出版社2009年版,第33页。
③ 郑友德、田志龙:"试论影响版权价值评估的若干经济学因素",载《华中理工大学学报(社会科学版)》1995年第4期。

第四节 版权价值的创造机理

通过前文对价值理论的溯源可以看出,对于价值的创造问题,不同学派有着不同的理解和阐释,但具体到版权价值的创造问题,在已有的价值理论中无法找到现成的答案。根据马克思主义劳动价值论,创造价值的劳动分为简单劳动和复杂劳动,虽然《资本论》对复杂劳动没有展开过多阐释,但按照其应有之意,创造版权价值的劳动应是一种复杂劳动。

到20世纪50年代后,伊迪丝·彭罗斯(Edith Penrose,1950)、诺多斯和谢勒(Nordaus & Scherer,1990)、曼斯菲尔德(Mansfield,1992)、科雷亚(Correa,1993)、阿尔基布吉(Archibugi,1999)等学者开始对知识产权的经济价值展开研究,不过这些研究也大多是围绕工业产权[①]进行的。20世纪末以来,随着知识产权价值创造的相关研究成果和理论的发展,对知识产权经济价值的研究逐步从工业产权向版权转变,使得版权的经济价值也越来越受到重视,版权价值的创造问题也开始成为关注的对象。[②] 如20世纪90年代美国著名的法律经济学者威廉·M.兰德斯和理查德·A.波斯

---

① 工业产权是指人们依法对应用于商品生产和流通中的创造发明和显著标记等智力成果,在一定地区和期限内享有的专有权。按照《保护工业产权巴黎公约》的规定,工业产权包括发明、实用新型、外观设计、商标、服务标记、厂商名称、货源标记、原产地名称以及制止不正当竞争的权利。工业产权是与著作权相对的概念,与著作权共同构成知识产权。在我国,工业产权主要是指商标专用权和专利权。

② 张志林、张养志、陈丹:"版权贸易与版权产业研究特点走势的梳理与评价",载《北京印刷学院学报》2009年第3期。

纳主要从经济-法律的视角对版权价值进行了研究,他们在《知识产权法的经济结构》一书中就曾分析版权保护强度对"净社会福利"的影响。在兰德斯和波斯纳看来,版权保护程度的提高"很可能"会降低由单部作品带来的福利水平。这是近年来国外对版权价值创造研究的新进展和新认识。

由于我国在1990年才制定《著作权法》,国内对版权价值的研究起步相对较晚。近些年来,国际上关于版权价值创造的专门研究文献很少有引入我国并产生较大影响的,我国理论界有关版权价值创造的专门研究文献相对匮乏,目前只有一些相关领域的研究。

杨志祥(1998)对著作权许可使用制度的经济学基础、产生发展的经济背景及其商业价值等基本问题进行了研究,认为版权价值是在版权法律制度保障下由智力劳动创造的。庞元正(2001)在《创新劳动与创新劳动价值论》中对创新劳动和常规劳动进行了精确界定,并提出了构建"创新劳动价值论"的设想,他认为创新劳动不同于一般意义上的脑力劳动或复杂劳动,而是能够做出创新性成果的智力劳动,是能够创造出从未有过的版权作品所进行的劳动。杨继瑞(2001)提出,对智力劳动而言,要从生产过程来具体分析智力劳动是否创造价值,并认为,在智力劳动过程中,智力劳动的最终成果就是版权作品及其所蕴含的版权价值。厉无畏(2007)认为,包括版权产业在内的创意产业的基本特征是价值的非消耗性、内容创造的高赢利性、赢利的不确定性、消费者需求决定性、产业链条的跨越性。他同时认为,创意产品价值的创造者位于创意产业价值链的高端环节,因为创意产品的主要增值部分就取决于原创性的知识含量。① 柳斌杰(2008)指出,在知识资本产生财富的时代,版权是一种巨大的财富资源,依赖版权要素可以创造巨额的物质财富和精神财富。② 袁煌、侯瀚宇(2011)认为,智力劳动创造了版权价值,但因版权法保护而形成的垄断收益是版权价值形成的保证,著作财产权的商品属性是版权价值形成的基础,著作财产权的交易和转让是版权价值实现的途径。③ 王智源(2012)认为,作品的创造是有一定劳动付出的,既有脑力和体力耗费,也有其他资源的耗费,这是版权价值的源泉,创造作品的劳动需要通过价值补偿机制来实现,否则作者及利益相关者将无法获得后继的创作资源和利益激励。阎晓宏(2014)指出,版权的价值因经济活动而产生。在农业社会,有文化和文化产品,但无版权。工业革命后,由于印刷技术的发明,书稿的复制方式由小范围的传抄转变为一定批量的印刷,为印刷复制者带来相应的经济利益,这是版权及其价值产生的前提。④

总的来说,版权价值的创造不同于一般商品价值的创造,由于版权价值蕴含在智力劳动成果和具体的版权产品之中,智力劳动成果的创造和版权产品的生产制作表现出顺次继起的阶段性,故版权价值不是一次性创造出来的,版权价值的形成过程就是版权价值在不同阶段的创造和转移的过程。在本质上说,是创造性劳

---

① 厉无畏、于雪梅:"培育创意人才完善创意产业链",载《上海戏剧学院学报》2007年第1期。

② 柳斌杰:"版权创造财富",载《光明日报》2008年11月1日第7版。

③ 袁煌、侯瀚宇:"版权价值评估对象及其价值影响因素探讨",载《中国资产评估》2011年第8期。

④ 参见国家新闻出版广电总局副局长、国家版权局副局长阎晓宏在2014年中国版权首期培训班上《关于版权经济价值的三个认识》的讲座。

动在版权作品的创作过程中创造版权价值,即智力劳动创造版权价值,这不同于简单的体力劳动,智力劳动更多的是在精神产品层面创造版权价值。

第五节　版权价值的经济属性

任何事物的价值都是多元化的,版权价值也不例外,不同维度的版权价值也具有不同的属性。归结起来,版权价值的属性包括政治属性、文化属性、社会属性和经济属性等。

版权价值的政治属性是指版权作品是为社会意识形态服务的,对作品的筛选与界定也体现出政治性判断标准,因此,版权价值就天然地打上了政治属性的烙印。古往今来,版权作品在很大程度上承担着宣传和教化等功能,作者所处的政治环境也深刻影响着其创作背景,有时即使是最为"纯粹"的艺术作品,也不免被用来承担一定的政治功能。版权价值的文化属性主要是版权作品所包涵的文化成就、文艺表现手法、艺术流派和艺术理念等。文化属性在版权作品的接受过程和社会文化活动中具体体现出来,版权作品能够带来精神上的满足、愉悦和慰藉,陶冶情操,净化思想,提升意识,这是版权作品异于其他产品的特殊属性。版权价值的社会属性也就是其对社会发展的影响,一般认为可以通过认识作用、教育作用这两种方式体现出来。认识作用即版权作品可以帮助人们获得各种各样的关于社会和人生的知识,丰富人们的生活经验,加深人们对社会规律和发展方向的认识和理解。教育作用也就是版权作品对人们进行教化、影响人们的思维方式和具体行动,在人类文明的传承方面,这是至关重要的属性。

对于版权价值的上述属性而言,充分体现出版权产品的创作和生产活动需要始终把社会效益放在首位,但版权价值还有一个至关重要的属性——经济属性。突出版权价值对版权产品、版权企业、版权产业发展的重要性,就需要分析研究版权价值的经济属性,而且是需要重点研究的属性。通过前文对版权价值起源的研究,可以看出版权法律制度诞生的直接促进因素是版权的经济利益,因此版权法律制度的内容更多的是关于版权财产权利的规定。版权价值就更多地来源于版权的财产权,这里所谓的财产权,即著作权法所保护作品的权利人或者授权他人采取一定的方式使用作品以获得物质报酬的权利,故版权价值的主要属性为经济属性(或称为"版权的经济价值")。

版权价值的经济属性考虑的是经济学意义上的版权价值,着眼于对版权价值的计量、评估、运用、实现这一层面。如李碧珍(2007)在对包括版权产品在内的创意商品的价值构成与价值实现的研究中,从该类商品的概念与特征、价值构成及价值实现等方面进行了论述,认为创意商品的价值实现受其使用价值的独特性及消费者心理预期的影响,经常出现价格与价值的较大背离。[1] 柳斌杰(2008)指出,作品的版权具有可计量的价值,这种价值使得版权可以被交易并充分参与经济活动,版权是一种巨大的财富资源。[2] 王智源(2012)认为,版权是一种名副其实的资产,具有显著的经济

---

[1] 李碧珍:"创意商品的价值构成与价值实现",载《当代经济研究》2007年第9期。

[2] 柳斌杰:"版权创造财富",载《光明日报》2008年11月1日第7版。

属性,主要体现在可价值化、可资本化、可分割性、可分配性、成本收益性、稀缺性、公共产品性、垄断性等几个方面。①

从版权价值的创造和实现过程看,版权的经济价值又可以分为成本价值和市场价值两部分。首先,版权的成本价值,是版权创造过程中的生产要素的投入和耗费在版权作品中的成本体现。实践中,创造不同的版权作品的成本投入是不同的,如计算机软件和影视作品通常需要投入大量的资金,而对于大部分文字作品而言,只需用创作者的创意构思和写作劳动即可创作出来。其次,版权的市场价值,是在版权的权利期限内可以给权利人带来的经济收益,是交易市场对版权作品创作者的创造性劳动的认可程度。市场价值的大小取决于人们对作品的认可、欣赏程度以及作品版权被授权使用的情况。版权的成本价值与市场价值往往存在着巨大的偏离,如某些文字作品的时间成本耗费和脑力劳动付出等远远低于其在市场上可取得的经济利益,而有些影视作品的投入巨大,但票房表现不佳,其后的经济回报也极其有限。

管理学大师彼得·德鲁克(Peter F. Drucker)(1965)在《后资本主义社会》一书中提到,知识将取代机器设备、资金、原料或劳工,成为企业经营最重要的生产要素。对于版权相关企业而言更是这样,这些企业不再依赖土地、设备、厂房等实体资产,而是依赖版权权利及其经济价值,版权的经济价值早已成为这些企业决胜的关键。由此可见,在知识经济时代,版权价值的经济属性越来越重要。版权的经济价值既能为企业带来巨大的经济效益,又是对外投资的重要资源和增强企业竞争力的重要因素。由于以知识、

---

① 王智源:"论版权的经济性质与价值实现",载《编辑之友》2012年第7期。

智力为主导的版权资源存在边际收益递增效应,因此,这些企业在价值创造过程中是通过消耗有限的实物资产和开发运用大量的版权资源,进而创造出更多、更丰富、更雄厚的财富和资产。在更高的产业层面,世界知识产权组织的调研也充分证明,版权产业对经济的贡献超乎想象。在很多国家,版权产业的增长率普遍高于这些国家的经济增长率,这是世界知识产权组织根据上世纪80年代以来的统计数据得出的重要结论。

第六节　版权价值的计量评估

版权价值的计量,顾名思义,就是评定和量化版权价值,既是一整套方式方法,也是一系列的行为过程。版权价值的计量,需要考虑计量对象的外部影响因素,详细考察版权权利人的基本情况、作品基本情况、作品使用、权利限制情况等等,同时还要兼顾评估主体对版权价值计量的影响。

版权价值计量的研究是从无形资产及知识产权领域逐步发展起来的,最初的研究试图通过对特定无形资产的分析找到合理的计量方法,以真实客观地反映企业的无形资产规模。埃弗里(Avery,1942)在研究包括版权在内的无形资产的过程中,第一次采用了实证的方法,考察了1929至1939年间346家美国企业资产负债表所记载的无形资产,对其进行分行业(32个行业)、分类别(13类)统计分析,进而讨论了美国企业无形资产计价、减值等会计政策的变迁。同时,埃弗里还发现同一行业内的公司倾向于采用同一种核算方法对包括版权在内的无形资产进行计量,并且,更多企业在报表呈报时,将无形资产与其它资产加以区分并单独列报和披露。[①]

在无形资产信息的价值相关性研究方面,列夫(Lev,1989)指出,20世纪80年代的美国企业对包括版权在内的无形资产的投资力度在加大,但会计盈余对股票价格变动及股票投资回报的解释力度较低,认为导致这一情况的一个重要原因是当时的会计准则不健全,企业财务报告对无形资产的反映不够。[②] 克罗恩(Krohn,1999)等借鉴了莱夫等学者实证研究结论,提出了对无形资产耗费实行"有条件的费用化"政策,即当耗费发生时进行费用化,后期一旦这些耗费开始带来较为确定的经济利益流入,就先前费用化的耗费重新资本化并进行摊销,从而在相应的年度向利益相关者分别传递无形资产开发和收益的真实、可靠的信息,从而提高无形资产会计信息的价值相关性。拉塞尔帕尔所著的《知识产权:许可证和合资企业利益战略》和登·史密斯所著的《知识产权的评价与无形资产》分别对包括版权在内的知识产权的价值评估提出了较为系统的思路和方法。

我国对无形资产及知识产权价值计量的相关研究起步较晚,崔也光(1999)分析了包括版权资产在内的无形资产的特征及其计价方法的选择。针对无形资产的取得方式和功能特征分别提出了历史成本法、重置成本法和收益现值法,并分析了这三种方法的计

---

① Avery H. Accounting of Intangible Assets. The Accounting Review,1942(17):354—363.

② Lev B. On the Usefulness of Earnings and Earnings Research: Lessons and Directions from Two Decades of Empirical Research. Journal of Accounting Research,1989(27):153—191.

价过程及各自的优缺点。① 他认为,无形资产在价值结构上具有非明晰性、弱对立性和虚拟性等特点,历史成本法不足以反映其频繁的价值变动,应当引入重置成本计量,但另一方面,无形资产价值实现中的实体依附性、超额收益性、专有垄断性以及更新替代性等特性,又使收益现值法更为合适。唐雪松(1999)研究包括版权资产在内的无形资产计量的影响因素,分别从无形资产的计量范围和计量对象两个角度展开分析,认为无形资产的计量应从无形资产带来的未来经济利益角度出发,以无形资产的产出价值为基础。②

李映照和潘昕(2005)参照 SFAS86③,研究我国计算机软件企业自主研发并用于销售的软件的成本处理方法,并结合我国当时状况对准则提出了建议。④ 王棣华(2008)认为,知识经济的突出特点就是凝结在无形资产中的智力因素对企业的长期生存与发展愈发重要,无形资产正日益决定企业未来现金流量并成为市场价值的主要内容。因此,会计核算必须扩大无形资产的确认范围,既要确认外购的无形资产,也要确认自创的无形资产,必须改进无形资产的计量模式。

梁利红(2011)认为,将无形资产的确认范围和项目纳入到企业会计体系是十分必要的,通过总结我国无形资产计量方面存在

---

① 崔也光:"无形资产的特征与计价方法的选择",载《会计研究》1999 年第 2 期。
② 唐雪松:"知识经济对无形资产计量的影响",载《会计研究》1999 年第 2 期。
③ SFAS86 即美国准则委员会发布的《对销售、租赁或以其他方式上市的计算机软件成本的会计处理》。
④ 李映照、潘昕:"从美国 SFAS86 看我国软件业软件成本的会计处理",载《财会月刊》2005 年第 14 期。

的问题,如无形资产的确认范围狭窄、无形资产计量过于注重货币实物性问题等,提出了相应的改进建议。史玉敏(2011)讨论了无形资产核算中存在的局限性,如核算内容较难反映无形资产状况、摊销方法单一、货币计量存在局限等,提出具体的改进措施。司占峰(2012)通过对2007—2010年间1537家A股上市公司资产结构的统计,发现无形资产及开发支出的复合增长率总和在这些公司总资产复合增长率中所占的比重在1%左右,认为造成如此低比率的原因之一是我国上市公司存在无形资产的确认和计量不能反映真实投资的情况,致使部分无形资产不是游离于资产负债表之外,就是被计入了资产负债表的其他部分。这也说明了无形资产会计实务的滞后及其与现实经济发展情况的脱节,尤其值得关注。

具体到对版权价值计量的研究,大多数的成果是述及了成本法、收益法、市场法等在版权价值计量中的应用。胡念(2008)根据企业版权的自身特点,收益现值法是比较适用的评估方法,现行市价法在有条件(如存在成熟和活跃的版权交易市场)时可以采用,而由于智力成果的创作过程具有独特性,重置成本法是不易采用的方法。[1] 李康(2011)认为,从版权资产价值的本源来看,一项资产价值的大小最终取决于利用该资产所能带来的收益大小,尤其是版权衍生品价值带来的收益,因此,采用收益法对版权价值进行计量更为合适。[2] 宋戈(2015)也认为,收益法是计量版权价值的主要方法,但收益法的参数缺乏统一标准,随意性较大,故应当先

---

[1] 胡念:"企业版权价值评估的体系及新模型探讨",载《海峡科学》2008年第12期。

[2] 李康:"版权产业融资中的版权价值评估问题探析",载《编辑之友》2011年第9期。

确定相关因素在评估方法应用中的比重,进而将参数细化和量化,然后再根据版权作品的不同性质确定对应一套标准化的评估方法。①

综上所述,对版权价值计量的研究是从无形资产及知识产权开始的,到 20 世纪 90 年代,国内的相关研究仅仅局限于讨论版权价值是否适合应用的层面,还没有深入到研究版权价值如何应用及如何计量的问题。随着著作权法的颁布与实施,版权价值的经济属性日益凸显,版权价值的计量评估成为业界必须直接面对的问题。中国资产评估协会根据《资产评估准则——无形资产》制定发布了《著作权资产评估指导意见》,对著作权资产评估的基本要求、评估对象、操作要求和披露要求进行了规定,提出执行著作权资产评估业务,应当根据评估对象、评估目的、价值类型、资料收集情况等相关条件,分析收益法、市场法和成本法三种资产评估基本方法的适用性,恰当选择一种或者多种评估方法。对同一著作权资产采用多种评估方法评估时,应当对各种方法取得的初步结果进行比较分析,形成合理的最终评估结论。与之相对应,对版权价值计量方式的研究不应再简单地混同于无形资产或知识产权价值的计量,而应在版权价值计量的理论和实务方面进行探索,逐步形成有针对性的版权价值计量评估模式。

---

① 宋戈:"我国版权价值评估制度的构建",载《改革与开放》2015 年第 1 期。

第二章 版权价值的基本释义

第一节 价值

一、价值的诠释

价值是一个时常被提及却又较为复杂的概念,与此相关联的定义有几十个,甚至上百个。对价值概念的争论和研讨,从价值这个词语出现以后就未曾间断,并且也未形成过一致的、确切的、清晰的界定。在不同学科的理论体系中,价值所包含的内涵存在很大的区别和差异,可以说是种类繁多、各执一词、各抒己见,这就要求对价值的分析和研究,首先需要对价值的概念进行界定和诠释,这是研究价值问题的基础。

（一）价值的概念

价值(value)这一词语,最早来源于梵文,意为"掩盖、保护、加固",早期的拉丁文也有对"价值"的表述,将其解释为"具有掩护、掩盖、保护的作用",后来,价值的概念逐渐演化为"可珍惜的、令人重视的"的意思。在现实生活中,谈及某些事物具有"价值"时,多是指该事物对人具有益处、好处、用处，即价值是与主体的想法、意愿、诉求等相联系的，可以把所有与主体具有意愿性关系的事物视为是具有"价值"的。现实中，与主体的想法、意愿、诉求等相联系的事物是不胜枚举的，因此，这些事物共同构成了一个系统性的价值体系。显然，这种价值的概念体现了外界事物——客体对主体的想法、意愿、诉求的"有用性"，即在主体的对象性活动中，客体服从于主体、服务于主体、满足于主体的功能关系。

随着对价值概念研究进程的不断深入，价值的概念也开始日益丰富和充实。如在社会学中，价值主要指的是不同事物对于人类社会的生存与发展的促进程度；在法学中，价值是不同主体间多种利益关系的体现，通过法律规范来调节主体之间的利益分配和调整等。立足点和出发点的差异，使价值的概念莫衷一是。但经济学领域中的"价值"概念有其特殊的含义。"经济学所知道的唯一的价值就是商品的价值"[①]。商品是作为主体的人所生产和消费的对象，因此，经济学意义上的价值也可以看成是一种关系性的概念，但需要强调的是，这种体现关系性的价值被赋予了特定的内涵。不同的经济学流派对价值内涵的理解也是不同的。劳动价值论认为价值是人类的劳动创造的，要素价值论者认为价值是各种生产要素共同创造的，均衡价值论者认为价值是由市场供给方和需求方的力量对比和博弈决定的，效用价值论者认为价值取决于商品对需求者的有用性。

无论劳动价值论、要素价值论、均衡价值论、效用价值论在价

[①] 马克思、恩格斯：《马克思恩格斯选集》第3卷，人民出版社1972年版，第345页。

值的内涵和本源方面提出什么样的解释,倒是可以从最为普通的视角——商品的概念展开对价值概念的探讨。商品(客体)以其有用性满足需求者(主体)的需要,作为客体的商品和作为主体的需求者之间产生满足与被满足的关系,即主体与客体的关系。但商品是用于交换的劳动产品,而商品满足需求者的有用性和创造商品耗费的劳动量之间又不存在必然的联系,因此,商品的有用性并不能全面解释商品作为劳动产品的特性。进一步说,两种商品能够按一定的比例相互交换,它们必定存在着某种共同的、可以相互比较的东西,这种共同的东西就是创造商品的人类劳动。商品在不同的经济利益主体之间进行交换,计算不同商品之间交换比例的尺度,则只能是创造商品所耗费的劳动量,这种交换尺度需要社会必要劳动时间来衡量[①]。社会必要劳动时间将创造商品的劳动量转化成了同质性的劳动量,而这种同质性的劳动可以衡量出不同经济利益主体的个别劳动获得社会回报的程度。这种经过社会必要劳动时间转化而成的同质性劳动,也决定着不同商品之间的交换比例关系。可以说,凝结在商品中的这种同质劳动就是价值。因此,商品的价值不是反映客体与主体之间的满足与被满足的关系,而只能是纯粹的主体与主体之间的关系——劳动交换关系,并且,商品的价值只能是创造这种商品所耗费的同质劳动,即凝结在商品中的无差别的人类劳动。

商品的有用性反映的是客体与主体之间的满足与被满足的关系,即自然关系,所以称之为"使用价值"。商品的价值反映的是不

[①] 社会必要劳动时间,是在现有社会正常的生产条件下,在社会平均的劳动熟练程度和劳动强度下,制造某种使用价值所需要的劳动时间。

同经济利益主体之间的劳动交换关系,即社会关系①。因此,商品具有使用价值和价值两个因素,前者反映人和物之间的关系,是商品的自然属性;后者反映的是人和人之间的关系,是商品的社会属性,使用价值是价值的物质承担者,没有使用价值的东西就没有价值,因而就不能成为商品。

价值是凝结在商品中的无差别的人类劳动,而商品是用于交换的劳动产品,所以在自给自足的自然经济社会里,劳动产品就不是商品,生产产品的劳动也不表现为价值。在生产资料和产品归全社会所有的共产主义社会,按需分配的结果使私人劳动直接就是社会劳动,劳动也不表现为价值。商品和价值只有在特定的商品经济形态中才能成为商品和价值。因此说,价值是商品经济特有的概念,是政治经济学的研究范畴,而不是技术经济学的研究范畴,更不是以效用价值论为基础的西方经济学的研究范畴。

(二) 价值的创造

价值创造是以探讨商品的二因素为前提的。商品之所以具有使用价值和价值两种因素,是由生产商品的劳动的二重性决定的。首先,生产商品的劳动是具体劳动。不同性质、不同形式、不同方法的劳动生产出不同种类的商品,由于这种劳动的目的、工具、对象、方法、成果是各不相同的,因此被称为具体劳动。确切地说,具体劳动就是在一定的具体形式下进行的劳动,主要创造商品的使

---

① 首先,它必须作为一定的有用劳动来满足一定的社会需要,从而证明它是社会总劳动的一部分,是社会分工体系的一部分;其次,只有在可以同任何的一种有用的私人劳动相交换从而相等时,才能实现商品的价值,从而满足商品生产者的多种需要。

用价值,反映人和物之间的关系。具体劳动过程就是劳动者加工和改造自然物质,使其符合劳动者本人或其他劳动者需要的过程。具体劳动不受社会经济形态的限制和制约,是人类社会生产和发展的必要条件,属于永恒的范畴。其次,无论生产商品的具体劳动是什么形式的,都是劳动者的劳动能力的耗费,这种抽象掉具体形式的、无差别的劳动就是抽象劳动。抽象劳动形成商品的价值,属于历史的范畴,是商品经济社会特有的劳动形态,在自然经济和产品经济中,劳动者的劳动只具有"具体劳动"的属性。

劳动的二重性表明,生产商品的劳动既是具体劳动,也是抽象劳动。具体劳动创造商品的使用价值,将商品生产过程中所耗费的生产资料价值转移到新商品中;抽象劳动创造商品的价值,即被凝结到商品中的抽象劳动所形成的商品的新价值。因此说,商品价值的构成包括两个部分:一是生产过程中所耗费的生产资料的价值,这是由之前的创造生产资料所耗费的劳动形成的;二是商品生产过程中新投入的活劳动创造的新价值。因此,商品价值的构成与创造是两个不同的概念。商品价值的构成是由转移的生产资料价值和活劳动创造的新价值构成的,而商品价值的创造则是指商品生产过程中活劳动新创造的价值。劳动价值论的核心思想就是阐明商品中的新价值是劳动者的活劳动创造的,活劳动是价值的唯一源泉,是劳动者在商品生产过程中的脑力和体力消耗,即新投入到生产资料中的抽象劳动。

尽管说劳动是价值的唯一源泉,但创造价值的劳动不能单单理解为体力劳动。具体说来,创造价值的劳动既包括直接从事生产操作的劳动,同时也包括从事生产经营管理和科技人员的劳动;既包括体力劳动,又包括脑力劳动;既包括简单劳动,又包括复杂劳动。通常情况下,经营管理人员和科技人员的劳动比普通生产操作者的劳动更为复杂,因而在相同的时间内能够创造出更多的价值。现时期,随着科学技术的迅猛发展,人类社会已经进入以数字化、信息化、智能化为标志的知识经济时代,物质资料的生产活动不仅离不开体力劳动,而且使脑力劳动变得异常重要。

依据劳动价值论的观点,即"劳动是价值的唯一源泉"的观点,价值的创造需要从价值的决定和价值的度量的双重角度加以阐述,这其中又包含了四个层次的涵义。

第一,价值量是由社会必要劳动时间决定的。价值是凝结在商品中的抽象劳动,但抽象劳动并不直接表现为商品的价值量,故价值量的决定因素只能是衡量抽象劳动的因素,这个因素就是社会必要劳动时间。如马克思所说,"只是社会必要劳动量或生产使用价值的社会必要时间决定该使用价值的价值量。"[1]价值量由社会必要劳动时间决定,这表明,生产商品的个别劳动创造的价值量,只有以社会必要劳动时间为尺度进行衡量。劳动生产率高的个别劳动必然就会创造更多的价值,相反,则创造的价值量较少。

第二,商品的价值与社会必要劳动时间成正比,与社会劳动生产率成反比。社会必要劳动时间是商品价值的衡量尺度,生产某种商品所耗费的社会必要劳动时间越长,则该商品的价值就越大,反之亦然。同样地,生产某种商品的社会劳动生产率越高,说明生产该种商品的全部生产者在单位社会必要劳动时间内能够生产出更多的这种商品,或者说,该种商品的全部生产者生产单位这种商品需要更短的社会必要劳动时间,则单件商品的价值就越小,反之亦然。

---

[1] 马克思:《资本论》第一卷,人民出版社1975年版,第52页。

第三,在短期内,同一种劳动在单位时间内创造的价值不会因社会劳动生产率的变化而变化。社会劳动生产率的提高(或降低)表明,全社会生产单位产品所需要的社会必要劳动时间减少(或增加),也可以说是单位社会必要劳动时间内生产更多(或更少)的产品,因产品的价值是由社会必要劳动时间决定的,则单位产品的价值减少(或增加)。例如社会劳动生产率出现提高的情况,则单位社会必要劳动时间内生产的产品数量必然增多,单位产品的价值会因社会必要劳动时间减少而减少,但创造的价值量是不变的。因此,在社会劳动生产率变化的情况下,同一种劳动在单位社会必要劳动时间内创造的价值不变。需要强调的是,同一种劳动在单位时间内创造的使用价值因社会劳动生产率的提高(或降低)而增加(或减少)。

第四,长期内,劳动种类的变化及同一种类的劳动者数量的变化会使社会价值总量因社会劳动生产率的变化而变化。随着科学技术的发展和社会劳动生产率水平的提高,劳动和其他生产要素(机器、资本、企业家才能等)结合而不断创造出新的劳动形式,这表明,尽管同一种劳动在单位时间内创造的价值不会因社会劳动生产率的变化而变化,但会因劳动种类的增加而使社会价值总量增加。此外,即使是劳动种类不变,每一种类劳动参与者的数量增加(或减少)也会使社会价值总量增加(或减少)。

二、价值的性质

价值的概念阐述了价值的创造源泉和衡量尺度,同时也说明了使用价值与价值之间的辩证统一关系。但价值作为特定的社会经济条件下的产物,自身也具有独特的性质,这是价值理论研究所不能忽视的一个重要方面。

(一) 主体性和客体性相统一

价值的主要性质表现为主体性和客体性,这二者是统一于价值之中的。价值的主体性和客体性相统一的特性,表现在价值关系中的主体和客体共同构成了创造价值的现实基础,并且主客体之间的相互作用始终伴随着价值的创造过程。价值是作为主体的人的劳动所创造的,劳动者依据其他劳动者的需要和客体的属性,发挥主观能动性和掌握标准尺度,对客体进行加工和改造,使客体服务主体、服从主体。价值就是在主体的劳动耗费和客体的效用属性形成的过程中产生的。但价值的主体性和客体性,不是说明主体需要与客体属性之间的关系,而是指不同的经济主体需要借助客体这一载体实现彼此之间的经济联系——价值和使用价值的彼此让渡,即商品的交换过程。主体与主体之间的商品交换关系,具有不以任何主观意志为转移的客体的规定性,即生产主体进行商品生产是为了获得价值,消费主体购买商品是为了获得使用价值。无论是生产主体还是消费主体,对作为客体的商品而言,不能既占有价值又占有使用价值。主体的目的和动机虽然不同,但是必须通过商品这一客体实现各自的目的和动机,这就要求主体性和客体性相统一,并且是主体性占主导地位的统一。

(二) 动态性和静态性相统一

价值的动态性指价值是随着社会必要劳动时间的变化而变化的,社会必要劳动时间又取决于社会正常的生产条件、劳动熟练程度和劳动强度。社会正常的生产条件是现时期的某一生产部门大多数产品生产已经达到的技术装备水平;劳动熟练程度是劳动者从事某项生产活动(或服务)的劳动技能水平,是劳动者素质高低的一个具体体现;劳动强度是指劳动的紧张程度,表现为劳动者在单位时间内生产物质产品(或服务)所消耗的劳动量。生产力的发展,使生产产品的技术装备水平得到改善,劳动熟练程度得到显著提高,劳动强度也会相应得到缓解,这决定社会必要劳动时间必然会发生变化,由此引起商品价值发生变化,呈现动态性特征。但是,无论是社会正常的生产条件,还是劳动熟练程度和劳动强度,即生产部门的技术装备水平、劳动者素质和劳动紧张程度的改变都需要相应的周期,都是在一定的时间内才能发生变化,而不是时刻处于变化状态,商品的价值在这个周期内是保持静态的、相对稳定的。因此说,价值具有动态性与静态性相统一的性质。

(三)社会性和历史性相统一

价值的社会性是指价值的创造主体具有社会性。价值的创造主体是存在于社会中的人,人总是要在特定的社会环境和条件下进行价值创造活动,价值创造活动要受到生产关系、社会制度、经济形态等社会性因素的制约。此外,价值体现的是主体与主体之间的关系,每一个主体在生产商品时,生产何种商品和生产多少商品都是由主体决定的,劳动成果也归自己所有。但由于社会分工的存在,生产主体之间是相互联系、相互依存的,每个商品生产主体的劳动成果只有在提供给社会其他消费主体的情况下,才能获得其所要追求的价值,因此,价值必然具有社会性。同时,价值也具有历史性。价值的存在依赖于两种社会经济条件——生产资料的私有制和商品经济,由于自然经济是自给自足的经济形态,因此不存在商品,而共产主义社会是公有制社会,生产资料和产品归全社会公有,按需分配,同样不存在商品。随着人类社会的发展和更迭,价值必然经历"不存在——存在——不存在"的历史过程。价值的社会性是指价值在特定社会条件下存在并反映社会关系,而价值的历史性是指这种特定的社会条件不是从来就有,也不会永远存在的。因此,价值具有社会性与历史性相统一的性质。

(四)整体性和层次性相统一

价值的整体性和层次性是指创造价值和实现价值的劳动具有整体性和层次性。生产商品的劳动首先是私人劳动,完全由生产者决定生产内容和支配生产过程及成果。生产者的商品必须满足社会需要,才能通过商品交换的方式将私人劳动转化为社会劳动,是社会总劳动的一部分。由于私人劳动首先是具体劳动,性质不同的具体劳动,只有转化为同质的抽象劳动才能确定产品的交换比例关系,因此,私人劳动与社会劳动的矛盾决定生产商品的劳动具有二重性——具体劳动和抽象劳动。如果私人劳动无法转化为社会劳动,这意味着私人劳动的产品不适合社会需要或超过社会需要,会给生产者带来不同程度的损失。私人劳动和社会劳动的矛盾,推动生产者不断提高劳动技能和工艺,调整产品市场策略,尽可能让产品在质和量两方面符合社会需要,其直接结果是使生产商品的私人劳动不断由简单劳动上升为复杂劳动。创造价值和实现价值的劳动,由具体劳动到抽象劳动、由简单劳动到复杂劳动、由私人劳动到社会劳动的形态转变,体现出价值的整体性和层次性。

第二节　版权价值

一、版权价值的概念

由于商品具有使用价值和价值两个因素以及体现在商品中的劳动具有具体劳动和抽象劳动两种属性，故创造性劳动产品也同样具有这样的因素和属性。创造性劳动产品的价值研究也需要撇开具体劳动的性质、形式、目的、工具、对象、方法、成果的差异，将创造性的具体劳动还原成人类无差别的创造性抽象劳动，被抽象过的劳动都将不再有性质、形式、目的、工具等的差别，仅仅表现为每一种创造性抽象劳动所耗费劳动时间的差别。按照劳动价值论的解释，价值是凝结在商品中的抽象劳动，而版权价值作为价值的一种形态，也必然具有价值的最具代表性的内涵——抽象劳动。因此，可以将版权价值称为凝结在商品中的创造性抽象劳动，只是相对于一般的价值概念而言，创造版权价值的创造性劳动具有其特殊性。

创造性劳动是一种将思想、构思和创意转化为无形的创作成果并将这些成果进行物化赋型的劳动形式。在创造性劳动产品的生产链条中，创造性劳动处于整个链条的高端环节，其所生产的创造性劳动产品是典型的高品质、高效益和高附加值的产品，与现代社会中的知识劳动、信息劳动相比较，创造性劳动由于具有鲜明的独创性和引领性，在很大程度上会决定经济体系中的其他生产劳动的形式和内容,使抽象劳动形式的创造性劳动必然具有高度复杂劳动的特质。以独创性为特征的创造性劳动,其劳动成果主要包括两个部分,其一是满足精神文化消费需要的纯粹的精神文化产品,其二是为物质资料生产体系服务的创新成果。前者独立于物质财富生产过程,形成专业化、个性化、特质化的创作模式;后者是服务于物质资料生产过程的前端设计环节,为物质产品增加新的文化内涵和品位,增强物质产品的独特性和差异性,使传统的物质产品被赋予可区别的内容和品质。

以独创性为特征的精神文化产品,在经过创意萌生、构思、设计、创作等环节之后,还需要经过策划、标准化制作、代理以及销售等环节,才能最终实现包括创作、生产、流通、消费活动的全部产业链过程。需要强调的是,精神文化产品具有两种形态,即无形的智力成果(具有商品属性的版权权利,包括复制权、发行权、出租权、展览权等)和被物化赋形的复制产品。因此,精神文化产品在生产过程、使用价值和抽象劳动凝结方式方面与物质产品的生产过程存在众多的不同之处。

尽管创造性劳动所耗费的劳动时间要比生产传统的物质产品所耗费的劳动时间更为自由灵活,但两种劳动凝结成产品价值的功能却是相同的。对于精神文化产品而言,包括无形的智力成果和被物化赋形的复制产品,只要其创作和制作过程耗费一定量的创造性劳动,则精神文化产品的价值就必然表现为凝结在产品中的创造性抽象劳动,这些精神文化产品的价值会以创造性抽象劳动所耗费的劳动时间为尺度,并按照对应的交换价值进行交换和销售。精神文化产品的两种形态:无形的智力成果和被物化赋形的复制产品,必须依靠版权制度才能得以存在,尤其是无形的智力成果,其本身就是具有商品属性的版权权利。因此,版权价值就是精神文化产品的价值,直接表现为凝结在精神文化产品中的创造性抽象劳动。

相比之下,为物质资料生产体系服务的创造性劳动,无论是什么样的具体形式,其所创造的价值都需要通过物质产品的最终价值才能体现出来,创造性劳动融入物质产品的生产过程,就是创造性劳动凝结的价值成为最终产品的部分价值的过程。但对融入到物质产品生产体系的创造性劳动而言,物质产品的价值是以商品的最终价值形式进行计量的。由于物质资料生产部门不是创造性劳动发挥作用的核心部门,因此,融入物质产品生产体系的创造性劳动所形成的版权价值,将不作为主要的研究对象,而将主要研究对象集中于精神文化产品领域。

二、版权价值的基础

(一) 版权价值的商品基础

创造性劳动的劳动成果主要是指满足精神文化消费需要的精神文化产品,故版权价值的商品基础的研究主要集中于精神文化产品的范畴,包括无形的智力成果(具有商品属性的版权权利)和被物化赋形的复制品。

1. 具有商品属性的版权权利

(1) 版权权利的具体类别

按照我国版权法上的规定,版权也称作著作权,指的是作者依法对其创作的文学、艺术和科学作品享有的专有权利。按照版权权利属性的不同划分,版权主要包含两方面的权利,其一是人身性权利(也称作精神性权利),主要是指在作品上署名、将作品发表、确认作者身份、保护作品完整性、修改已发表的作品等权利;其二是财产性权利,主要是指以复制、发行、表演、展览、广播、摄影、翻译、网络传播、录音、录像、改编、汇编等方式使用作品或因授权他人以同样的方式使用作品而获得经济利益的权利。

① 版权的人身性权利

版权是一种特殊的民事权利。作者因创作完成而享有的版权,既含有人身权(精神权利),也包括财产权。其中,人身权主要是指作者通过创作表现其个人思想、情感、品格的作品而获得名誉或维护作品完整性的权利。在某种程度上,这种获得社会认可、能够维护人格独立和个人尊严的权利,对作者而言可能比财产权更为重要,更加有意义,也更有价值。人身权利主要包括发表权、署名权、修改权和保护作品完整权。

a. 发表权。发表权是指决定作品是否公之于众的权利,还包括决定以何种形式发表和在何时何地发表的权利。所谓"公之于众",是指向作者以外的公众公布,而不是作者把自己的作品提供给家属、亲友或向某些专家请教,在很多情况下取决于作者的主观意向与提供作品的方式。发表权是决定是否发表的权利,作者只要作出发表或者不发表的决定,即是在行使发表权,并不是说作者必须亲力亲为去发表作品才叫行使发表权。

b. 署名权。署名权是指作者表明自己作者的身份,在作品上署名的权利。作者有权署名,也有权不署名;有权署真名,也有权署假名或笔名。作者也有权禁止他人在自己的作品上署名。作者署名,在一般情况下是为了表明作者身份。因此,表明作者身份的权利,是署名权的应有之义。在发生侵权的情况下,比如他人将作品冒充为自己的作品,作者有权表明自己的作者身份。即使在作者发表作品时不愿表明作者身份而没有署名,或者在署根本无法表明自己作者身份的假名的情况下,作者也有权通过其他的证据来证明自己的作者身份。因此,我国著作权法规定的署名权,实际上也包括了有些国家规定的表明作者身份的权利。

c. 修改权。修改权是指作者有权对其作品进行修改或者授权他人进行修改的权利。修改与否,怎么修改以及是否授权他人修改,都应根据作者的意愿,不应强制。修改作品与改编作品不同。修改是对作品内容作局部的变更以及文字、用语的修正。改编是指在不改变作品基本内容的情况下,将作品由一种类型改变成另一种类型(如将小说改编成电影剧本),或者不改变原作品类型而改变其体裁(如将科学专著改写成科普读物)。作品的修改之所以必要,一是因为要更好地反映作者的意志;二是随着客观事物的变化,作者的思想、认识也在不断发生变化,作者也需要对某些作品作出符合实际的修改。因此,作者应有修改权,也只有作者才有修改权,同时,作者可以自己修改,也可以授权他人修改,但授权他人修改,是作者行使修改权,并不是他人行使修改权。修改作品,包括修改未发表的作品和修改已发表的作品。作者在创作过程中不可避免地要修改作品,在此阶段,一般来说作者可以任意修改作品。作品发表之后,作者也可以修改作品,但是,其修改权的行使不可避免地受到一定程度的限制。作者行使修改权不能损害他人利益,或者应当尽可能地减少作品使用者的负担,如对图书的修改,应当在图书再版时进行。

d. 保护作品完整权。保护作品完整权是指作者保护其作品的内容、观点、形式等不受歪曲、篡改的权利。作者有权保护其作品不被他人丑化,不被他人作违背其思想的删除、增添或者其他损害性的变动。这项权利的意义在于保护作者的名誉、声望以及维护作品的完整性。保护作品完整权与修改权是互相联系的,侵犯修改权往往也侵犯了作者的保护作品完整权。但修改权与保护作品完整权的侧重点不同。修改权是为了更好地表达作者的意志,保护作品完整权主要是从维护作者的尊严和人格出发,防止他人对作品进行歪曲性处理以损害作者的声誉。因此,修改权主要维护的是作者的自由意志,保护作品完整权维护的则是作者的个人声誉。

② 版权的财产性权利

版权的财产性权利,是指作者或其他著作权人依著作权法享有的与作品相联系的财产权利,具体包括使用权和获得报酬权。版权的财产性权利可以依法转让、继承或遗赠。

根据我国《著作权法》的规定,版权的财产性权利包括以下13项内容。

a. 复制权,即以印刷、复印、拓印、录音、录像、翻录、翻拍等方式将作品制作一份或者多份的权利。

b. 发行权,即以出售或者赠与方式向公众提供作品的原件或者复制件的权利。

c. 出租权,即有偿许可他人临时使用电影作品和以类似摄制电影的方法创作的作品、计算机软件的权利,计算机软件不是出租的主要标的的除外。

d. 展览权,即公开陈列美术作品、摄影作品的原件或者复制件的权利。

e. 表演权,即公开表演作品以及用各种手段公开播送作品的权利。

f. 放映权,即通过放映机、幻灯机等技术设备公开再现美术、摄影、电影和以类似摄制电影的方法创作的作品的权利。

g. 广播权,即以无线方式公开广播或者传播作品,以有线传播或者转播的方式向公众传播广播的作品以及通过扩音器或者其他传送符号、声音、图像的类似工具向公众传播广播的作品的权利。

h. 信息网络传播权,即以有线或者无线方式向公众提供作品,使公众可以在其个人选定的时间和地点获得作品的权利。

i. 摄制权,即以摄制电影或者以类似摄制电影的方法将作品固定在载体上的权利。

j. 改编权,即改变作品,创作出具有独创性的新作品的权利。

k. 翻译权,即将作品从一种语言文字转换成另一种语言文字的权利。

l. 汇编权,即将作品或者作品的片段通过选择或者编排,汇集成新作品的权利。

m. 其他权利,应当由著作权人享有的其他权利。

应当指出的是,版权的财产性权利在过去一百年中得到了大范围的充实,早期的财产性权利只有出版权、广播权、演出权等权利,后因互联网科技的创新发展,不断出现新型的财产性权利,如信息网络传播权。

版权的财产性权利是作者的专属性权利,作者享有使用或根据议定的条件许可他人使用其作品的权利。因此,著作权人常常将其对作品享有的权利授权给最有能力推销作品的使用者,以获得报酬,这种报酬经常是在实际使用作品时才支付,因此被称作授权费或版税。版权的财产性权利有时间限制,根据世界知识产权组织的相关条约,该时限为创作者终身及其离世之后的 50 年内。但各国的国情不同,各国的国内法可规定更长的时限。这种时间上的限制能够保障创作者及其继承人在一定时期内享有财产权利带来的收益。

(2)版权权利的商品属性

版权制度对智力成果的保护,主要是保护支配和使用该智力成果的版权权利。由于版权权利分为人身权利和财产权利,但人身权利是创作者对其作品所享有的各种与人身相联系或者密不可分而又无直接财产内容的权利,是创作者通过创作富有思想、构思、创意的作品而依法享有的名誉、声望、知名度和维护作品完整性的权利,该权利由创作者终身享有,不可被授权转让、交易、剥夺和限制。而财产权利是指创作者及传播者通过创作和使用某种形式的作品,从而依法获得经济报酬的权利,具体包括复制权、发行权、出租权、展览权、放映权、广播权、网络传播权、摄制权、改编权、翻译权、汇编权等。正因为版权的财产权利能够为创作者带来预期的收益,且可以被用来授权交易,这是人身权利所不具备的属性。因此,版权价值的商品基础只能是财产权利这种具有商品属性的版权权利。

具有商品属性的版权权利是智力成果的创作者和使用者所关注的主要内容。对于创作者而言,智力成果创作完成之后,版权制度赋予创作者拥有该智力成果的全部版权权利,创作者可以按照自己的意愿处置智力成果的版权,这是对创作者付出创造性劳动的回报。对于使用者而言,如果要获得创作者的智力成果并对智力成果进行开发和使用,其基本方式就是通过签订版权协议的方式获得该智力成果的授权,而版权协议所涉及的交易内容就是具有商品属性的版权权利。因此,具有商品属性的版权权利成为承载版权价值的基础,是承载版权价值的商品之一。

版权权利作为一种可以授权交易的商品,与一般的消费品存在显著的不同之处。智力成果并不是以最终消费品的形态直接面对消费者的,而是作为下一个创造性劳动的对象进入再生产过程。智力成果的使用者通过签订版权协议获得成果的使用权,并对智力成果进行制作、加工和复制,衍生出众多的智力成果复制品,而最终进入消费环节并被消费者所购买的商品就是智力成果被赋形后的复制品。因此,具有商品属性的版权权利只是智力成果的使用者所需要的,而消费者需要的是智能成果的复制品并获得其使用价值。换言之,智力成果的使用者更加注重智力成果的支配权及由此而带来的价值增值能力,其选择智力成果的标准是具有市场前景和符合消费潮流的智力成果,但这仅仅是获得智力成果的支配权和价值增值能力的手段。消费者基于自身的消费需要,不会也没有必要通过与创作者签订版权协议的方式获得智力成果的支配权,而是要购买智力成果的复制品并获得该复制品的使用价值。因此,对于智力成果的使用者而言,智力成果的版权权利表现出"生产消费"的属性,即为了生产而进行的消费。

2. 被物化赋形的复制品

使用者在获得智力成果的支配权之后,会对智力成果进行制作、加工和复制,形成被物化赋形的复制品,这是智力成果进入最终消费环节所必须经历的过程。在这一过程中,制作者对智力成果赋予一定的外形,通过大规模复制的技术手段将其记录在物质载体中,使智力成果成为具有物质形态的精神文化产品,如将书稿印制成书籍、计算机程序制作成光盘、剧本拍摄成电视剧等等。值得强调的是,这些精神文化产品只是智力成果的外在表现形式,是通过获得智力成果的版权权利而制作出来的,而版权权利却凝结着无差别的创造性劳动——版权价值,故精神文化产品的核心价值依然是版权价值。

版权权利是凝结版权价值的首要商品,并具有"生产消费"的属性,即作为对智力成果进行加工制作的支配权而衍生出可供精神消费的精神文化产品,因此,版权权利只是阶段性地实现了版权价值。而精神文化产品在进入消费环节之后,成为众多消费者的消费对象,最终实现了由商品向货币的转换,创作者和制作者最终获得了精神文化产品的价值——版权价值,而消费者获得精神文化产品的使用价值,被物化赋形的复制品成为最终实现版权价值的载体。此外,使用者在制作、加工和复制过程中也必然需要耗费一定的劳动量,而这种劳动创造的价值构成复制品价值的一部分,这部分价值在复制品的销售过程中也被实现。

(二)版权价值的制度基础

创造性劳动所创造的无形智力成果,凝结着无差别的创造性抽象劳动——版权价值,并以文字、符号、概念、图像的组合形式借助于某种有形载体而存在。这些被融入到特定载体中的无形智力成果,具有鲜明的公共物品特征,但智力成果又是创作者所创造的私人物品,故需要借助产权制度对其进行保护,这个产权制度就是版权制度,是版权价值得以存在并能够实现保值增值的制度。

由于智力成果并不具有天然的排他性和竞争性,如果缺乏版权制度的保护,智力成果容易成为被任意复制和无偿使用的对象,久而久之,智力成果的创造者不能为其所付出的创造性劳动得到合理的回报和补偿。特别是在知识经济和信息社会的条件下,智力成果在全社会的价值创造过程中扮演着日益重要的角色,而信息网络技术极大地改变了智力成果创造与传播的速度和广度,在跨越时间和空间的领域中实现了智力成果的开发利用与资源共享,这种不对称的成本收益格局必然会使创造者的创作积极性受到极大的冲击和抑制,最终导致整个创作行业趋于萎缩。社会经济生活对智力成果的依赖程度越高,对以制度方式确立智力成果的竞争性和排他性的呼声和诉求就越强烈,在制度需求的驱动下,版权制度成为激发智力成果创造者的积极性和保护其合法权益的主要因素。

版权制度之所以能够成为版权价值的制度基础,是因为版权制度作为产权制度的一种重要形式,能够使智力成果的创造者获得智力成果的竞争性和排他性权利,并使智力成果的创造者能够享有这些权利所带来的回报和补偿。因此说,版权制度可以为智力成果的创造和使用提供一种市场经济条件下的制度保障,进而在智力成果创造者的投入成本和经济收益之间构建起一种利益平衡状态。与此同时,版权制度对智力成果的保护是具有时限性的,超过保护期限的智力成果会自动进入公有领域,不会因保护过度而导致使用者付出过高的代价,版权制度在智力成果的创造者和使用者之间也构建起一种相对的权利平衡状态。

版权制度虽然是对智力成果的保护制度,但版权制度赋予智力成果的竞争性和排他性区别于一般实物资产的竞争性和排他性。对智力成果而言,版权制度保护的是支配智力成果的权利,并不是保护以某种载体形式而存在的复制品。其原因在于,如果版权制度保护的是某种载体形态的复制品,则一般的产权制度就可以清晰界定该智力成果复制品的归属，这使版权制度的设计和实施本身就是多此一举或是毫无实际意义的。但是，由于借助某种载体而形成的复制品是智力成果的最终表现形式，故版权制度对智力成果支配权的保护状态是以复制品的制作行为为参照对象的，即智力成果的支配权是否得到有效保护是以复制品的制作是否获得有效授权为标准。由于版权制度的保护对象与版权制度保护效果的参照对象是不同的，这使智力成果的支配权和智力成果的复制品成为版权制度约束下的两种与版权价值密切相关的价值客体。

三、版权价值的决定

版权价值的创造和运用需要依存于一定的商品基础和制度基础，商品基础是版权价值的现实客体，制度基础是版权价值得以存在的前提。需要指出的是，版权价值的商品基础又呈现出二元性，即具有商品属性的版权权利和被物化赋形的复制品。具有商品属性的版权权利是对智力成果进行开发运用的支配权，制作者以被授权的方式获得智力成果的支配权后，运用标准化的复制技术将智力成果固定在物质载体上，完成智力成果进入消费环节的最终过程。智力成果从被创作完成至最终消费的过程，需要经历具有商品属性的版权权利和被赋形物化的复制品两种商品形态。因此，版权价值的决定也以这两种商品为对象进行研究。

（一）具有商品属性的版权权利的价值决定

按照劳动价值论对一般商品价值决定因素的阐述，商品的价值是由生产商品所耗费的社会必要劳动时间决定的,但具有商品属性的版权权利的价值是否也是由社会必要劳动时间决定的呢?相对于被物化赋形的复制品,创造具有版权权利的智力成果所耗费的劳动时间与生产复制品所耗费的劳动时间是大不相同的,智力成果的创造劳动也远比复制品的生产劳动复杂得多。所以说,精神文化产品的价值可以分为两个组成部分,即智力成果的创造时间和复制品的生产时间,具有商品属性的版权权利的价值就是由智力成果的创造时间决定的。

版权权利的价值尽管由创造智力成果的劳动时间决定,但这种劳动时间又区别于一般物质商品的价值决定因素——社会必要劳动时间,这是因为智力成果的使用价值不同于一般物质商品的使用价值。对大多数的商品而言,同种类的商品在使用价值方面都是近似或者相仿的,即使在品牌、标识、包装、服务等方面存在差别,但商品的使用价值在多数情况下是可以相互替代的。然而,这种情况对智力成果却是不适用的。智力成果的创造不适用于"生产决定消费"的生产模式,即不适用生产者生产什么、消费者就消费什么的单向生产模式,而是一种以消费者的需求为导向、创造消费者所需要的、符合当前消费潮流和品位的创造模式。智力成果的这种体验式的使用价值是其所独有的,即智力成果的使用价值具有异质性和唯一性的特点,不同智力成果的使用价值在大多数情况下是不可以相互替代的。正因为智力成果的使用价值具有这种特性,使创造智力成果的个别劳动时间就是决定其价值的社会必要劳动时间。

智力成果的价值虽然是由个别劳动时间决定的,但是个别劳动时间并不是决定智力成果价值的唯一因素,这源于智力成果的价值还要受到社会消费需求,即第二种社会必要劳动时间的影响。所谓第二社会必要劳动,具体是指"适合于社会对各种生产物已经在数量上确定了的需要成比例的分配于不同生产部门的劳动,它反映了不同部门的生产者之间如何分割社会劳动的关系"①。也就是说,全社会对某一种产品已经确定了相应的需求量,生产该数量产品所需要耗费的社会必要劳动时间与生产全部社会产品所耗费的社会必要劳动时间之间存在一定的比例关系,如果这一比例关系与该产品的需求量占社会总需求量之间比例关系相等,则生产该数量产品所耗费的劳动时间就是第二种社会必要劳动时间。因此,第二种社会必要劳动是第一种社会必要劳动在社会需求层面所被承认的劳动量。任何一种产品,无论在生产阶段耗费多少社会必要劳动时间,如果这种产品不被社会所需要或只有一部分产品符合社会需要,则该产品必然不能为消费者提供使用价值或只有一部分产品为消费者提供了使用价值,这样一来,哪怕在产品中凝聚再多的劳动量,生产者也不能为付出的劳动获得足量的回报。第二社会必要劳动时间对产品最终价值的决定作用同样也适用于决定智力成果的最终价值。

决定智力成果价值的第二种社会必要劳动时间,表现为智力成果的版权权利的交换价值。原因在于,围绕受版权制度保护的智力成果而实际发生的交易,其交易对象就是具有商品属性的版权权利。在版权制度的约束下,版权权利的交易是通过签订授权协议的方式实现的,这表明智力成果符合了被授权者的需要,达到以第二社会必要劳动时间决定价值的基本条件。被授权者获得除

---

① 马克思、恩格斯:《资本论》第三卷,人民出版社1975年版,第97页。

人身权利之外的财产权利之后,需要向授权者支付一定的报酬,这就是智力成果的交换价值,而交换价值的额度成为交易双方关注的焦点。被授权方在签约之前,会对智力成果的市场价值进行评估,进而确定一个可以保障自身预期收益而又可以为授权者所认可的交换价值。由此,智力成果的价值最终将被第二社会必要劳动时间确定。

因此,第二社会必要劳动时间是创造智力成果的个别劳动时间所凝结的价值得以实现的条件。第二社会必要劳动时间反映社会需求对智力成果价值的重要影响,如果智力成果符合市场的需要并具有可观的市场前景,那么,由创造智力成果的个别劳动时间(第一社会必要劳动时间)决定其基本的价值额度,第二社会必要劳动时间依据市场需求程度确定智力成果能够最终实现的价值;相反,如果智力成果被创造出来后,并不符合市场需要,也得不到消费者的认可,则智力成果并不具有由第二社会必要劳动时间所决定的价值,价值实现更是无从谈起。对于智力成果及其版权权利来说,第一社会必要劳动时间决定的是智力成果及版权权利的基础价值,而第二社会必要劳动时间所代表的社会需要决定智力成果及版权权利的市场价值,并且,第二社会必要劳动时间所决定的价值是以版权制度的确立且能够有效实施为前提的。

(二)被物化赋形的复制品的价值决定

智力成果的使用者以签订版权协议的方式从创作者手中获得智力成果的支配权,通过策划、设计、标准化制作等活动,将智力成果固定在有形的物质载体上,使智力成果实现由无形的创造性劳动成果转变为有形的复制品。在价值创造方面,被物化赋形的复制品的价值创造方式显著区别于具有商品属性的版权权利的价值创造方式,这表现为,被物化赋形的复制品的标准化生产过程与一般的物质形态商品的生产过程是类似的,主要是简单、重复的印刷复制等劳动,而不是高度复杂、费时费力的创造性劳动。但是,由于复制品的生产制作是需要获得智力成果创作者的授权才能进行的,将有偿使用的智力成果融合进复制品的过程,本身就是具有商品属性的版权权利的价值转移到复制品中的过程。因此,被物化赋形的复制品作为版权价值的最终载体,其价值实际上是由四个主要因素决定的。

首先,生产和再生产智力成果的物质载体的劳动量。智力成果的物质载体,如纸张、光盘、磁带、胶片等,都是由对应行业的生产者创造出来的,这些物质载体的价值与其他物质形态商品的价值也是一样的,都是生产者所耗费的无差别的人类劳动。对于复制品而言,智力成果与物质载体是相互结合、相互依存的,物质载体的价值自然构成了复制品的一部分价值。

其次,转移至复制品中的版权权利的价值。对复制品的制作者来说,之所以可以对智力成果进行加工和制作,是因为获得了智力成果创作者的授权,并为获得该智力成果的支配权而付出了相应的报酬,这是实现版权权利价值的一个环节。在制作者生产和制作复制品的过程中,必然会将智力成果的版权权利价值转移到复制品中,以回收为获得智力成果的授权而付出的报酬。因此,智力成果的版权权利的价值也构成复制品的一部分价值。

再次,将智力成果融合到载体过程中新耗费的劳动量。制作者在获得智力成果的支配权之后,需要对智力成果进行策划、设计、标准化制作等,如策划方案的起草、外形和款式的设计、样品和成品的印刷、刻录、录制、拍摄等，上述活动都需要耗费一定的劳动量，这些劳动量都会以新增价值的形式凝结在复制品中。

最后，生产和再生产复制品所耗费的机器设备及辅助材料的折旧。复制品的制作需要借助一定的机器设备，如印刷机、打印机、刻录机、录像机等，这些机器设备在使用过程中必然会有磨损和消耗。制作者会对机器设备计提折旧并分期摊入复制品的价值中，通过复制品的销售而逐渐回收机器设备的价值损耗。此外，制作复制品还需要一部分辅助材料，如染料、耗材等，这些辅助材料的价值也会构成复制品的一部分价值。

虽然被物化赋形的复制品的生产模式与一般物质形态的商品生产模式颇为相似，但是，这两个生产过程也存在着显著的区别。被物化赋形的复制品，需要在以签订版权协议的方式获得智力成果的支配权且需要支付相应的使用费之后，才能进行具体的生产和制作过程，生产过程的阶段性特征十分显著。并且，被物化赋形的复制品的价值构成中，版权权利的价值构成复制品价值的主体部分，这是一种复杂劳动所创造的价值。而一般形态的物质产品无需经历这样复杂的生产过程，生产过程的阶段性特征也不明显，其价值的主体部分主要是生产工人的劳动所创造的。

第三节 版权价值的保护

版权价值是需要依赖于一定的商品基础和制度基础而得以存在的。对版权价值的商品基础和制度基础而言，版权制度保护的是智力成果的竞争性和排他性权利，即版权权利，而版权价值的商品基础包括具有商品属性的版权权利和被物化赋形的复制品,具有商品属性的版权权利居于核心地位,是承载版权价值的主要商品基础。无论是对版权价值的商品基础,还是对版权价值的制度基础,版权权利都是一个不可否认、不可忽视、不可替代的因素。因此,版权价值的保护在本质上就是对版权权利的保护。

一、版权价值的保护机制

(一)版权价值保护机制的概念

版权价值的保护主要是以版权权利的保护为核心而开展的一系列保护活动。随着版权权利的细分趋势日益显著,版权权利的利益关系更加复杂,版权价值保护的重要性逐渐凸显,迫切需要建立一整套集体系性、高效性、协调性于一体的版权价值保护机制,这是实现版权价值保护的重中之重。通过建立版权价值的保护机制,以版权权利为核心加大版权价值保护的力度,发挥版权价值保护机制对版权权利的确权、授权、维权功能,有效遏制各类侵权盗版行为的泛滥猖獗,进而激励创作者的创作积极性和保障创作者的合法权益。

通常情况下,可以按照"机制"的内涵来设计版权价值保护机制的特定内涵。机制是指某一领域、组织或事物内部的各个组成部分之间的相互作用的过程和方式,包括这些组成部分之间的相互关系以及各个组成部分的各种变化之间的相互关系。简而言之,机制就是制度、主体、方法的有机集合。首先,机制含有制度因素,且要求所有的相关主体遵守。其次,机制是依靠相关的行为主体得以具体执行和实施,主体既可以是组织机构,也可以是现实生活中的人。再次，机制是经过实践检验和进行一定的总结、加工、提炼而形成的行之有效的方式方法。最后，机制一般是依靠多个构成要素相互协调配合、共同发挥作用的。由于机制具有这样的内涵，所以版权价值保护机制的内涵也是与此相类似的。所谓版权价值保护机制，就是以保护版权权利为核心，包括版权政策法律、版权保护机构、版权公共服务、版权行政执法、版权司法保障、版权保护技术在内的各种要素在版权业界相互影响、相互制约、各自有效运转、共同发挥功能的联系和作用。

具体说来，版权价值保护机制，是版权制度、版权主体和版权保护技术的集合。从广义上说，版权制度包括国家和地方的版权法律法规、部门规章以及版权产业政策。版权主体主要指的是版权行政管理主体、版权公共服务主体以及各个主体的组织职能和权责分配的协调配置关系。版权保护技术是指对各类版权权利进行保护的一系列软硬件技术。版权制度是版权主体的行为依据，版权主体在版权制度的框架中实施行为，版权保护技术是实现版权制度的功能和版权主体的行为的措施手段。只有版权制度、版权主体和版权保护技术实现相互协调、彼此配合，版权价值的保护机制才能得以建立、完善和发展。

（二）版权价值保护机制的构成

在阐述版权价值保护机制内涵的基础上，有必要对版权价值保护机制的构成进行详细阐述。如前文所述，版权价值保护机制主要涵盖版权政策法律、版权保护机构、版权公共服务、版权行政执法、版权司法保障、版权保护技术等内容。

1. 版权政策法律

版权政策法律制度是一系列调整不同版权主体之间的权利义

务关系的法律规范和国家政策的总和,是版权价值创造和计量活动的行为准则,包括与著作权有关的法律、行政法规、部委规章、地方性法规、地方规章等。一方面,版权政策法律在推进版权价值保护过程中具有基础性、根本性、稳定性和长期性的作用。版权是一种法定的权利,赋予著作权人对其智力成果享有独占的权利,并免受不法侵害,是版权政策法律的应有之意。版权价值包含在创作者的智力成果之中,版权价值的实现离不开版权政策法律的保护与支持。另一方面,基于智力成果的表达方式与传播技术变革产生的版权价值保护诉求,也促进了版权政策法律的不断完善和发展。

2. 版权保护机构

版权保护机构是指按照我国版权法律的有关规定,具有版权管理和保护职责的司法、行政、公共服务或市场主体,包括各级人民法院、各级版权行政管理部门、国家直属或地区的版权保护中心、版权集体管理组织、版权行业协会等。通常情况下,不同的版权保护机构履行不同的职责,版权司法和行政机构依法进行司法和行政执法管理工作,版权公共服务机构以市场需求为导向提供版权公共服务,同时,版权市场主体会发挥相应的配合辅助作用。具体说来,版权保护机构不是孤立的、个体的、分散的,而是协调的、统一的、多元的。版权保护应充分发挥版权司法、行政执法的优势,版权公共服务机构的服务优势,同时,大力发挥版权行业协会和版权中介机构的市场主体作用,进一步规范其市场行为,支持其依法开展业务活动,充分发挥其在版权保护工作中的作用。版权司法行政主体、版权公共服务主体和版权市场主体各尽其责、彼此协调,形成版权保护的合力,才能使版权权利得到真正的、持续性的开发和利用。

3. 版权公共服务

版权公共服务是为了满足社会公共需要,由版权行政管理机关或者其他公共服务机构提供的公共服务和公共产品。它以保障创作者的合法权益为出发点,以保障版权权利的合法有效运用为目的,向公众提供版权公共服务和实施版权保护措施等。版权公共服务可分为基础支撑类的版权公共服务和专业咨询类的版权公共服务。基础支撑类的版权公共服务具有公平性、均等性、普适性的特点,包括建设版权公共设施、发展版权公共事业和发布版权公共信息等。专业性的版权公共服务具有专门性、特殊性、多样性的特点,以版权登记为核心,以版权结算为支撑,以版权监测为手段,包括搭建有效的版权登记平台和版权交易平台,规范版权要素市场流转秩序,扩大版权事务对外交流与合作等核心内容。咨询类的版权公共服务涵盖作品鉴定、纠纷调解、价值评估、资产管理、版权产业经济贡献测评等。这两种类型的版权公共服务是激励和保障创作者的主动性和积极性,促进版权事业繁荣发展的有效途径。

4. 版权行政执法

版权行政执法是指国家版权行政管理机关在遵循法定程序和运用法定行政手段的前提下,依法处理各种版权纠纷,维护版权市场秩序和提高版权的社会保护意识,运用行政权力和手段对版权及相关权利进行保护。版权行政执法可以大大缩短版权侵权行为的惩处周期,有效维护版权权利人的合法权益,同时配合相应的普法宣传,使版权保护的法治理念迅速得到传播和普及。现阶段,我国的版权行政保护工作主要涵盖以下几种具体形式。

（1）行政执法和处罚

我国《著作权法》第 48 条规定，在侵犯著作权同时损害了公共利益的，著作权行政管理机关可以行使行政处罚权。《著作权法实施条例》第 37 条明确了著作权行政管理部门针对损害公共利益的著作权侵权行为拥有行政查处权。另外，《著作权行政处罚实施办法》第 2 条明确了国家版权局和地方著作权行政管理部门是对著作权侵权行为实施行政处罚的行政主体。我国国家层面的版权行政执法工作由国家版权局负责具体执行和实施。

（2）技术辅助手段

在各类版权执法活动中，国家版权局指导各地方局建立了线上与线下两条执法渠道。为了有效打击盗版侵权，曾于 2004 年试行"版权流动监督岗"制度，组织志愿者随时收集出版物侵权盗版活动的信息。这一举措进一步弥补了执法力量不足的缺陷，为全方位、多角度、全天候地发现各种隐蔽盗版侵权行为提供了保障。随着执法技术的提高，举报热线、在线举报制度也在线下监督方面发挥了重要作用。由于网络侵权盗版日趋成为版权侵权的主要形式，网络侵权的隐蔽性削弱了社会参与的有效性。为了快速应对网络盗版，国家版权局组织开发了一系列的科技维权技术，比如网络自动监控技术、软件盗版自动甄别技术等，这一网络电子眼在数字作品传播、软件正版化方面发挥了及时预警与证据保全作用，在隐蔽的网络空间守护了网络的正版化。

（3）行政调解制度

我国《著作权法》第 55 条虽未明确著作权行政管理机关有权调解著作权纠纷，但是实践中由著作权行政管理机关实施著作权纠纷民事损害赔偿行政调解是十分普遍的。当然，这种典型的著作权纠纷行政调解是在著作权行政管理机关的主导下,基于当事人的意思自治原则进行的。

5. 版权司法保障

版权司法保障,是指通过司法途径对版权及相关权利进行保护。版权司法保护是由享有版权的权利人或国家公诉人向法院对侵权人提起刑事、民事诉讼,以追究侵权人的刑事、民事法律责任,还包括对版权行政机关处罚持有异议的当事人向法院提起行政诉讼,请求对行政执法结果进行司法审查,以支持正确的行政处罚或纠正错误的处罚,使各方当事人的合法权益都得到切实的保护。我国版权司法保护的范围包括对著作权(版权)及邻接权等涉及人类智力成果的财产性权利和人身性权利的保护。我国版权法规定的保护范围和水平基本与知识产权国际条约规定的范围和水平相同,并且将会受到《与贸易有关的知识产权协议》(Trips)等国际公约的影响。

我国法院主要依照国家成文的法律来审判案件,同时审判又受到最高人民法院公布的司法解释、判例及法官们总结的审判经验的影响。因此,在中国法院起诉或应诉中,最高人民法院有关知识产权的司法解释很重要。我国法院受理的版权案件具有以下特点:一是案件相对集中发生在经济、文化比较发达的地区和城市,地区间收案数量不平衡、差别较大;二是收案总量仍呈稳定上升趋势,其中互联网侵权案件所占比例突出;三是案件涉及的法律关系复杂,侵权与权属纠纷及合同纠纷并存,原、被告所持版权发生冲突,既有不同法律责任的竞合,又有多种法律责任的并存;四是境内外不法侵权者相互勾结,盗版假冒行为出现国际化趋势。

完善版权的司法保护工作任务复杂而艰巨。以《中华人民共和国刑法》为切入点,对侵权犯罪施之以刑罚,有助于惩治假冒、盗版,切实保护版权及邻接权。同时,依照我国《民法通则》《著作权法》、《反不正当竞争法》、《合同法》等法律的有关规定,发挥民事责任惩罚与补偿相结合的功能,全面追究侵权人的民事责任,使版权权利得到最终保护。最后,严格执行民事诉讼法和最高人民法院有关审判程序的司法解释,设立专门的审判机构、完善诉讼程序等,保障版权司法保护的公正性和公平性。

6. 版权保护技术

版权保护技术是对各类版权权利进行保护的一系列软硬件技术。版权保护技术通过对智力成果进行技术标识,实现对智力成果的控制和管理,旨在保证版权内容在整个生命周期内的合法使用,平衡价值链中各个参与者的利益和需求,促进智力成果的合理开发和有序利用。版权保护技术主要应用在数字化版权领域,贯穿于从版权产生到分发、从版权销售到使用的整个智力成果流转过程,覆盖版权登记、交易结算、监测取证等各个环节。通过实施版权保护技术,为数字版权量身定制"身份证",可以对数字版权使用次数进行准确统计,并对网络侵权行为进行远程监控和取证。从本质上讲,版权保护技术就是一种控制或记录版权权利使用的技术。

二、基于版权价值保护机制的版权价值保护路径

(一)创作阶段的版权价值保护

在智力成果的创作阶段,创作者将思想、创意、构思转化成依赖一定的物质载体而存在的复制品。从版权价值保护机制的角度

看,版权法律法规、版权公共服务、版权保护机构、版权保护技术等对创作阶段的版权价值具有显著的保护作用。原因在于,智力成果的创作阶段所涉及的法律关系较为清晰,创作者通过创造智力成果而享有版权,包括财产性权利和人身性权利,这是版权法律赋予的法定权利,创作者可以借助以版权登记为核心的版权公共服务进一步明确版权权利的归属,还可以利用版权保护技术防止智力成果遭受侵权盗版行为的侵害。

具体说来,根据我国版权法的规定,智力成果自创作完成之后自动产生版权,创作者享有法律赋予的智力成果的人身权利和财产权利。我国《著作权法》第11条规定,"著作权属于作者,创作作品的公民是作者。由法人或者其他组织主持的代表法人或者其他组织意志的创作,并由法人或者其他组织承担责任的作品,法人或者其他组织被视为作者"。

尽管如此,围绕智力成果的版权权利的归属问题,还需要以版权登记为核心的版权公共服务提供版权权利归属的有力证明。版权登记是我国版权公共服务的核心内容,是一项有效维护权利人合法权益的制度,是我国著作权制度建设的一项重要措施。著作权自愿登记制度已为绝大多数国家和地区所采用,是一项重要的版权保护措施和手段。在智力成果被创作完成之后,经登记产生的权利证明文件同样是最为直接和权威的权属证明,同时能够降低无意识的侵权风险,发挥推动智力成果交易流通和繁荣版权事业的作用。因此,无论从实际的可操作性还是投入的成本来看,版权登记对于智力成果的创作者来说都是具有较高可行性的保护措施。

对于创作阶段的智力成果,利用数字版权唯一标识技术,可以实现以数字版权登记为主要内容的确权服务,建立具有法定公信力与公示效应的数字版权登记体系——DCI体系,对智力成果创作者的相关权利进行登记、注册、管理,能够有效维护创作者或其他权利人的合法权益。特别是在数字网络环境下,通过数字版权登记体系给每件作品赋予唯一的 DCI 码,可使互联网上的所有数字作品都具有唯一的身份标识,并以此为基础开展国内外版权的登记、信息检索和管理等。更重要的是,通过将 DCI 码以不可篡改的方式加载到数字作品中,并运用信息技术手段验明数字作品中的 DCI 码,即可达到确认作品版权的真伪、明确数字作品的版权归属的目的,从而实现真正意义上的数字版权的网上自动巡查、跟踪等管理工作。

在智力成果的创作阶段,加强创作者的版权保护意识也很重要。首先,创作者应具备自我保护和尊重他人智力成果的主观意识。因为在版权价值链中,创作者个人既是最为核心的创作主体,但同时也往往处于弱势地位,是自我保护能力最弱、受侵权行为伤害最多的一方,其必须综合运用各种版权保护措施,才能提高自身的维权意识和能力。其次,对于从事智力成果开发创作的企业主体,版权创造阶段的保护重点应在于对企业创作人员的管理和激励。如通过培训来提高员工的版权保护意识,制定企业内部的商业秘密保护规章制度,通过合同管理对创作过程中产生的成果归属予以明确约定,并及时运用版权保护措施予以必要的保护。在加强管理之余,应注重对创作者加以激励,尤其要处理好创作者和企业之间的职务作品的版权归属及经济利益的合理分配问题。

(二)流通阶段的版权价值保护

版权权利的流通环节就是将智力成果推向交易市场并实现智

力成果的对外授权使用,即转让或许可使用①。创作者将思想、创意、构思外化成为具有使用价值和价值的智力成果,并通过交易市场实现智力成果的流通,这个过程其实就是版权权利的流通过程,主要表现为版权的财产权利在一段时间内或永久的转移,创作者转让或者许可他人使用智力成果的权利而由此获得相应的报酬。

在版权权利的流通阶段,版权的许可使用、转让和出质需要符合版权法律制度的规定,即版权许可使用、转让和出质的合规性。按照版权法的规定,创作者授予其他使用者的权利只能是包括复制权、发行权、出租权等13项财产性权利。在这些版权权利的授权交易过程中,版权法律明确要求版权的许可使用和转让事宜需要通过签订版权合同的方式得以最终确立,被授权者依据版权合同拥有与此相对应的版权权利。我国《著作权法》第24条规定,"许可使用合同包括下列主要内容:(一)许可使用的权利种类;(二)许可使用的权利是专有使用权或者非专有使用权;(三)许可使用的地域范围、期间;(四)付酬标准和办法;(五)违约责任;(六)双方认为需要约定的其他内容。关于版权转让的法律内容,我国《著作权法》第25条规定,只能转让13项财产权利,并且规定版权转让合同包括下列主要内容:(一)作品的名称;(二)转让的权利种类、地域范围;(三)转让价金;(四)交付转让价金的日期和方式;(五)违约责任;(六)双方认为需要约定的其他内容。许可使用合同和转让合同中著作权人未明确许可、转让的权利,未经著

---

① 版权的转让是版权人将作品的全部或部分专有权利有偿或无偿移交他人的行为,而版权的授权使用与转让不同,它不转移作品专有权利的所有权,其转移的只是使用权。

作权人同意,另一方当事人不得行使。关于版权出质的内容,我国《著作权质权登记办法》第三条规定:"著作权以及与著作权有关的权利(以下统称'著作权')中的财产权可以出质。以共有的著作权出质的,除另有约定外,应当取得全体共有人的同意"。第四条规定:"以著作权出质的,出质人和质权人应当订立书面质权合同,并由双方共同向登记机构办理著作权质权登记"。

为促进智力成果的规范有序流通,版权行政管理机构会切实履行版权保护职责,提高版权执法管理队伍的专业素质和效率,加大行政执法力度,严厉打击侵权盗版行为,有效增加侵权成本和风险,在源头抑制侵权事件发生。一般来说,版权行政管理机关具有高效率和专业化的版权行政管理职能,与其他相关执法部门,如工商、技术监督、专利、海关、公安等部门进行明确的分工,集中一大批懂专业、懂管理、懂法律的专业执法人才,能够高效、便捷、迅速地处理有关版权的争议与纠纷,显著降低权利人寻求行政救济方案的成本,最大限度地减少权利人因此而遭受的损失。

与此同时,在智力成果的流通过程中,需要权威性、专业化的版权服务机构提供相应的版权公共服务,当前,围绕着版权的许可使用、转让和出质,版权公共服务机构还承担着合同备案和质权登记的职责。合同备案主要包括著作权转让合同备案、专有许可使用合同备案等。我国的《著作权法实施条例》规定,与著作权人订立专有许可使用合同、转让合同的,可以向著作权管理部门备案,鉴于合同备案的性质和效力以及版权交易活动的客观需要,有必要由版权公共服务机构提供以合同备案为主要内容的版权公共服务。合同备案与作品登记一样,具有非营利性、登记对象不特定、强调公平性等特征。质权登记为规范著作权出质行为,保护债权人合法权益,维护著作权交易秩序,需要以著作权中的财产权为主要对象进行质权登记,著作权质权登记是著作权质权生效的法律条件。《中华人民共和国物权法》第 227 条规定,以注册商标专用权、专利权、著作权等知识产权中的财产权出质的,当事人应当订立书面合同。《中华人民共和国担保法》第 79 条规定,以依法可以转让的商标专用权,专利权、著作权中的财产权出质的,出质人与质权人应当订立书面合同,并向其管理部门办理出质登记。《著作权质权登记办法》第五条规定,著作权质权的设立、变更、转让和消灭,自记载于《著作权质权登记簿》时发生效力。因此,著作权质权只有登记后才得以设立,债权人才对折价、拍卖、变卖出质标的价款享有优先受偿的权利。此外,由版权公共服务机构提供的功能齐全、富有效率、设施完备的版权交易平台和版权代理服务会有效整合智力成果流通中的各种利益关系,显著降低交易成本,为智力成果开拓更广泛的流通渠道和传播空间。

加强流通阶段的版权保护技术的运用,也是版权价值保护的重要手段。在授权转让与许可使用的过程中,最重要的是厘清智力成果的版权权利状态、作者基本信息、权利利用方式、有无权利限制、下载使用次数等。而版权保护技术的运用,将有助于在上述各方面加速版权交易的进程。具体而言,可在交易前给予作品一种具有技术识别特征的数字标识,通过版权标识技术进行保护,一方面可以发挥确认智力成果的权利归属的功能,对智力成果的授权交易状况进行必要的追踪和监控,另一方面,在交易结算中,版权保护技术还能有效确认智力成果的使用状况,可以根据这些信息公平合理地进行版权授权交易。当然,任何一种版权保护手段并不是绝对能够保证智力成果不被侵权,但确实能够起到有效预防与保护智力成果少被侵权的作用。对智力成果流通阶段的侵权行为,在其他版权保护措施无效的情况下,最终应谋求公权力的救济,即通过司法诉讼、仲裁、调解的方式限制侵犯版权权利的行为,尽可能地挽回因侵权行为而对创造者产生的损失。

（三）使用阶段的版权价值保护

使用阶段的版权价值保护与流通阶段的版权价值保护相比较,更多地是从智力成果产业链的末端,即使用者的角度来分析的。对于智力成果的消费使用,同样需要综合运用版权法律制度、版权行政执法、版权公共服务和版权保护技术等因素对版权价值进行有效的保护,最终达到捍卫权利人的合法权益、打击市场侵权行为和维护版权消费市场秩序的目的。

我国的版权法律制度针对使用阶段的版权价值保护问题,在法律责任和执法措施方面提出了相应的规定。如我国《著作权法》的第47条和第48条指出不同的侵权情形及惩罚措施;第49条提出侵犯著作权或者与著作权有关的权利的赔偿标准;第50条和第51条分别提出了财产保全措施和证据保全措施等。此外,政府部门可以通过各种渠道普及公众对版权法律常识的认识和了解,使其意识到侵犯版权权利和购买侵权产品可能带来的危害,甚至需要承担相应的法律责任。

提高政府的市场监管能力,通过打击侵权行为减少其对智力成果创造者的权益侵害,为我国智力成果的创造活动提供良好的版权公共服务。首先要明确版权、公安、工商、技术监督等机构的行政执法职责,从而在执法过程中保证既充分发挥各部门的监管作用,又避免部门之间的职责重叠,形成权责明确、分工清晰、管理到位的执法模式,提升版权行政执法部门的联合执法能力和执法效率。其次,加大对侵犯知识产权行为的打击力度,通过追缴侵权行为的违法所得、没收犯罪工具、销毁侵权产品、责令赔偿损失等措施,从物质方面剥夺侵权者的再犯罪能力和条件,切实保护智力成果创造者的利益,保障版权产业的发展以及在全社会形成"崇尚创新精神、尊重知识产权"的氛围。

在智力成果的使用阶段,以版权登记为核心的版权公共服务依然能够有效保护版权权利,登记证书在非法使用智力成果和追究侵权责任时,可以发挥证明和证据作用,并且,登记证书的作用也得到了司法机关和相关行政管理机关的认可。如最高人民法院《关于审理著作权民事纠纷案件适用法律若干问题的解释》中,将著作权登记证书作为证明著作权归属的证据。并且,针对互联网发展为权利人带来的取证困难、取证费用高等问题,中国版权保护中心利用自身优势并结合先进技术,通过建立网络版权监测系统,为当事人在新技术环境下保全证据提供快捷、优质的服务,从而大幅提高网络版权侵权调查取证的准确度和效率,并为建立新型的网络快速维权机制奠定基础。网络版权监控平台,可以帮助权利人、版权行政机关和司法部门克服网络监测和取证的技术障碍,及时、准确监测到网络侵权行为,为权利人维权和行政机关执法提供证据,同时网络版权监控平台可以改变权利人被动取证的方式,其监控数据不仅可以用于权利人维权,也为版权行政机关主动监管网络盗版行为提供可靠依据。

版权保护技术对使用阶段的版权权利的保护,主要是建立以网络版权监测取证系统为核心的快速、高效维权渠道,解决以往困扰创作者和产业界的盗版侵权难以遏制的难题,使广大权利人可以更加积极地维护自身的合法权利,全面保障合法权利不受侵害,提高创作的积极性和主动性。数字版权监测取证系统以数字版权核心资源库为依托,为已做登记版权的作品提供侵权监测技术支持。数字作品的版权拥有者提出版权监测申请,数字版权智能监测平台对其作品进行实时监测,如果作品发生被侵权事件,系统将该作品被侵权的信息返回给版权拥有者,这些信息被版权拥有者作为被侵权的法律依据。当前,以 DCI 体系为支撑的网络版权维权服务,在国家级、统一的数字作品版权元数据库和编码数据库的基础上,建立以网络版权监测取证为核心的快速高效维权机制,形成数字版权网络自动监测服务平台。通过该平台,可以对互联网发布的版权作品实现全天候的巡查和监控,一旦发现登记作品被侵权者或者在网络中被非法使用,就会自动实现侵权行为的发现和取证等功能,并立即通知侵权网站采取及时删除等措施,制止侵权网站的侵权行为。此外,该平台对制止无效的侵权行为可以及时收集侵权证据,为权利人提供证据收集和证据保全服务,并且,这些证据在权利人处理版权侵权纠纷时,可以作为诉讼证据,为数字作品的版权保护提供维权保障。

第三章 版权价值的层次性

第一节 版权价值的层次性内涵

一、版权价值自身的层次性内涵

版权价值的构成与版权价值的涵义相类似,是一个充满争议的问题。在不同学术著作中,对版权价值构成的描述也存在很大程度的差异。迈克尔·波特在其著作《竞争优势》中首先提出了"价值链"(valuechain)的概念,认为价值链中可能包含更大的价值组织——"价值系统"(value system),并认为价值系统与产业链的价值体系是相契合的,即"价值系统"包括供应商价值链、生产商价值链、销售商价值链和消费者价值链等。但价值链理论更多地认为,价值是沿着纵向的链条由价值链的起始端逐渐向价值链末端转移,强调价值流动转移的过程是单向的、一元的纵向过程。然而,版权价值与一般意义上的价值形式不尽相同。尽管版权价值也要通过价值链进行创造、转移和实现的过程,但在版权价值的构成方面却具有异于其他价值形式的特殊性,版权价值的构成体现出显著的扁平化的结构,即版权价值具有层次性。

在版权价值层次性的研究方面,已有的结论见诸于各种不同的研究成果当中。李钦琦(Ching Chyi Lee,2000)对价值链展开研究,将版权价值构成作为研究对象融入到波特的价值链模型之中,将版权价值链横向拆分成若干并列的组织部分,并在整合版权价值链模型的基础上提出一个新概念——版权价值的结构,版权价值的创造、转移和实现都是在这样的组织架构下完成的。世界知识产权组织的研究人员率先在宏观层面对版权价值进行分析研究,认为版权价值在宏观层面上主要表现为版权产业对经济增长、就业以及对外贸易的经济贡献(WIPO,2006)。厉无畏(2006)指出,思想、创意的转化位于版权价值的产品层次,因为创意产品的主要增值部分在于其原创性活动的知识含量,版权价值的基本特征在于价值的非消耗性、内容创造的高赢利性、赢利的不确定性和消费者需求的决定性。李洪亮和阮建强(2009)认为,版权价值是版权相关企业生产、供应用以满足市场需要的版权产品或服务的一系列业务活动的集成,是版权企业相关所创造的资产形式[1]。崔波和蔡伊夏(2012)指出,从版权价值转移的方式上看,可分为水平方向和垂直方向两种基本形式,实现水平方向的版权价值流动,主要有同产业同行业的版权跨界运营和同产业不同行业的版权跨界运营两种,其中的平台运作模式,就是指依赖某一平台,实现版权价值的多方位、多层次流动[2]。

---

[1] 李洪亮、阮建强:"中国版权价值评估现状浅析",载《社科纵横》2009年第12期。

[2] 崔波、蔡伊夏:"如何使版权价值流动起来",载《东南传播》2012年第7期。

综上所述,版权价值的层次性,是版权价值自身所具有的一种横向的、多元性的版权价值内在组织架构,分别在产品层次(微观层次)、企业层次(中观层次)和产业层次(宏观层次)表现出相应的价值存在形式。并且,版权价值层次性包含四层涵义:首先,版权价值层次性具有完整的结构,是由不同层次的版权价值组成的扁平化的结构体系。其次,版权价值的每个层次都包含创作、推广、流通、销售和消费等环节,各个价值创造和转移活动在不同层面上实现版权价值的动态循环。再次,版权价值的每个层次都是一个完整的版权资源的配置和利用过程,形成了由生产加工、流通、销售直至消费等环节构成的产业链条。最后,在版权价值的每个层次上,都包含社会生产和消费活动中的各种经济关系,如投入产出关系、供求关系、竞争关系等。这些价值存在形式既是以版权为核心的创造性劳动的成果,同时也是版权价值计量的主要对象,构成了激励引导版权产品创作生产、合理开发运用企业版权资产和促进版权产业健康快速发展的基础。

二、版权价值计量方式的层次性内涵

版权价值的表现形式呈现出显著的层次性特征,对应于不同层次的版权价值表现形式,版权价值的计量方式也具有产品层次、企业层次和产业层次的层次性特征。版权价值计量方式的层次性,是对版权价值的数量、规模、额度进行计量的组织架构,是版权价值的拥有者对版权价值进行创造、转移和实现过程中的各种计量活动的集合。从版权价值层次性的角度看,如果版权价值的表现形式是对版权价值层次性的静态描述,那么版权价值的计量方式就是对版权价值层次性的动态实践。开展版权价值计量方式的层次性的研究,深入分析版权价值计量活动的具体方式,充分考虑和估计不同因素对版权价值计量活动的影响,使不同层次的计量活动在不同层次上测算和评估版权价值,准确反映版权价值的价值额度,这是研究版权价值计量方式的目的所在。

  现如今,对版权价值计量方式的层次性的研究也取得了不少成果。袁煌和侯瀚宇(2011)从创作者入手分析版权价值,指出版权价值的计量需要综合考虑强调创作者、传播者或使用者之间的利益平衡,创作者对版权价值的计量要考虑投入要素和耗费的成本,传播者和使用者开发运用版权价值要考虑其利用版权价值所获得的收入和付出的成本及风险因素[1]。李康(2011)提出,对于版权价值的计量问题,既要从价值评估的基本原理与规则出发,逐渐地演绎、推理版权价值的计量方式,又要充分考虑到版权价值自身的独特之处,尤其是版权价值的关键构成要素以及独特的价值实现路径[2]。王智源(2012)指出,版权价值是一种名副其实的资产,具有显著的经济属性。版权价值的经济属性包括可分割性、可分配性、可计量化、可资本化等。版权价值的计量活动,主要围绕版权相关财产权利的市场化运作、版权价值的企业化运作、版权产业组织间合作以及版权与金融的有机结合等价值实现方式展开[3]。何莹(2014)从解读版权的经济价值入手,探讨作为市场资源的版

---

[1] 袁煌、侯瀚宇:"版权价值评估对象及其价值影响因素探讨",载《中国资产评估》2011年第8期。

[2] 李康:"版权产业融资中的版权价值评估问题探析",载《编辑》2011年第9期。

[3] 王智源:"论版权的经济性质与价值实现",载《编辑之友》2012年第7期。

权价值在计量过程中的三种不同的路径选择,并重点分析包括计量理念、计量流程及计量方法在内的版权价值计量问题,即方向性转变版权计量理念、精细规范版权计量流程和创新版权价值计量方法[1]。庞安超(2014)提出,版权价值权利主体间的利益平衡是版权价值计量活动的客观要求。随着版权制度的发展,版权行业的专业性越来越强,分工也越来越细,版权主体的多元化倾向越来越强烈,版权利益平衡问题便不可回避。版权价值的权利主体的利益平衡主要包括国际之间的版权利益平衡、国家与版权利害关系人之间的利益平衡、版权经营者之间的利益平衡、版权经营者与消费者之间的利益平衡等[2]。

立足版权价值表现形式的层次性,探讨版权价值计量方式的层次性也是版权价值理论的重要组成部分。所谓版权价值计量方式的层次性,就是指对应于版权价值在产品层次、企业层次和产业层次的表现形式,继而在产品层次、企业层次、产业层次构建计量这些表现形式的组织架构,这种组织架构是对版权价值层次性的延伸,并进一步扩展了版权价值的创造、转移和实现活动的范围和空间。以版权价值为中心,科学分析版权价值计量方式的层次性,广泛探索版权价值计量的方式和途径,着力创新版权价值配置流转的体制和机制,深度挖掘版权价值保值增值的巨大潜力,这是对版权价值理论的丰富和发展。

---

[1] 何莹:"版权开发的路径选择及策略转向——以版权经济价值为中心的考察",载《宁夏社会科学》2014年第1期。

[2] 庞安超:"版权的多元价值及其法理分析",载《中国出版》,2014年第2期。

第二节　版权价值自身的层次性

一、版权价值自身层次性的构成

版权价值具有显著的层次性,这决定了版权价值的构成也具有特定的层次性内容。依据版权价值层次性的内涵,探究版权价值层次性的具体构成,是完善和发展版权价值理论的重要组成部分。因此,只有深入分析版权价值层次性的构成情况,说明不同层次上的版权价值的表现形式,准确阐述各个层次版权价值表现形式的具体内涵,进而为计量评估不同层次上的版权价值、理清版权价值创造机理以及版权价值的最终实现奠定基础,同时也为版权价值理论的发展和实践应用提供新的思路和线索。

版权价值层次性的构成,主要研究对象集中于对不同层次版权价值的表现形式方面。以版权价值层次性的涵义为基础,通过构建不同层次版权价值的组成架构、界定版权价值层次性的构成内容以及每个层次的版权价值内涵,将各个层次的版权价值进行分解,在产品层次、企业层次和产业层次上明确提出版权价值层次性的构成内容,即产品层次(微观层次)的版权价值—版权权益、企业层次(中观层次)的版权价值—版权资产、产业层次(宏观层次)的版权价值—版权产业经济贡献。版权价值层次性构成的相关研究主要就是围绕版权权益、版权资产和版权产业经济贡献展开的,这三个层次的版权价值表现形式也已涵盖了版权价值的基本内容。

版权价值的第一个层次是产品层次。从产品层次研究版权价值,主要就是以版权权益为研究对象,在产品层次上认识和分析凝结在单个版权产品中的人类创造性劳动的成果。版权权益就是由人类的思想、创意、知识、设计活动产生的版权权利所带来的利益,是思想、创意、知识、设计成果与创造性劳动结合过程中产生的价值形式,其主要的价值来源是版权的财产权利。版权权益通过各种繁杂多样的产品形式表现为版权产品满足各个权利人追求价值实现的诉求。拥有版权权利的创造性劳动者不断开发和创造新的版权产品的过程,同时也是不断产生和创造版权权益的过程。在市场经济条件下,版权权益主要是通过其财产权的交易、转让、许可和抵押等方式发挥作用,从而不断地使版权价值得以实现和增值。

版权价值的第二个层次是企业层次。版权资产作为企业层次的版权价值,是一种典型的企业无形资产,具有显著的非独立性、可交易性、转化性和增值性等特征,在生产和经营过程中可与其他有形资产相结合,以资产组合的形式对企业的经济效益产生叠加效应和放大效应,从而提高资产运用效率和投资回报率。正因为版权资产具有这样的特性,决定了版权资产必然成为企业生存和发展过程中的稀有资产,并且应该将其纳入到企业资产管理的范畴中进行认识。

版权价值的第三个层次是产业层次。版权价值在产业层次上主要表现为版权产业对国民经济发展的贡献。研究产业层次的版权价值,进一步突显版权产业在"创新投入高、创新能力强、创新产出高、创新贡献高"等方面的特点,需要提升版权产业在经济增长、就业和对外贸易方面对国民经济发展的贡献水平,将版权产业作为刺激国民经济发展的动力和转变经济发展方式的引擎,进一步改善国民经济增长的质量,进而发挥版权产业在稳增长、调结构、促发展中的重要作用。

二、版权价值三个层次之间的关系

版权价值的三个层次是对版权价值进行分析和解构的结果,而版权价值三个层次之间的逻辑辩证关系,主要是指不同层次版权价值的表现形式之间的相互联系。基于开展版权价值研究的需要,将一元化的版权价值分解成三个层次的版权价值表现形式,而这些层次的版权价值表现形式是相互联系、相互影响、相互促进的。理清版权价值诸多层次之间的相互关系,形成版权价值集合体内的良性的利益循环格局,进而为版权价值的计量活动创造坚实的基础,是探讨版权价值三个层次之间逻辑辩证关系的原因所在。

不同层次版权价值的表现形式各有其特定的内涵,产品层次是版权价值的微观层次,产品层次的版权价值是凝结在版权产品中的人类创造性劳动的附加值,并以繁杂多样的作品形式表现为版权产品满足各个权利人价值实现的诉求;企业层次是版权价值的中观层次,企业层次的版权价值是企业对版权产品的价值进行开发和挖掘,通过相应的经营和配置活动积累起来的版权资产;产业层次是版权价值的宏观层次,产业层次的版权价值是版权产业在经济增长、就业和对外贸易方面对国民经济发展的贡献,从而促进整个社会财富的衍生和增长。

因此,就版权价值三个层次之间的关系而言,即版权权益、版权资产和版权产业经济贡献之间的关系,也是相辅相成、相互影响的。版权产品的更新换代和推陈出新促进了企业层面版权资产的不断重组、优化与增值,同时也奠定了版权产业繁荣发展的微观基础;版权资产的合理运用和有效配置,保障了版权相关企业以市场主体的角色充当版权产品的生产和再生产的组织者和实施者,并且,版权相关企业的合理布局、有序发展与协调运作也进一步刺激了版权产业的成长壮大;版权产业的快速发展为更多版权产品的生产和创新塑造了健康的外部环境,并引导着企业版权资产的开发活动向高效化、规范化和系统化方向发展。

通过比较版权价值的三个层次,可以看出,版权价值的表现形式从产品层次经企业层次直至产业层次,经历了由简单到复杂、由分散到集中、由单调到综合的演变过程。在这个过程中,不同层次版权价值的关键要素,如价值创造者、价值创造路径、生产要素投入、所处环境、生产关系和价值关注点,均鲜明地表现出由微观层面向宏观层面的渐变特征。这充分说明,随着版权价值的创造、转移和实现活动的开展,由各种关键因素主导的版权价值会逐渐向宏观层次的版权价值形式转变。

版权价值作为市场经济条件下的一种价值形式,已经成为社会经济体系的生产、流通、消费活动中的重要参与因素。随着经济活动的扩张和版权经济的不断发展,不同层次版权价值之间的联系也将日趋紧密。立足于版权价值的层次性,有针对性地对不同层次版权价值的内涵、属性、特征和功能进行分析研究,理清各个层次的版权价值之间的内在关系,进一步挖掘版权价值的增值潜力,形成有利于版权价值经济属性发挥的利益关系格局,促使版权价值的开发和运用活动成为促进社会经济发展的动力和引擎。

表1：版权价值层次性关键因素的比较

版权价值＼关键要素	产品层次版权权益	企业层次版权资产	产业层次版权产业经济贡献
价值创造者	单个版权产品的创作者	创造、开发版权权利的企业	版权产业链中的供应商、生产商、销售商
价值创造路径	单个创作者运用每种版权的财产权利实现版权价值增加和衍生	以建立企业组织的形式创造、运营、管理版权的财产权利，实现版权价值的增加和衍生	由各版权行业构成的产业集合体对增加值、就业和对外贸易额的增值作用
生产要素投入	个人智力投入	劳动、资本、土地、管理等生产要素投入	产业链中的供应商、生产商、销售商对生产要素的投入
所处环境	静态/稳定	动态/变化	动态/不确定
生产关系	简单合作	业务合作	分工合作
价值关注点	个体利润增值	合作者利润增值	产业集群利润增值

第三节 版权价值计量方式的层次性

一、版权价值计量方式层次性的构成

版权价值在产品层次、企业层次和产业层次具有特定的构成内容，这意味着版权价值的计量方式在不同层次上也具有相应的构成内容。版权价值计量方式的层次性结构是对版权价值自身的层次性结构的延伸和拓展，其核心是版权价值计量活动在产品层

次、企业层次和产业层次上分别对版权价值进行计量评估的格局。在科学认识版权价值层次性结构的基础上,通过对任一层次版权价值的计量评估,让智力劳动者都有机会将自身拥有的智力成果尽可能地获得最大化的收益,充分激发创造者进行自主创新的主动性和积极性,发挥版权价值对激励促进版权产品创作生产、合理开发运用版权相关企业资产和促进版权产业健康快速发展的重要功能。

版权价值计量方式作为对版权价值进行计量评估的实践活动,其对版权价值的创造、转移和实现具有显著的经济意义。通过科学准确地计量版权价值的额度,持续探索并逐渐形成一整套完善的、以版权价值计量评估为核心的制度、规则和方法体系,为版权价值的开发运用活动提供可靠的数据支撑和财务信息资料,进而实现促进版权产品开发、版权相关企业成长和版权产业创新发展的目的。对应版权价值层次性的构成内容,版权价值计量方式的构成内容也是在产品层次、企业层次和产业层次上得以展现的,即产品层次(微观层次)的版权价值计量方式——版权权益评估、企业层次(中观层次)的版权价值计量方式——版权资产管理、产业层次(宏观层次)的版权价值计量方式——测算版权产业经济贡献。

版权权益评估是产品层次(微观层次)的版权价值计量方式。在版权价值的计量活动中,版权权益评估是用于分析和衡量版权权益的价值额度的重要手段,并提供相应的财务数据信息。通过建立科学的版权权益评估模型和方法,可以有效帮助权利人计算版权权益的具体额度,合理预测版权权益对权利人的财富持续增长和预期收益的影响程度,为权利人进行版权权益的交易、转让、许可和抵押等活动提供可供选择的途径和操作方法,从而进一步提升权利人开发运用版权权益的水平和能力。

版权资产管理是企业层次(中观层次)的版权价值计量方式。版权资产管理是根据各类版权资产的存在形式、作用途径和运营环境的实际情况,结合具体的宏观经济环境和版权相关企业所处的行业环境,通过学习借鉴、自我培植、资产评估、有偿转让和嫁接改造等形式,从企业的现实生存和长远发展角度对版权资产进行有效的运营和管理,并依据自身的发展规划对版权资产进行合理开发和配置,提升版权资产的投入产出绩效,不仅要善于经营版权相关企业本身处于优质状态的版权资产,而且还需要充分挖掘和盘活企业处于低效运用或闲置状态的版权资产,最终形成包括策划、开发、评估、保护等环节的版权资产管理体系。

测算版权产业经济贡献是产业层次(宏观层次)的版权价值计量方式。探讨产业层次的版权价值计量方式,是准确测算版权产业经济贡献的重要步骤。由于版权产业具有高成长性、高收益性、高融合性和高附加值等特征,对国民经济乃至区域经济的发展存在突出的经济贡献,充分发挥版权产业在推动发展、调整结构、增加就业、扩大内需中的重要作用,就需要进一步提升版权产业对国民经济发展的贡献水平。开展产业层次的版权价值计量方式研究,提升版权产业的经济贡献水平,充分发挥版权产业在保增长、调结构、促就业、扩内需方面的重要作用,加强对版权产业的规划指导和政策支持的力度,进一步增强我国版权产业的国际竞争力和影响力,推动版权产业成为国家文化大发展大繁荣的重要引擎和国民经济的新增长点。

二、版权价值计量方式三个层次之间的关系

版权价值计量方式的三个层次之间的关系，主要是指不同层次的版权价值计量活动之间的相互联系和作用。与版权价值三个层次之间的辩证逻辑关系相类似，版权价值的诸多计量方式之间的关系也需要从产品层次、企业层次和产业层次展开综合分析，但更多地侧重从动态角度对版权价值的计量评估、经营管理、应用实践之间的影响机制和作用途径进行研究，以期在版权价值计量活动中形成各司其责、彼此协作、相互配合、高效有序的版权价值计量新模式。

不同层次的版权价值计量方式也具有其特定的涵义。产品层次的版权价值计量方式是版权权益评估，是利用科学、合理、有效的评估技术和方法对版权产品的创作者所拥有的财产权利进行计量估价，通过形成合理的版权产品价格认定机制，依托版权权益评估工作实现对版权权益的科学认定和评估。企业层次的版权价值计量方式是版权资产管理，是版权相关企业对所拥有的各种形式的版权资产进行整理清查、资产评估和绩效评定，最终实现版权资产保值增值的活动。产业层次的版权价值计量方式是测算版权产业经济贡献，通过准确测算版权产业对经济增长、就业和对外贸易的贡献程度，发挥版权产业在推动发展、调整结构、增加就业、扩大内需中的重要作用。

对应于版权价值的三个层次，不同层次的版权价值计量方式，即版权权益评估、版权资产管理和测算版权产业经济贡献也是紧密联系、相互依存的。一般来说，版权权益评估是计量版权产品价

值的手段和方法,由此为全面实施版权资产管理和测算版权产业经济贡献奠定基础;版权资产管理是企业对版权资产的整理清查、资产评估和绩效评定进行规划设计的经营管理活动,进而增强企业的行业竞争力和市场适应性,并最终以产业集群的形式促进整个版权产业的发展;测算版权产业经济贡献,是在全面把握版权产品的数量种类以及版权相关企业规模和效益的前提下,需要计量产品层次的版权权益额度和企业层次的版权资产规模,从而要求进一步建立健全版权权益评估和版权资产管理的方式方法。

通过比较版权价值计量方式的关键因素,包括测算对象、实施方法、影响范围、时间导向和实施效果,版权价值的计量方式也同样经历了由简单到复杂、由分散到集中、由单调到综合的演变过程,这个过程也体现出版权价值的各种关键因素由微观层次向宏观层次的渐变过程。也就是说,无论何种版权价值计量方式,其基本功能都将是以促进经济增长、就业和对外贸易的方式,将版权价值转化为对国民经济发展的贡献,最终成为增加整个社会财富的基本方法和有效手段。

表2:版权价值开发运用方式层次性的关键因素的比较

开发运用方式 关键要素	产品层次 版权价值评估	企业层次 版权资产管理	产业层次测算 版权产业经济贡献
测算对象	版权权益	版权资产	版权产业经济贡献
实施方法	评估技术和方法	实务、财务方法	统计、核算制度
影响范围	单一创作者	版权企业	社会经济体系
时间导向	短期	中期	长期
实施效果	保障版权权益拥有者获得合法报酬的权利	提高版权企业运用版权资产获利的能力	提升版权产业对国民经济的贡献水平

当前，明确版权价值在社会经济发展中的作用，综合发挥版权价值的经济属性，必须合理计量和评估版权价值，提升版权相关企业对版权资产的管理和运用水平，增强版权产业对国民经济发展的促进作用。以文化、艺术和科技的开发及应用为基点，以提高版权产品的生产效率和满足社会大众需要为目标，以加强版权相关企业的版权资产管理力度作为基础支撑，理顺版权产业的生产产业链、流通产业链和消费产业链的运转流程，形成版权价值诸多层次之间的良好的逻辑关系，进而科学、有序、合理的计量和运用版权价值，最终实现推动版权经济稳定发展和持续繁荣的目的。

第四章 产品层次的版权价值

第一节 版权产品

一、版权产品的定义

按照版权价值层次性的分析,产品层次是版权价值的第一个层次。版权产品是融合文学、艺术与科学等要素的、具有独创性并能以某种形式进行加工制作的作品复制品,是受版权法律制度保护的独创性成果。版权产品本身主要包含了两个基本要素:一是版权权利,主要是指版权的财产性权利;二是被物化赋形的复制品,是在标准化前提下可被复制生产的精神文化产品。版权产品只有具有独创性且能够被加工复制,才能在市场上流通销售并最终实现其价值。

就具体内涵而言,版权产品具有异于其他普通产品的特性。第一个特性是,在产品的价值构成方面,智力劳动在版权产品中所创造的价值占比较大,而非智力劳动在其他普通产品中所创造的价值占比较大。这一特性说明,版权产品的价值主要是由智力劳动创造的,而在加工复制环节,复制工作的边际成本是微乎其微的。因此,版权产品的权利人要想获得更多的收益,就要通过生产尽可能多的复制品和销售尽可能多的复制品来实现。第二个特性是,在消费用途方面,版权产品主要是满足人类精神文化生活的需要而创造出来的,而其他普通产品主要是为了满足人类的物质生活需要而生产的。

在当今社会,版权产品已经融入到整个社会生活的各个方面,成为不同社会群体日常生活的重要组成部分,并且已经超越了满足衣、食、住、行的基本生活需要的阶段,成为满足人类更高层次的需要——精神生活需要的重要产品。版权产品的第二个特性同时也意味着,版权产品在投放销售市场后面临的特殊的市场风险。英国学者凯弗斯在其《创意产业》一书中总结了创意产品的若干特点,首先就是"需求的不确定性","没有人能够确定消费者如何评价新推出的创意产品",并指出"调查和预测很少见成效"等,版权产品也面临着同样的问题,这就需要针对这一特点尽量规避这种风险。

二、版权产品的类型

版权产品可以分为两大类型,一是由著作权法意义上的作品所形成的版权产品,二是著作权法规定之外的、与版权密切相关的产品。首先,著作权法意义上的作品主要包括:文字作品、口述作品、音乐、戏剧、曲艺、舞蹈、杂技艺术作品、美术、建筑作品、摄影作品、电影作品和以类似摄制电影的方法创作的作品、工程设计图、产品设计图、地图、示意图等图形作品和模型作品、计算机软件以及法律、行政法规规定的其他作品等。其次,与版权密切相关的产品,是在著作权法规定的作品之外,但其价值主要或部分包含着版权价值的产品,可以称为关联版权产品。这类产品具有一定的实用价值,但原材料和加工成本等只占产品价值的很小部分,主要价值体现在融入产品的版权因素。

(一) 著作权法意义上的版权产品

1. 著作权法意义上的作品

(1) 文字作品。文字作品是指用语言、文字、符号记录的,用以表达作者思想情感的文学、艺术、自然科学、社会科学和工程技术领域内的创作成果,包括小说(长、中、短篇)、诗歌、散文、论文、剧本、电影、电视创作和歌曲等作品。无论创作者采用的是手写、打字、印刷、刻盘等哪种记录方式,上述作品都可以归入文字作品。

(2) 口述作品。口述作品亦称口头作品,是指即兴的演说、授课、报告、法庭辩论和诗词等,以口头语言创作,尚未以任何物质载体固定且可以进行固定和复制的作品。而著作权法中的其他作品,如文字作品、音乐、戏剧、美术等作品,都有其固定的载体,可通过书籍、磁带或光盘加以固定。口述作品与文字作品的不同之处在于,作者的思想感情不是通过文字来表达,而是通过口头形式来叙述。

(3) 音乐作品。音乐作品是指以文字、符号、数字或其他记号创作出来的带歌词或者不带歌词的,并以旋律音符表现其内容的作品,如交响乐、歌曲等,一般可通过人声或乐器进行演唱或演奏。值得一提的是,带歌词或不带歌词的音乐作品与对该作品进行演唱或演奏所呈现的演绎事实是不同的概念,后者是在取得音乐作品的表演权后对作品进行的演绎重现,在此过程中表演者因其演绎而取得表演者权,对这一演绎过程进行合法的录制又会形成新的知识成果形态——录音录像制品,制作者因此可取得录音录像制作者权,表演者权与制作者权属邻接权范畴,在此不再赘述。

(4)戏剧、曲艺作品。戏剧作品是指将人的连续动作同人的说唱表演有机的编排在一起,并通过表演来反映剧情变化过程的作品,比如话剧、歌剧、地方戏剧、广播剧等。曲艺是我国特有的民间艺术,主要以说、弹、唱等来表现其艺术性。主要包括相声、快板、评书、弹词、大鼓等。值得注意的是,戏剧、曲艺作品一般通过演员扮演角色,在舞台上当众表演进行传播,有时也作为文字作品通过印刷出版物实现传播。

(5)舞蹈作品。舞蹈作品是指将富于美感的一组连续动作、姿态、表情等编在一起供人表演的作品,如芭蕾舞、民族舞等。舞蹈是以提炼、组织和加工的人体动作为主要表现手段,表达思想感情、反映社会生活的作品。舞蹈作品可以是舞谱形式固定,也可以是将舞蹈动作摄制在磁带、胶片、光盘上进行记录,还可以是未固定下来的动作。

(6)杂技艺术作品。杂技艺术作品是指手技、脚技、口技、车技、驯兽、魔术等技巧加艺术的表演作品。因杂志艺术作品主要是以健美有力的形体动作和灵巧迅速的手法表演来展现各种难度的技术,主要通过演员现场表演进行传播,一般人无法轻易模仿复制,因此,有无固定编排的文字或图谱不是版权保护的重点,对杂技艺术进行模仿表演才是版权关注的对象所在。魔术作为一种特殊的表演艺术形式,除主要以手、眼、身法技巧完成的动作以外,还有很多类型的魔术主要是靠场景和道具等制造出变幻莫测的艺术效果。

（7）美术作品。美术作品是指绘画、书法、雕塑等以线条、色彩或者其他方式构成的平面或者立体的造型艺术作品。美术作品包括纯美术作品（如绘画、书法等）和实用美术作品（如戏剧服装、家具以及带有图案的纺织品等）。其中，美术作品主要表达作者的个性与外部形象的美感，具有观赏价值；实用美术作品侧重于生活适用和工业利用层面，具有实用价值。

（8）建筑作品。建筑作品是指以建筑物或者构筑物形式表现的具有审美意义的作品，包括建筑物、建筑模型和建筑物的外观设计图。需要注意的是，一般认为建筑物的构成材料、建筑方法不予以保护，并且建筑物外观、装饰、设计中的通用元素，属于公有领域的范围，不受到版权法的保护。

（9）摄影作品。摄影作品是指借助摄影器械，通过感光材料或者其他介质对自然、人物等客观事物进行记录，供人欣赏的艺术作品。著作权法并非保护所有摄影物，纯复制性的摄影作品，如翻拍文件书刊等，因不具备独创性而不受著作权法保护。

（10）电影作品和以类似摄制电影的方法创作的作品。电影作品和以类似摄制电影的方法创作的作品，是指摄制在一定载体上，由一系列有伴音或无伴音的画面组成，并且借助适当的装置放映、播放的作品。具体指经过剪辑定型并准备拷贝的电影制片和以摄制电影的方式制作的影视作品、录像作品等。

（11）工程设计图、产品设计图、地图、示意图等图形作品和模型作品。工程设计图、产品设计图、地图、示意图等图形作品和模型作品是指以线条表现工程或产品的结构、分解等科技图形作品，如建筑施工图、机器构造图等。工程设计图和产品设计图创作的主要目的是指导工程施工或产品制造。地图是指以线条、符号、颜色在平面上绘制一个地区或一定范围的作品,包括地形图、航海图、行政区划图等。示意图作品是指按照一定的比例扩大或缩小的方法在图片上表现或说明客观事物的作品,如校园规划平面图、公园游览图、消防疏散示意图、人体构造图等。

(12)计算机软件及文档。计算机软件是指计算机程序及其文档。计算机程序是指一组指示计算机每一步动作的指令,它通常用某种程序设计语言编写,运行于某种目标体系结构,使计算机照此程序得以完成一定任务、显示一定内容或产生一定结果。文档,是指用一般文字、符号来介绍计算机程序的说明以及帮助理解和运用计算机程序的用户手册和操作流程图等。

(13)民间文学艺术作品。民间文学艺术作品是指在一国范围内由该国的民族或种族集体创作,经世代相传和不断发展而成的作品。一般认为,它包括语言形式(民间故事、民间诗歌)、音乐形式(民歌、民间器乐等)、动作形式(民间舞蹈及戏剧等)以及用物质材料体现的形式(绘画、雕塑、工艺品、编织品等)。事实上,世界大多数国家将民间文学艺术作品视为本国的民族文化遗产,允许在不歪曲篡改的前提下合理使用。根据我国《著作权法》第6条的规定,民间文学艺术作品受版权保护,有关的保护办法由国务院另行规定。

2. 版权作品形成版权产品的条件

对于上述的13种作品,是源于我国《著作权法》和《著作权法实施条例》的有关规定,源于这些作品具有显著的独创性。但是,这些作品能够成为版权产品还应当符合一定的条件。一般而言,产品是指能够提供给市场,被消费者所使用和消费,并能满足消费者某种需求的物品、服务等,此外,该产品还要能够进行批量化生产。因此,作品能够形成版权产品,首先要能够提供给市场进行市场交易,其次还要在标准化的前提下能够被大量复制、生产。

作品的种类各式各样,但不是所有作品的创作都是以市场交易为目的的,也不是所有的作品都适合进行市场交易。有些作品的创作纯粹出于作者的兴趣爱好,或是出于作者本人思想感情表达的需要,比如有些日记或书信等,或因其无价值追求,或因其秘不示人,总之,这些作品是不以市场交易为目的,也不适合进行市场交易。版权保护对这类作品的意义,主要是防止其被非法使用,而不在于保障其获得市场利益。

版权产品形成的另一个条件是能够在标准化的前提下进行大量复制生产。无论作品的内容如何,都必须能够以一定的物质形式表现或固定下来,如文字作品固定于纸张,摄影作品固定于胶卷,电影、电视、录像作品固定于胶片、录像带,软件固定于光盘等,这样才能使他人感知,供人复制使用。口述作品虽未固定于某种有形物上,除众人皆知的外,也须符合能以某种有形物将其固定下来的条件。具有固定载体是进行复制的前提,也只有经过复制生产的作品才能成为版权产品。

(二)与版权密切相关的产品类型

版权产品的类型,除我国著作权法所规定的13类版权作品之外,还有为数众多的与版权密切相关的产品,这些产品是局部或部分具有版权因素的产品,主要包括相互依存类的版权产品、部分版权产品等。

相互依存类的版权产品是指那些其功能主要是为了促进版权

产品的创造、生产或使用的设备产品,主要包括电视机、收音机、录像机、CD机、DVD、录音机、电子游戏设备以及其他相关设备。部分版权产品是指那些有部分特征表现为依赖版权因素的产品,这些产业包括服装、纺织品与鞋类;珠宝与钱币;其他工艺品;家具;家用物品、瓷器及玻璃;墙纸与地毯;玩具与游戏;建筑、工程、测量;室内设计;博物馆等。

以上与版权密切相关的两类产品,一类是为促进版权产品的创造、生产或使用而存在的产品,另一类是依赖版权因素而设计、生产和使用的产品,版权因素在其中均为核心要素。因而,在版权价值研究中,不能忽略这些产品类型对版权价值的创造和实现所发挥的重要作用。

三、版权产品的特点

(一) 载体有形性与内容无形性

版权产品是融合文学、艺术与科学等元素的具有独创性并能以某种有形形式复制的智力成果,其中"以某种有形形式复制"决定了版权内容必须依附于一定的载体。只有具有内容的载体,版权产品的内容才能得以呈现,创造性劳动即使已经创造了智力成果,但若无法固定在有形的载体上,更不能形成版权产品。如作者须以文字、言语、符号、声音、动作、色彩等将其思想、创意、构思表达出来,使他人通过感官能感觉到这些元素的存在,但未将创作成果固定在一定的物质载体上,不管其文学、艺术、科学价值如何,都不能成为版权保护的客体。也就是说,版权保护的是表达方式,而不保护思想。这是目前各国普遍接受的基本思想。1994年4月,世界贸易组织《与贸易有关的知识产权协议》第九条第二款明确规定:"著作权保护应延及表达,而不延及思想、工艺、过程或者数学概念之类",这是明确规定著作权保护表达而不保护思想的国际知识产权条约。1996年年底,《世界知识产权组织版权条约》第二条对此也作了几乎相同的规定:"版权保护延及表达,而不延及思想、过程、操作方法或数学概念本身。"

内容的无形性则是版权产品最显著的特征,版权产品作为一种典型的智力成果,其内容是抽象的。在数字网络环境下,虽然相当部分的版权产品需要借助计算机网络实现创作、传播和使用,但仍然没有脱离存储、传输和显示设备而存在。版权产品必须依附于一定的载体才能转移和实现,这个载体就是介质材料,但版权产品的价值不在于其载体的价值,而在于载体所承载的版权内容的价值。因而,载体和内容密不可分,没有载体的内容是无法呈现和使用的,没有内容的载体也是一堆价值不高的介质材料而已。

版权产品具有载体的有形性与内容的无形性,决定了对版权产品的价值评价的特殊性和保护的独特性。版权产品的价值评价不同于其他产品,不能从原料成本、选用材质或加工工艺等方面考虑,而要从版权内容的独创性及其文学、艺术或科学价值角度考虑。版权产品的保护也不是对产品载体的所有权进行保护,不再是对实物的占有、使用、收益和处分,而是禁止未经许可的接触、复制或传播等行为。

(二) 内容唯一性和产品多样性

版权产品的内容应当是独创的,这就决定了版权产品的内容具有唯一性,也就是不同的版权产品之间是存在实质性区别的。

而版权产品的可复制性又决定了版权产品可以进行无限多份的复制和衍生。换言之,同一种版权内容可以进行无限多次的复制,然而,其实物载体却是多种多样的,并且,同一种版权内容也可以开发成不同种类的版权产品,但版权内容本身并不因其复制的数量或载体形态的不同而变化。例如,一件口述作品可以以书稿形式进行出版,也可以以录音形式进行保存。因此,载体的转移、灭失并不必然导致作品的灭失。版权产品具有内容的唯一性和产品的多样性这一特性,充分体现了版权产品"创造"的困难和"生产"的容易,也即一旦版权产品被创造出来便可以很方便且廉价地进行复制,版权价值无论高低,其最终都是通过这些复制件来实现的。版权所有人要充分实现版权价值,一方面,要以较少的成本生产并售出更多的版权产品;另一方面,要尽可能控制未经许可的版权产品的生产和销售。

(三)内容垄断性和产品多方占有性

版权内容的垄断性也称排他性,主要是指权利人对思想内容的特定表达的垄断。具体表现在,版权作为一项私权利和专有权,非经权利人授权或许可,不得对权利人所创作作品的思想内容进行表达。版权内容的垄断性可以使权利人在除"权利用尽"①之外的情况下独占版权权利的价值,并在很大程度上垄断版权产品的供应和销售市场,从而独家享有超过社会一般水平的收益。同时,

---

① "权利用尽原则"也称为"权利耗尽原则"或"权利穷竭原则"(Exhaustion Doctrine),是知识产权法上的一个重要的特有原则,是指知识产权所有人或许可使用人一旦将知识产品合法置于流通以后,原知识产权权利人所有的部分或全部排他权利因此而用尽。

依据同一种内容所开发的不同的版权产品,可以通过复制和分发的方式为多方所占有,这是版权内容的垄断利益得以实现的途径。需要强调的是,对版权产品的占有并不意味着对版权内容的所有,版权的所有权还在权利人手中,占有者获得的是版权产品的所有权和对版权内容的使用(欣赏)权。

正因为版权产品可以为多方占有,对版权内容的垄断不可能完全排除竞争,其他竞争者可能以非法获取、复制和分发权利人的版权内容,从而稀释权利人对版权内容的垄断价值。因此,这种内容垄断性在某些情况下是有限的和脆弱的,需要版权法律制度进行确认和强力保护。与此同时,版权内容具有垄断性,但可以通过多重授权的方式让多方使用同样的版权内容,以实现版权价值的最大化,这也充分体现了版权内容的垄断性和产品多方占有性的统一。

(四) 高经济效益性和高风险性

版权产品的高经济效益性是由创造性劳动形成的智力成果的独创性所决定的,体现出版权产品不仅具有使权利人取得一般水平的收益能力,而且蕴涵着给权利人带来未来超额收益的能力。创造版权产品的劳动主要是复杂的脑力劳动,其中往往倾注了创作者的大量心血和精力。随着社会消费活动对版权产品的需求趋于更加旺盛和强烈,愿意付出的消费支出也越来越高。版权产品具有典型的"轻资产、重效益"的特征,围绕其所形成的产业集群也具有"物质投入少、产出回报高、成果推广快、行业带动广"的特点,充分体现出了版权产品的高经济效益性。在智力成果的开发运用过程中,智力成果不随实物载体的损耗而灭失,并且,智力成果能够以极低的成本实现无限制地复制版权产品,而在较长的版权保护期内,由一种形式的版权产品又能衍生出多种多样的版权产品,使版权产品的高经济效益性得到进一步增强。

需要指出的是,版权产品的高经济效益性并不是总会实现的,这源于版权产品的开发制作也具有较高的风险性。首先,版权产品的价值实现要受到很多因素影响,这由版权产品的成本投入、创作过程、推广营销以及产品的文化性、艺术性、教育性、娱乐性等因素综合决定的。如一部小说,除作者的创作时间和投入精力之外,并没有大量的其他投入,但可能成为非常畅销的版权产品,而有些电影产品的投资耗费巨大,但票房收入和口碑均比较惨淡。其次,版权产品的价值要在市场交易过程中才能实现,而市场上的版权产品的价格大多又是不确定的、波动的,受到市场环境、供求关系及政策环境等因素的影响。最后,在文学、艺术、科学领域内,智力成果的创新节奏急剧加快,知识更新换代日益迅速,使得版权产品的经济寿命难以准确地加以估计,其能为权利人带来的经济收益也具有很大的不确定性。

第二节　产品层次的版权价值——版权权益

一、版权权益的定义

版权价值的第一个层次是产品层次(微观层次),而版权产品是版权价值在微观视野中的最基本载体。产品层次上的版权价值直接表现为版权权益。就其内涵而言,版权权益是以人类的思想、创意、设计活动产生的版权权利(主要指财产权)所带来的利益。版权权益是版权价值在产品层次的具体体现,它构成了产品层次版权价值的基本源泉。单就经济学意义而言,版权权益是由创作者所拥有的智力成果的相关权利所带来的经济利益或收益,因此,版权权益通过各种繁杂多样的产品形式表现为版权产品满足各个权利人追求价值实现的诉求。

以版权权益为研究对象,可以将视野聚焦在产品层次上研究版权价值,深入探究在单个版权产品中的人类创造性劳动所凝结的成果。创作者创造智力成果并物化赋形为版权产品的过程,就是创造和产生版权权益的过程。此外,智力成果版权的交易、转让、许可和抵押等过程,也是版权权益不断地增值和实现的过程。对版权权益的界定和研究,是对版权价值层次性认识的具体化,可以为我们更加系统科学地认识版权价值提供一个新视角和一套新方法,改变以往对版权价值的笼统认识,在版权价值的认识和计量方面亦是一次新的尝试。总之,对版权权益的定义和探究不仅可以深化和加强对微观层次上版权价值的认识和运用,还可以为进一步研究企业版权资产和版权产业经济贡献奠定基础。

二、版权权益的特征

(一) 表现形式的多样性

版权权益的表现形式,主要是指不同阶段、不同场合、不同维度下的版权权益的存在形态。探讨版权权益的表现形式,可以丰富对版权权益的认识以及对版权权益进行科学、全面的评价。版权权益的不同表现形式也对应着版权权益评估的不同方法，对版权权益的计量和实现具有重要意义。

版权权益一般表现为三种不同的形式。一是市场价值，是指将版权权益视为版权产品在公开市场竞争和供求关系均衡状态下确定的价值，即在公开市场上交易时的市场价格。二是折现价值，这种形式的版权权益，是将版权产品在未来的经济寿命中所实现的收益按照一定的折现率折现成一定时点上的现值。三是成本价值，即首先需要确定该项版权产品的成本，即创造和生产版权产品时耗费的人力成本、物力成本等，再扣减各种损耗和贬值，由此得出版权产品的版权权益。

（二）保护期限的有限性

版权权益的保护期限是有限的。根据我国《著作权法》的规定，除人身权中的署名权、修改权和保护作品完整权的保护期不受限制外，对人身权中的发表权和全部的财产权的保护都是有期限的。因此，版权权益的保护期限也是与此相类似的，也即版权权益只在法律规定的版权保护期内受到法律的保护，一旦超过法律规定的有效期限，智力成果就成为社会的公有财富，法律不再予以特别保护。

在我国，公民作品中的发表权和著作财产权存续期限是作者的终生及去世后50年，截至于单独作者或合作作者中的最后去世者去世后第五十年的12月31日；法人或者其他组织的作品和著作权（署名权除外）由法人或者其他组织享有的职务作品，其发表权和全部著作财产权的保护期为五十年，截至于作品首次发表后第五十年的12月31日。在此之后，这些作品即进入公有领域，原权利人及其继承人不得再享有该作品的著作财产权。

版权权益保护期的有限性这一特征也是影响版权权益评价和实现的重要因素。特别是对临近保护期限的作品,不久就不再享有版权的专有权而变为社会公有,权利人即使继续持有该版权作品的著作权,但由于保护期限较短,版权权益的实现亦会面临着有限的时间,相应地,版权权益的评价就要适当降低。

(三) 实现形式的阶段性

版权权益的实现不是一次性完成的,一般情况下可以认为是分为两个阶段完成,第一阶段是在智力成果向版权产品转化时实现,第二阶段是版权产品销售分发时实现。创作者完成创作之后,往往还不能直接向广大消费者销售,而是通过向版权运营商转让或授权,加工成为版权产品进行销售分发。在作者向版权运营商转让或授权这一过程中,后者要向前者支付一定的报酬,这就可以认为是第一阶段的版权权益实现过程;版权运营商通过将智力成果加工制作成版权产品,在之后向消费者出售版权产品的过程中获得一定的收益,这就是第二阶段的版权权益实现过程。

版权权益实现的两个阶段与普通商品批发转售等有着本质的不同,后者一般并不改变商品的形态,纯粹是在商品流通过程中赚取的差价,而前者往往包含着将作品固定于载体并加以复制的过程,在这一过程中必须加入一定的策划、设计、录制、复制等劳动,这些劳动本身具有创造性,形成了独特的权利,在著作权法上被定义为与著作权相关的其他权利,即通常所说的邻接权。版权权益的这一特征体现了作品创作和产品开发制作相互分离的这一特点,这就需要充分考察每一个阶段的价值创造和价值实现的问题。

（四）智力要素的主导性

如前文所述，版权产品是文学、艺术和科学领域的智力成果固定在一定的载体上的复制品，智力要素对版权产品的创造和生产发挥着主导作用，这也决定版权权益的高低是由智力要素主导的。智力要素对版权权益的主导性体现在以下方面：首先，版权产品的创造者要经过较长时间的学习和培训，付出较多的智力劳动才能完成版权产品，创造版权产品的劳动耗费主要表现为智力要素的耗费；其次，创造版权产品的智力劳动本身也有很大的差别，不同复杂程度的智力劳动对版权权益具有直接影响，如接受教育培训时间的长短，专业知识和技能水平的高低等因素，都决定了智力要素对版权权益的贡献程度。因此，在进行版权权益评估时，要把握版权权益的这一特点，充分考察智力要素的成本投入和知识技术的积累沉淀等情况，才能得出较为准确的结果。

三、版权权益的实现

版权权益实现的方式是多样的，但最主要的方式是产品创作完成并将其投入市场，通过市场机制的作用予以体现。版权权益的实现是指版权产品是否被市场认可并接受，从而实现由要素投入到产品收益的转化。版权的权利人成功把版权产品的使用价值让渡出去并由此获得收益的过程，即是版权权益的实现过程。版权权益的实现程度，则取决于消费者对版权产品的接受程度。从版权权益的实现阶段看，版权权益的实现过程可以划分为确权、授权和维权三个阶段。

（一）确权阶段的版权权益

版权产品能否被市场认可并接受以及接受的程度如何，首先取决于版权权属关系的状况，很难想象一部权属关系混乱不清的作品能够充分实现其版权权益。因此，版权权益实现的第一步应当是进行版权的确权。由于所有类型的版权都包括人身权和财产权两大类，而财产权又具体可分为复制权、发行权、出租权、展览权等等，这些财产权既可以转让，也可以进行全部或部分专有许可和非专有许可，还可能经过表演、放映、广播、改编、翻译或汇编等形成了新的版权产品。此外，还有法人作品和职务作品的专门规定，所以，权属关系就可能变得非常复杂，版权确权就显得十分重要。

版权确权归根结底要解决的是作品的哪些权利归属于哪些主体的问题。具体可以分为两个方面，一是各项权利归属哪个（些）主体，二是各项权利的具体归属状况如何。各项权利归属哪个（些）主体，解决的是谁拥有版权的问题，又可以分为两种情况，一种是原创的版权，权属关系相对比较简单，无非是单独创作、委托创作、合作创作及职务作品、法人作品等一种或几种情况的交叉，不涉及到复杂的版权授权或转让链条；另外一种是经过授权或转让等版权流转过程后的作品，这时再进行确权就比较复杂。简单举例，甲创作一部小说，以独家授权的方式，将复制权和发行权授权给乙出版社进行出版，将信息网络传播权授权给丙网站进行网络传播，将改编权授权给丁影视公司改编成电影剧本，则该小说的相关权利由上述不同的主体享有，这些事实的存在就决定了甲不能再对该小说进行重复冲突的授权。因此，这些权属关系将直接影响该小说版权权益的继续实现。各项权利的具体归属状况如何,解决的是某一主体拥有的具体权利及其状况如何。例如,同样是给乙出版社授予复制权和发行权,但是授权在国内发行还是全球发行、是授权五年还是十年所带来的收益是不同的,范围大、期限长的授权交易,价格也会更高,但再授权就会相应地受到更多的限制。因此,这些权属关系的具体状况也直接影响到版权权益的实现,是在确权阶段必须加以考察的。

版权自作品创作完成时自动产生,但由于上述情况的存在,权属关系往往需要加以专门确定。版权权属关系的自然状态是确定的,但任何自然状态的事实都需要符合法定条件,法律事实才是权属关系进行裁判明晰、定分止争的最终依据。被认定为法律事实的权属证明可以分为两类:一类是权利人的自然证据,也即权利人提供的、在创作过程中及创作完成后自然形成的、可以被感知或显见推定的证据。另一类是第三方机构出具的法定证据,主要是在版权登记机构对版权进行登记所形成的登记证明,包括登记时所提交的申请材料和登记完成后的版权登记证书。依据我国《作品自愿登记实行办法》,版权登记可以为解决著作权纠纷提供初步的证据。

通过版权登记机构对版权进行确权登记具有重要意义。一方面,版权登记是权利人以法定的方式向第三方国家版权登记机构提交权属关系证明材料并确定版权权利归属的有效方式。正因为版权自作品创作完成时自动产生,所以,作者或其他著作权人往往不注重通过登记的方式确认自己对作品版权的所有关系,导致自然证据的不明确或遗失。在作品未公开发表前被他人抢先公开使用和在出现版权纠纷却不能提供有效证据的情况下,这就需要版权登记来改变现实中的不利状况。在作品创作完成后或权利关系发生变动时，权利人在第一时间进行版权登记，即可以将真实的权属关系及时确定下来，再出现被他人盗用的情况就能轻易举证，从而证明自己才是真正的著作权人。另一方面，版权登记是人民法院认定有关事实的重要证据。人民法院在审理著作权纠纷案件时，可将当事人提供的版权登记证书作为初步证据，能够在一定程度上省去当事人到处收集提交证据、法院逐一进行审查的麻烦，如果没有相反证据足以推翻版权登记所记载的权属关系，法院可以直接采信版权登记证书或者进一步向版权登记机构调取相关档案进行认定。

（二）授权阶段的版权权益

授权阶段是版权权益实现的主要过程。授权的过程往往是将版权对外转让或授权使用，是通过市场交易实现版权权益的关键环节。版权权益的实现，就是通过顺畅的交易市场，版权的所有者成功把作品版权让渡出去，使作品能够为承购者认可并接受，最大程度地实现版权权益。版权权益在授权阶段的实现，除了完成传统意义上简单的价值交换以外，还要重点关注三个方面的问题：一是要营造一个健康有序的版权交易和版权运用环境；二是要建立顺畅的版权授权机制，其中包括科学完善的第三方授权服务体系；三是要注重在版权授权及后续阶段的版权权益增值现象。

不论是何种意义上的授权，都需要以确权为前提，在一个健康有序的版权交易和版权运用环境下实现。随着我国版权法律法规的日益健全，版权保护强度不断增大，整体社会运用版权的水平不断提高，这些都是版权交易和运用环境日益健康有序的体现。需要特别指出的是,版权登记对版权交易和运用及促进版权授权更加有序化等方面具有独特的作用。在版权授权过程中,权威可信的版权登记证书可以让被授权方更加放心地购买相关版权,避免双方在交易中的不信任和繁琐的举证查证过程,节省了社会整体的交易成本和信任成本。同时,交易双方需要将授权合同进行登记,不仅可以让被授权方获得版权权利的事实有了更加公正的证明,还可以通过公示登记合同的方式形成信息透明效应,使版权权利的变动具有可以查证的途径,大大促进了版权授权交易的安全性。

第三方授权服务体系,是指由第三方机构提供的能够促进、规范或实现版权授权交易的各类服务的组合。第三方授权服务包括但不限于对交易的代理、撮合、评估和增信等服务。(1)代理是指代理人在代理权限范围内,以被代理人名义与第三人进行版权授权事宜,从而对被代理人直接发生权利和义务的行为,律师事务所或知识产权代理公司作为代理人较为常见。(2)撮合是指撮合人向委托人报告版权交易的机会或者提供订立版权合同的媒介服务行为,近些年,各地纷纷设立的版权交易中心或版权交易所主要从事这些事务。(3)评估是指具有评估资质的专门机构结合版权专家意见对评估基准日的版权产品价值进行分析、估算、发表专业意见并撰写评估报告书的行为,评估只能由具有评估资质的专门机构来承担。(4)增信服务是指增信服务机构依托国家信用,通过自身的法定职能或体制、机制和制度优势弥补市场不足,引导、规范市场行为,增强市场主体信用意识和信用能力的服务。版权登记和版权费用结算等服务都属于增信服务,其中的版权费用结算服务,是指由第三方国家版权公共服务机构依靠特定的版权运营平台对版权交易和使用次数等信息进行持续、客观、可靠的记录,以提供版权利益相关方可信赖的费用结算依据,形成版权授权流畅、利益分享合理的产业发展环境。

(三)维权阶段的版权权益

版权权益的实现,需要以版权法律制度作为后盾和保障。从法律维权的角度看,法律的功能主要分为规范作用和强制作用,其中,法律的强制作用处于主导地位。版权法律的强制作用,是指版权法律可以通过制裁违法或犯罪行为[①]来强制人们遵守法律,强制作用的对象是违法者或犯罪者的行为。制定版权法律的目的是让利益相关者遵守,是希望版权法律能够有效维护权利人合法权益。

在通常情况下版权侵权一旦发生,就需要通过维权的手段充分利用强制作用维护版权权利。首先,权利人可以与侵权人接触,通过发律师函告知、警告或者通过谈判和解等方式达到制止侵权、获得赔偿或合法授权的目的,这种维权手段产生的效果,是由版权法律的强制作用来保障的。其次,如果是通过诉讼的方式维权,法院一旦做出了最终的判决或裁定,版权法律的强制作用就必然会对侵权违法者进行制裁。

正是因为版权法律对维护版权权利具有强制作用,这在一定程度上保障版权权益的实现。然而,版权维权问题却是一个十分复杂的问题,这就使得版权法律的强制作用和版权权益的实现效果大打折扣。版权维权困难,固然有侵权案件的高发易发造成的司法资源不足、侵权事实难以查实取证、维权成本大于侵权损害赔

---

① 根据我国现行《著作权法》第48条的规定,版权侵权行为构成犯罪的,依法追究刑事责任。

偿等原因,但问题的根源在于,单纯依赖传统的"事后纠纷处理"机制已不能适应时代的发展要求,亟需建立"事前利益分享+版权快速维权"机制作为重要补充。"事前利益分享+版权快速维权"机制,简单而言,就是综合运用版权相关的法律、技术和服务等手段,建立国家版权公共服务的新机制,为版权授权提供良好的渠道和环境,将因授权不畅或利益失衡引发的盗版侵权情况大大降低,使各个利益相关方都能够得到相应的利益分享。同时,在盗版侵权案件发生后,能够运用这一国家版权公共服务的新机制快速进行查询取证,启动通知、警告、谈判、和解、下架(下线)、授权等一系列程序,在案件进入司法程序之前就能够得到妥善解决,大大节省了司法资源和当事人的诉讼成本。

具体而言,"事前利益分享+版权快速维权"机制的建立,第一是要完善版权确权机制,重点是要推广完善版权登记制度,使版权登记服务在版权领域内能够获得广泛认可,提高权利人的版权确权和保护意识。第二是在确权的基础上,利用版权登记自然形成的大数据优势,建立带有公共服务性质的国家版权结算中心,借鉴美国版权清算中心(CCC,Copyright Clearance Center)的运营经验,让版权提供方和版权需求方在同一个市场里集中、便捷、高效进行对接,并通过健全的版权交易服务体系支撑版权交易。同时,通过版权费用结算认证体系保障各个利益相关方分享版权权益。第三是利用先进的技术手段对在线盗版侵权作品进行跟踪监测和证据固定,快速响应权利人的维权诉求,启动版权快速维权程序,必要时,可通过赋予国家版权公共服务机构特定的版权执法权,有效保障版权快速维权机制的正常运行。

第三节 版权权益与其他计量属性的关系

一、与版权权益相关的其他计量属性

版权权益是产品层次的版权价值,其与现存的其他计量属性特别是会计计量属性具有紧密的联系。按照我国 2014 年最新颁布的《会计准则》规定,会计计量属性主要包括历史成本、重置成本、可变现净值、现值、公允价值等[①]。因此,历史成本、重置成本、可变现净值、现值和公允价值构成了计量属性的主体内容,并且,这些计量属性又有其特定的内涵,在此做一简要说明。

(一)历史成本

历史成本,也是我们所说的实际成本,就是为获得某项资产或其他财产物资时所实际支付的现金及现金等价物等。在历史成本计量模式下,主要针对资产和负债进行标价。首先,历史成本计量资产额度,是按照其购置时所支付的现金或者现金等价物的金额计量,无法获得现金及现金等价物的资产,可以按照购置资产时所付出的对价进行计量。其次,历史成本计量负债额度,是按照其承担的现时义务的合同约定的金额进行计量,或者按照其承担的现时义务而实际收到的现金及现金等价物的金额进行计量,有时候负债要按照日常活动中企业为偿还债务所需要支付的现金及现金

---

① 参见 2014 年 7 月财政部关于修改《企业会计准则——基本准则》的决定。

等价物的金额计量。

历史成本是资产取得或负债形成时的入账价值,是针对过去的交易或事项,它本身具有无法比拟的优越性,即为较强的可检验性、客观性和可靠性。具体体现在:第一,历史成本在交易时会留下原始凭证作为依据,所以历史成本的可检验性强;第二,历史成本是买卖双方在市场上进行交易时所做出的客观决定来确定的,不以交易双方的主观意志为转移,所以具有可靠性;第三,历史成本能够真实客观地反映企业的经营业绩,让财务报告的使用者能够了解企业的真实状况;第四,历史成本一经确定,无需经常更改;第五,历史成本很容易获得,且财务实务的可操作性较强。

随着历史成本适用的环境开始不断地发生变化,历史成本随之显现出其固有的局限性:第一,在持续通货膨胀和物价强烈变动的情况下,历史成本很难真实准确地反映企业当年的财务状况和经营成果;第二,随着经济的发展,企业的经济资源开始出现多样化的趋势,知识经济资源和其他经济资源开始大量出现,比如商誉、商标、专利、版权等等,按历史成本计量将无法准确地进行计量,无法用相应的会计信息来反映这些经济资源,往往会低估这些资源的价值。第三,经济环境变得日益复杂,历史成本对衍生金融工具、保险和担保合同、软件开发合同等这些不确定事项的计量,已经显得无能为力。第四,以历史成本为基础的收益数据缺乏及时性,仅仅是反映过去情况的会计信息,缺少前瞻性和预测性,依据其进行决策的效果也较差。

(二)重置成本

重置成本,也称之为现行成本,是指在当前市场条件下,企业重新获取同样的或相类似的资产所需要支付的现金或现金等价物的金额。在重置成本的计量模式下，资产以在当前市场的条件下购买同类或者相类似的资产所需支付的现金或者现金等价物的金额进行计量，而负债则应该按照当前情况偿还某项债务所需支付的现金或者现金等价物的金额进行计量。

在实际操作过程中，对重置成本的涵义有三种不同的理解：第一种观点认为重置成本是重新取得相同或类似的资产的市场价格；第二种观点认为重置成本是取得具有相同生产力的资产的市场价格；第三种观点认为重置成本是重新取得相同或同类新资产的市场价格减掉资产已计提的折旧后的净值。综合上述观点，通常认为重置成本是现行的资产再取得的成本，表示在计量日或报告日重新购置或重新建造相同或同类资产所付出的代价。

（三）现行市价

现行市价（或变现价值）指在正常情况下销售各项资产时可望获得的现金或现金等价物。决定现行市价的基本因素包括基础价格即资产的生产成本价格，供求关系和质量因素等。现行市价可以在企业决定是否持有资产甚至是否持续经营时，为其提供资产潜在变现价值这一重要信息，可用于提供评估企业财务应变能力和变现价值的相关信息，还可用以对资本性支出项目（如固定资产）进行较客观的评估，以消除费用摊配上的主观随意性。

现行市价这一计量属性有一定的局限性，首先，现行市价在理论上以变现价值进行计量，有悖于持续经营假设；其次，现行市价不适应于对企业预期使用的资产（与变现价值无关）和某些不存在变现价值的资产或负债（如无形资产、专用设备或厂房等）进行计量;最后,现行市价未考虑一般购买力的变动,也不能消除通货膨胀的影响。

(四)可变现净值

可变现净值又称预期脱手价值,是指企业在其正常生产经营过程中,以相关产品的预计销售价格减去进一步加工该产品所花费的加工成本和销售所必需的相关税金和费用后的净值。可变现净值是在不考虑货币时间价值的情况下,计量资产在正常经营过程中可带来的预期净现金流入或将要支付的现金流出的金额。在可变现净值的计量模式下,相关资产应按照正常条件对外销售所能收到现金或者现金等价物的金额扣除该资产至完工时预计还会发生的成本、估计的销售费用以及相关税金后的金额进行计量。

可变现净值只适用于计量那些为销售而持有的资产,例如商品、投资以及企业经营上不再使用的机器设备等。此外,由于企业不可能将所有资产都按现行售价来计价,这就需要运用其他计价方法。会计实务中,除特殊项目和特殊情况外,一般不采用可变现净值这种计量属性。

(五)现值

现值,也有的称为折现值、贴现值等,是一种考虑到货币时间价值的计量方式,它是运用合适的折现率对未来现金流量进行折现后得到的价值。现值是在给定的利率水平下,未来的资金折现到现在时刻的价值,是资金时间价值的逆过程。未来现金流量的现值是对在正常经营过程中的未来现金流量的现时折现价值的估计。它包含了两种不同的属性:根据管理者的特定用途来估计资产的未来现金流量的现值和从市场参与者对资产未来现金流量的预期角度所估计的现值。

在现值计量模式下,资产价格按照从对其继续持有和最终处置活动中预计能够得到的未来现金流量折现值进行计量,而负债则按照需要偿还债务的预计未来现金流量的折现值进行计量。当预期的现金流入需要待一个时期才能收到时,或预期的现金流出需要待一个时期才会支出时,这些收入或支出的现值要比收取或支付的实际数额为少。等待的时间越长,其现值也就越小。除非货币的时间价值和不确定性没有重要影响,现值原则应用于所有基于未来现金流量的计量。

(六) 公允价值

公允价值(Fair Value)亦称公允市价、公允价格。是指在计量日发生的有序交易中,市场参与者之间出售一项资产所能收到的价格或者转移一项负债所需支付的价格。在公允价值计量下,资产和负债按照在公平交易中,熟悉市场情况的交易双方在公平交易和自愿的条件下所确定的价格,或无关联的双方在公平交易的条件下进行资产交换或者债务清偿的金额计量。

公允价值的确定,需要依靠会计人员的职业判断。在实务中,购买企业对合并业务的记录需要运用公允价值的信息,通常由资产评估机构对被并购企业的净资产进行评估。公允价值还应用于交易性金融资产、可出售金融资产的计量等方面。相对于历史成本,公允价值提供的会计信息具有更高的相关性。

公允价值的合理确定是需要在信息公开的情况下进行,即双方对于交易对象所了解的信息是对称的;双方应当是自愿的,若没有相反的证据表明所进行的交易是不公正的或处于非自愿的,市场交易价格即为资产或负债的公允价值。公允价值既可以是基于事实性交易的真实市价,也可以是基于假设性交易的虚拟价格。

二、版权权益与其他计量属性的关系

版权权益是产品层次的版权价值的表现形式,而上述的会计属性就是将符合条件的六大财务会计要素在会计账簿和财务报表进行确认的计量属性。计量版权权益是将其他会计计量方法在计量产品层次的版权价值方面进行创新性应用,而版权权益与其他计量属性的最大区别就在于计量的对象不同。因此,有必要对版权权益和其他计量属性的关系进行详细阐述。

(一)版权权益与历史成本的关系

从归属角度看,历史成本是成本计量,而版权权益是对版权产品以当前市场情况为依据进行价值计量的结果,是价值计量而不是成本计量。其次,历史成本与版权权益的计量时态不同,历史成本属于过去计量时态,只用于初始计量,而版权权益既可用于初始计量,也可用于后续计量,其计量时态是动态的。再次,两者的交易背景不同,历史成本以实际发生的交易为背景,从企业投入价值的角度进行计量,而版权权益的交易背景既可以是实际发生的,也可以是假想交易,从市场公平价格的角度进行计量。历史成本与版权权益的共通性表现在初始计量时,两者的计量时点完全相同,两者的计量结果也是相等的。

(二)版权权益与重置成本的关系

从具体定义上看,重置成本是从企业主体的角度计量资产的重建价值,而版权权益是从市场角度计量版权产品的市场价值。其次,重置成本仍从属于成本范畴,而版权权益可以是成本,也可以是市价。重置成本与版权权益的共通性表现在两者的计量时态是相同的,都是计量日的现时计量。而且,两者的交易背景都允许假想交易,获取技术都是以估计为主。在涉及对未实现利得或损失的确认和计量时,两者所采用的会计处理方法也大致相同。

版权权益与重置成本二者的联系主要体现在:从计量的时点来看,二者是完全相同的,都指的是现时;从计量的方法来看,二者都是以估计为主要方法,而不是以实际发生的交易或事项作为计量基础;从对价值变动差异的处理来看,二者在对资产重新计价时,都会涉及未实现持有资产利得或损失的确认和计量。

版权权益与重置成本二者的区别主要体现为:就计量重点而言,重置成本往往把同类资产或类似资产的重置作为计量重点,它看重的是该资产或类似资产的购置成本,而版权权益看重的是版权产品为权利人创造未来收益的能力;就环境要求而言,版权权益对公平交易条件有严格的规定,而重置成本并未对此做出明确的限定。

(三) 版权权益与现行市价的关系

现行市价与版权权益的区别在于交易背景的不同,现行市价必须基于实际交易,而版权权益既可以基于实际交易,也可以是假想交易。其次,现行市价无法计量处于已经签订契约、交易尚未开始或正在进行中但尚未完成情况下的资产,例如衍生金融工具这类不可能产生交易价格的资产。再次,现行市价完全依赖于可观察的市场价格,不考虑交易的市场是否公开、活跃,而版权权益强调市价的公允性,在无法得到可观察的市场价格时,可根据其他评估方法进行估计确定。

(四)版权权益与可变现净值的关系

从版权权益和可变现净值的定义看,首先,两者的计量时态不同,可变现净值基于未来的销售或其他事项,版权权益可能是现在时态的可变现净值,也可能是未来时态的可变现净值。其次,两者的计量方式也不同,可变现净值是扣除了预计变现过程中的直接成本后的净值,版权权益则通常不考虑变现过程中的直接成本。可变现净值与版权权益的共通性表现在两者都允许假想交易,而通过运用评估技术来获取评估结果。

版权权益与可变现净值在内容方面的区别是:第一,可变现净值是扣除了变现过程中预计发生的直接成本后的净值,而版权权益通常不需要考虑直接成本;第二,对于准备用于生产产品的原材料而言,可变现净值要求以产品完工后的预期销售收入减掉相关的加工成本及销售费用后的金额来计量,而版权权益则直接指该版权产品交易双方公认的价值;第三,可变现净值不需要考虑货币的时间价值,而版权权益是以交易双方对市场的评价为计量基础的,显然要考虑货币的时间价值。

(五)版权权益与现值的关系

从版权权益与其他计量属性比较角度看,当计量标的物无法获得由市场决定的交易价格的情况下,就需要运用现值技术来估计版权权益。因此,现值技术只是版权权益的一种估价手段,现值并不总是等同于版权权益。现值方法能否被使用取决于预期的现金流量、时间和折现率三个因素,只有在上述三个因素同时具备的情况下才可以用现值技术来估计版权权益。现值本身并不是计量的目的,只是用来在初始计量和重新计量时计算版权权益。未来现金流量的现值与版权权益的共通性表现为都可以更真实地反映相关价值信息。我国新颁布的《企业会计准则》中将现值列为一种计量属性,现值技术也是一种经常采用的评估方法。使用现值技术的唯一目的是在初次确认和后续计量中能够有效确定版权权益。

(六)版权权益与公允价值的关系

当从公允价值的角度来考虑版权权益时,需要注意以下问题:第一,公允价值的可靠程度较低。公允价值是买卖双方对相关资产或负债的市场价值所做出的判断,在很大程度上受主观因素的主导,在市场不完善的情况下容易成为操纵利润的工具,使企业提供的财务信息失真,这使得获得的会计信息既不够客观,也不够可靠。如果版权权益的计量是通过相应的模型和公式并利用客观的参数来进行的,受公允价值主观因素的影响要相对较小,否则,将会严重影响估计结果。第二,公允价值取得难度较大。公允价值的确定是在客观事实基础上所做出的主观决策,这也就决定着公允价值的取得比较复杂,成本较高,并具有较高的不确定性,对公允性判断的难度也较大。版权权益需要在综合相关主客观因素后,通过模型和公式来确定,相对而言较为容易获得。

第五章 产品层次的版权价值计量方式

第一节 版权权益评估

版权权益评估作为一种产品层次的版权价值计量方式,可以在微观层次中对版权价值进行计量评估,由此引起越来越广泛的关注。版权权益评估可以有效地确认版权价值的额度,为版权产品的相关权利人提供管理和决策依据,从而促进版权交易渠道的拓展和授权许可、转让活动的开展。此外,版权权益评估对版权质押贷款,版权出资、增资,提供侵权赔偿依据等也具有重要作用。因此,要客观、公正、合理地评估版权权益,就要对版权权益评估有一个清楚的认识,明确版权权益评估的定义和原则。

一、版权权益评估的定义

所谓版权权益评估是指具有评估资质的专门机构结合版权专家意见对评估基准日特定目的下的版权权利进行分析、估算、发表专业意见并撰写评估报告书的行为。版权权益评估对权利人所拥有或者控制的、能够持续发挥作用且能带来预期经济利益的版权的财产权益和与版权有关权利的财产权益进行评估，使其所具有的价值可以通过价值评估行为表现出来，为版权质押、版权交易提供先期的、合理的参考数据。版权权益的评估值是对版权权益进行评估认定的货币价值，这个货币价值并不是一个现实中或历史上实际发生的交易数据，而是在一定时期内按照特定的方法测算版权权益的估计值，而这个估计值在多数情况下应该是等同或者接近于版权权利的实际交易价格。

版权权益是智力成果所包含的版权权利带来的利益，其价值量决定于创作智力成果所耗费的社会必要劳动时间。但根据《资产评估准则——无形资产》和《著作权资产评估指导意见》，版权权益的评估值往往还需要考虑由智力成果开发形成的版权产品的经营模式、投资规模、价值构成等因素，因此，版权权益评估相对于其他的价值评估工作而言，工作量和评估难度较大。在具体应用过程中，版权权益评估可以为版权权利的交易、投融资、股权配置等提供参考建议。需要指出的是，版权价值理论只是为版权权益评估提供理论支持和方法设计，有关版权权益评估的理论研究还需要结合评估实践的发展程度而不断丰富和发展。

二、版权权益评估的原则

（一）客观性

开展版权权益评估，既要按照科学的方法进行评估，同时评估方法又要具有可操作性。版权权益评估的科学性和可操作性，具体体现为客观性。评估对象的客观性，是指待评估的版权权益是客观存在或可以确定的。例如相关的版权产品已经创作完成或可以确定，相应的版权产品的品质、质量、供求关系等因素基本可以确定。通常情况下，版权权益评估所需的各项数据指标还可能来自于相关的财务报告信息。当然，依据财务报告进行版权权益评估也有前提条件，首先，财务报告所披露的信息要是正确和真实的，并不存在错误和虚假信息；其次，财务报告要全面、客观地提供相关财务信息，不存在隐瞒和遗漏信息等情况，这也是版权权益评估客观性的体现。

（二）预测性

版权权益评估的主要目的是把版权管理的战略性目标——版权权益最大化置于核心位置，各评估指标的选择都是围绕这一目标来进行的。版权权益最大化就必须能够对版权权益的评估值进行合理的预测。版权产品一个很重要的特点就是其使用价值往往不在产品的物质载体本身，因此很难像具有实用价值的实物产品那样进行价值评估，不能从其原材料价格、生产设备投入和产品品质等方面进行计算。例如一部电影作品，在创作开始阶段只能依据其剧本、导演和演员素质及影响力、相似题材受欢迎程度以及当下的热点趋势等进行投资，即使在以上各因素都齐备的情况下，电影所带来的收益也是不确定的，甚至还会出现口碑和票房严重背离的情况。由于版权权益的实现具有不确定性，故需要采用预测方法对版权权益进行评估。

（三）时效性

版权权益评估的时效性有两个层面的含义。首先，版权本身是具有保护期限的，这个剩余期限的情况会直接影响到版权权益评估的结果。其次，随着网络技术和创作手段的更新换代，大部分版权产品的生命周期也有缩短的趋势,版权权益的评估很容易受到产品生命周期的影响。

从版权权益评估的效力角度看,评估可以无限地延伸和继续下去,以求得最满意的评估结果。但问题是,版权及相关权利只在法定的时间内有效,法定的时间就是版权权益的有效期,期限届满就失效。另外,版权产品能够产生持续收益的重要原因,除版权权利是垄断性权利外,还在于版权产品拥有的竞争优势,也即在于其独创性、影响力、娱乐教育性等方面,随着消费者注意力的转向,原本很火热的版权产品可能变得销售不畅甚至无人问津,当然也有相反的情况。但这些竞争优势是否具有持续性是一个重要的问题。

无论是版权权益的保护期限情况,还是版权产品面临的市场形势,在上述因素发生变化的情况下,原先所做的评估结果将不再有效,版权权益评估结果只能在特定的时期内参考使用。因此,版权权益评估的时效性是需要切实保障的原则。

（四）估计性

版权权益评估多是建立在假想交易的基础上的,即使是实际发生的交易,由于所处的市场交易环境的不同,版权权益评估也是根据同类产品的市场价格或采用某种估价技术进行评估。因此,估计性就成为版权权益评估的一个重要原则。

通常情况下,版权权益评估必然具有估计性,这主要有三个方面的具体原因。首先,估计是评估业务中固有的技术,如估计版权产品的有效时限、残值、估计产品的完工程度等;其次,评估本身就是一份需要主观判断的职业,评估信息的处理结果本身就是利益相关者的利益冲突与协调的结果,需要评估人员进行大量的主观判断,这些评估者的主观因素不可避免体现在评估过程中,这决定了版权权益评估必然具有估计性;最后,从版权权益评估的程序来看,在不活跃的市场条件下,即便是估价技术及计量模型不断完善和发展,版权权益的评估也需要根据各种数据信息进行测算,由于数据信息较为有限,则版权权益评估的结果不免带有估计性。由此可见,版权权益评估的关键并不在于估计性本身,而在于估计的结果是否足够可靠和符合实际,这就需要评估结果具有可靠性。

(五) 可靠性

谈及版权权益评估的可靠性,其与估计性并不矛盾。一方面,估计和假设是评估本身所固有的,这并不影响评估的可靠性,可靠性只是一个程度问题,现实中没有任何计量属性在可靠性方面是无懈可击的;另一方面,版权权益是以当前价格为计量基础,无论采用何种评估技术和方法,版权权益评估的结果难免带有估计性,但这并不影响版权权益评估在给定时空条件下的可靠性。

版权权益评估具有可靠性,这种的可靠性至少包括三个组成部分,即真实性、可核性和中立性。首先,真实性是指要对假想交易、实际发生交易的版权权利进行确认和计量,将符合六大会计要素[1]的定义及其确认条件的要素如实加以记录,不得脱离这个真实的记录,而对假想交易或实际交易条件下的版权权益进行确认和计量。其次,可核性是指评估事项要在符合成本效益原则的前提

---

[1] 会计要素是组成会计报表的基本单位,是对会计对象进行的基本分类,是会计核算对象的具体化,我国《企业会计准则》规定会计要素包括:资产、负债、所有者权益、收入、费用、利润六个方面。

下,最大限度地保证信息的全面完整,不得随意少计、漏记或者减少相关信息。最后,中立性是指用于版权权益评估事项的会计信息应当是中立的和没有偏见的,如果在财务报告中为了达到预计的结果,通过选择或列示对权利人有利的财务信息,进而影响版权权益评估的决策和判断结果,那这样的财务报告信息就是不中立的。

（六）相关性

相关性是指版权人所提供的信息是有用的,是具有价值的,有利于版权权益评估的决策和判断。版权权益评估反映的是交易双方对一项版权权利所愿意付出的对价,涉及所有影响该项版权权利的相关信息。相关的信息应当能够有助于使用者评价类似版权权利的价值状况,验证对版权权益的预测是否正确。相关的信息还能够起到预测的作用,有助于权利人依据财务报告所提供的财务信息预测未来版权产品的经营和运作情况。

值得强调的是,研究版权权益评估的相关性原则,需要将财务信息的可靠性和相关性加以综合考虑。原因是,版权权益评估所需要的财务信息可能会可靠而不够相关或者相关而不够可靠,这样会影响评估者的评估效果进而不利于评估者做出准确的结论。有学术观点认为,可靠性和相关性是此消彼长的两个财务信息特征,相关性较强其可靠性就会较差,反之亦然。实际上,相关性是以可靠性为基础的,两者并不是对立的、不相容的,而是相辅相成、相互统一的。从表面上来看,版权权益评估事项得到的财务信息具有强相关性,但实际上正是由于它的强相关性相应地提高财务信息的可靠性。反过来,可靠性的财务信息必然是真实有效的,由此大大提高版权权益评估结果的真实有效性,这种真实性、有效性就决定会计信息是相关的。因此,版权权益评估事项在保证财务信息的相关性的前提下,同时又不会降低财务信息的可靠性,这正是财务信息的可靠性与相关性的权衡——可靠性与相关性同时兼顾的结果。

第二节 版权权益评估的影响因素

众所周知,版权权益评估可以使权利人在授权交易、许可使用、产品处置和资金筹措等事宜中能够有效地确认版权权益的额度。在当前开展的版权权益评估项目中,计算机软件版权的评估比较常见,但随着版权产品市场的日趋活跃及交易市场的不断规范完善,其它形式的版权的价值评估也开始发展起来。版权权益的额度只有通过版权权益评估才能确定,而版权权益评估是一个需要深入研究探讨的复杂问题。版权权益评估之所以是一个复杂的问题,主要是因为受到外部因素和内部因素的共同影响,包括文化市场环境、评估行业发展程度、评估法律环境、社会认知氛围以及评估客体和评估主体等因素的影响。因此,开展版权权益评估业务,就需要对版权权益评估的影响因素进行分析。

一、版权权益评估的外部影响因素

(一)版权交易的市场环境

版权交易的市场环境主要是指版权交易的供需关系。版权交易市场的景气与否会引起版权交易价格的起伏，进而偏离版权权益的真实价值，对版权权益评估的准确性产生影响。根据版权交易市场的发展形势和版权交易的供需关系对版权权益评估过程进行调整，是提高评估结果准确性的重要措施。在版权交易的供需关系层面，符合消费者的精神消费需求的版权产品价格自然会出现上扬而偏离其包含的真实价值，因此，版权权益评估的结果自然会出现偏差，最终影响版权权益评估的有效性。此外，版权产品作为一项特殊的消费品，参与市场交易时，其价格受到市场活跃程度的制约。市场活跃程度和相关产品的价格会影响到所评估产品的价格。在版权交易活跃市场中，很容易搜寻到大量具有参考价值的版权产品交易案例，通过运用类比的方法很容易开展版权权益评估。

（二）评估行业的发展程度

随着版权交易活动的迅猛发展，版权权益评估越来越受到重视，来自于市场的迫切需求催生了对版权权益评估的相关实践和研究。就评估行业的现状来看，很多机构对于版权权益评估做了一些尝试，如建立了计算机软件版权权益评估模型等，相关的评估结果也得了基本的认可，在一定程度上促进了版权权益评估方法的发展。但也必须看到，目前我国的版权权益评估还存在一些问题，如很多的评估结果中对不确定性因素缺乏充分考虑，很多评估数据缺乏真实性，评估方法不适应评估现实需要等，这都在一定程度上影响了版权权益评估结果的准确性。与此同时，版权权益评估也缺乏统一权威的标准，各评估机构各行其是，评估结果间存在较大差异，这也影响了评估结果的普遍认同度和使用范围。当前，评估行业的发展程度是影响版权权益评估的重要因素，而促进评估行业发展的首要任务是建立科学、客观和有效的评估标准体系。

版权权益评估标准体系的建立对评估结果的影响主要体现在以下几个方面：

第一，评估标准体系的建立是版权权益评估的前提。由于版权是基于智力成果及法律规定形成的一种无形财产权，其评估对象主要表现为无形的版权权益，这决定版权与一般的有形财产在权利的产生、侵权行为的表现、法律的保护等方面都迥然不同。版权权益评估是对版权权益这种特殊事实的反映，是掌握版权权益价值额度的测算活动，因此，版权权益评估的首要任务是确立专门的评估标准体系。

第二，评估标准体系的建立规定了版权权益评估的性质。版权权益的评估带有主观性的特征，这使版权权益评估成为一种可以由主体主观把握的行为。因此，版权权益评估主体在进行版权权益评估时，所依据的版权权益评估标准是至关重要的，版权权益评估标准的科学合理与否，将直接影响着版权权益评估的效果。同时，由于版权权益评估标准是评估行为的依据，如果评估标准不同，得出的结论自然不同。来自不同背景的评估主体之所以对同一版权权益有不同的评估结果，主要是由于评估主体所持的评估标准不同。因此，亟需建立科学、客观和有效的评估体系，设立适应市场发展需要的评估机构，形成专业的评估队伍，促进版权权益评估行业的发展。

（三）评估法律环境

评估法律环境包括版权权益评估业务所处的现有法律法规及

政策环境。评估法律环境会直接或间接影响到对版权权益评估的结果，权利人是否能够充分实现其版权权益，这也在很大程度上取决于所处的法律法规及政策环境。评估法律环境可以分为两个层面，其一是涉及版权权益评估本身的法律法规及相关政策的制定情况；其二是版权法律制度及相关政策是否具备及其完善程度。

如果版权权益评估有直接或密切相关的法律法规及政策制度支持，则版权权益评估就会比较规范和完善，评估的结果也相对确定可信，否则评估活动的随意性就比较大，结果的可信度要打折扣。目前，我国还没有与版权权益评估有直接或密切相关的法律法规及政策，只是先后发布了一些资产评估特别是国有资产评估的部门规章，如《国有资产评估管理办法》、《国有资产评估管理办法施行细则》、《国有资产评估管理若干问题的规定》、《国有资产评估违法行为处罚办法》、《资产评估机构审批管理办法》、《财政部、国家知识产权局关于加强知识产权资产评估管理工作若干问题的通知》等等。由此看出，针对版权权益评估缺少直接的法律依据，而版权既不同于知识产权大类中的专利权和商标权等，更不同于企业的有形资产，因此，版权权益评估具有很强的特殊性，需要专门的法律依据。

版权法律制度及相关政策是否具备及其完善程度会直接影响评估对象，进而影响评估的方式、方法、过程和结果。在版权法律法规实施严格、版权保护到位、版权诉讼成本合理、诉讼结果公平的环境下，权利人的利益往往能够获得充分保障，版权权益易于实现，评估的结果也就更为准确有效。目前，我国已经有《著作权法》、《著作权法实施条例》、《计算机软件保护条例》、《信息网络传播权保护条例》、《作品自愿登记试行办法》等版权法律法规对版权的类型、归属、使用、限制、流转和保护等进行了系统的规定。同时,也有财务、会计、税收、金融、证券等领域的相关法律法规可对版权权益评估起到约束作用,如我国《证券法》对证券服务机构在证券的发行、上市、交易等证券业务活动中的有关无形资产入股、作价的相关评估进行了规定,我国《公司法》对承担资产评估、验资或验证的机构的违法责任等做了相应的规定。应当说,版权法律制度及相关政策已经日臻完善,重点在于进一步严格实施,不断提高版权执法和司法的质量和水平。

(四)社会认知氛围

除了评估法律环境,版权权益评估的社会认知氛围对评估也有重要的影响。社会认知氛围是指整个社会是否认识到评估的重要性,是否认可版权权益评估,即整个社会对版权权益评估的认可态度。版权是随智力成果而产生的一种无形财产权,对这种无形财产权的认知滞后于对有形财产权的认知,对于这种无形财产权的价值评估的认识就更加滞后。因此,版权权益评估在很大程度上会受制于社会认知氛围的影响。

社会认知氛围影响版权权益评估业务所能发展的程度。在进行版权权益评估时,必须以对版权权益有一定认知为前提。而对版权权益认知的程度有多大,则根本上取决于评估主体所具有的版权意识和认知水平。可以说,社会在一定时期所达到的版权意识和认知水平决定了版权权益评估的发展程度。

社会认知氛围影响版权权益评估对象内涵的深度。版权包括人身权和财产权两部分内容。人身权是指有人格内容的权利,它不能与创造版权产品的自然或法人分离,不能转让、继承、赠予,一般来说也不受时间和地域限制。财产权是指有财产内容的权利，它可以与版权产品的自然人或法人分离，可转让、继承、赠予，一般要受时间和地域的限制。版权与有形财产相比，具有自己的特征，即评估对象只能是财产权，这是版权权益评估对象的基本内涵。因此，对版权权益评估的范围和深度取决于版权权利这一评估对象的内涵，版权内涵的发展是与特定条件下的社会认知氛围密切相关的。

社会认知氛围对版权权益评估的评估方法产生影响。版权权益的评估方法是受社会认知氛围制约的，因为社会认知氛围不但影响对版权权益的认识，而且影响着版权权益评估的方法。版权权益评估方法是由评估主体掌握的，借助于评估标准，对版权权益实施评估的手段和工具。这就要求版权的评估主体必须具有一套明确的逻辑程序，从多角度、多方面、多层次来评估版权权益，而版权权益评估的这种形式和过程，自然受到社会认知氛围的制约。

二、版权权益评估的内部影响因素

（一）评估客体方面的因素

评估客体是指版权权益评估的对象或评估行为作用的对象。主体与客体的区分是根据它们在一定对象关系中的性质和地位来决定的，在版权权益评估过程中，评估者是主体，版权权益本身是客体。根据《著作权资产评估指导意见》，版权权益本身包含的一系列对评估事项具有显著影响的因素，这些因素也被称为版权权益评估客体方面的影响因素。

1. 作品作者的基本情况

版权产品价值与创作者的知名度有很大关系,创作者的知名度本身就是一种无形资产。例如,知名作家和刚涉足创作的人士相比,沉淀在作品中的人力成本要高得多,其作品也就可能具有更高的价值。特别是文字、摄影、动漫等作品,创作者知名度高,市场的认可度就高,其价值也就更高。

2. 作品的类型

在著作权法上,作品的类型包括文字、口述作品、音乐、戏剧、曲艺、舞蹈、杂技艺术品、美术、建筑、摄影、电影和以类似摄制电影的方法创作的作品以及计算机软件等等。各类作品在不同的维度还可以进一步细分为不同的种类。不同类型作品的版权权益可能差别很大。比如不同作品由于其传播方式不同,会影响其传播范围、传播效果及传播收益,如文字作品可以通过广播方式进行传播,但美术、摄影作品就很难通过同样方式传播,所以文字作品广播权价值就比美术作品广播权价值要大。再如,同样是录音制品,流行音乐和经典音乐就有很大差异。

3. 作品的创作水平

作品的创作水平体现了作品的文学、艺术或科学价值的高低,是体现版权权益并影响版权权益实现的重要因素。其中,作品的独创性是其获得法律保护的前提,也是形成版权权益的重要因素,独创性本身就体现了作品这一智力成果的价值所在,是衡量作品创作水平的第一要素。虽然有时候作品创作水平与作品价值会出现暂时的背离现象,但总体而言,作品的价值与创作水平呈正相关关系。

4. 作品的发表状态

按照著作权法规定,中国公民、法人或者其他组织的作品,不论是否发表,均享有著作权,但在进行版权权益评估的过程中,必须考虑作品的发表状况。首先,发表状态影响资产的剩余经济寿命。根据著作权法,法人或者其他组织的作品、著作权(署名权除外)由法人或者其他组织享有的职务作品、电影作品和以类似摄制电影的方法创作的作品,如果这些作品在创作完成后的 50 年内未进行发表,则法律将不再保护。其次,发表状态还会影响作品的影响力。发表是作品扩大受众范围的途径,通过发表作品能够被更多的受众接触,扩大其影响力,影响著作权能够带来的经济利益,从而影响其价值。

5. 作品的经济寿命

作品的经济寿命就是版权能给所有者带来经济收益的时间,在法律保护期内的经济寿命越长,版权权益就越高。经济寿命既包括法律上的版权保护期,又包括版权本身的可使用或活跃期限。法律上的版权保护期越长,版权权益相对也就越高。随着版权产品更新换代的速度越来越快,产品的活跃周期有缩短的趋势,由此决定产品的经济寿命也会缩短。同时,对于某一具体的版权授权行为,更需要关注其合同约定的使用期限,该合同期限必须是在作品版权法定剩余保护期限内,只有在合同规定使用年限内产生的合理收益才能作为版权权益评估的基础。

6. 作品的创作方式

作品的创作方式可分为原创和演绎,后者包括各种形式的改编、翻译、注释、整理等。演绎作品是在原创作品的基础上通过改编、翻译、注释、整理等方式产生的新产品,虽然也具有价值,但在转让和使用许可中受到很多法律限制,如演绎的原作品属于他人时,演绎者行使相应的权利都应当经过原权利人同意。因此,演绎作品的创作成本相对于原创作品可能更高,且受原创作品权利人的约束,行使权利的自由度则更低,其版权权益也多低于原创作品的版权权益。

7. 作品的创作成本

作品的创作成本是指为创作作品所付出的全部耗费,其中,创造性的智力劳动占主要地位,而这部分智力劳动相对于其他形式的劳动,将能够创造更多的价值。因此,耗费的智力劳动时间越多,则该作品的创作成本就越高。

8. 作品的市场前景

作品的市场前景包括其盈利能力、同类作品以往的评估和交易情况、同类作品的竞争情况等。一部作品得到社会承认的程度越高,其盈利能力越强,同类作品以往的评估和交易情况越好,同时期、同地域内的同类作品的竞争力越小,所评估作品的市场前景也越好,可获得的经济效益就越大,而作品的价格就越高。

9. 作品的版权登记情况

在实行自愿登记制的国家,虽然作品是否在行政主管部门或法律指定部门进行了版权登记并非版权产生的前提,但由于其有初步认定版权人及诉讼中举证责任转移的作用,已登记的作品与未登记的作品相比,其版权评估时的稳定性显然更高。我国法律规定一般作品采取自愿登记原则,该登记程序不是产生版权的必要条件。但一旦发生侵权纠纷或权利归属纠纷,登记记录可以作为其是真实权利人的有力证明,降低著作权人维护合法权益的成本,从而间接地影响版权权益。

10. 作品具体交易行为的约束

在不同性质的版权转让或许可合同下,版权权益评估结果的差异也很大,因此,拟交易的条件是影响版权权益评估的重要因素。第一,拟交易的权利种类。针对不同的权利类型,如复制、发行、出租、展览、表演、放映、广播、信息网络传播、摄制、改编、翻译、汇编等权利,拟交易的是全部权利还是部分权利,或部分权利的具体权利种类,将显著影响版权权益评估的结果。第二,拟交易的权利性质。版权授权分为独家许可和非独家许可,由于独家许可使被授权人拥有垄断性的权利,则版权交易的价格也更高。第三,版权相关权利在质押、诉讼等方面的限制。对于不同类别的版权权利,如果某些权利受到在质押或诉讼方面的限制,则不可避免地会影响到版权交易的价格,甚至会影响到交易行为的正常进行。

(二)评估主体方面的因素

版权权益评估的主体是具备相关评估知识技能的专业人员。具体而言,评估主体方面的因素包括评估主体的知识结构、专业水平以及组织管理等。

1. 评估主体的知识结构

版权权益评估主体拥有的知识结构,简单来说就是知识的数量、质量及运用方式,在很大程度上制约着评估所达到的高度和精度。知识的数量主要表现在知识面的宽窄,知识的多少。由于版权涉及的面很广,如果评估主体某一方面的知识缺乏,自然会造成在这一方面产生"盲区",不利于作出准确可靠的评估。知识的质量及运用方式是知识被掌握的深刻程度和准确程度以及知识被组织、结合起来的体系化程度,这对知识在版权权益评估过程中的运用程度具有显著影响。

2. 评估主体的专业能力

版权权益评估主体的专业能力包括感知能力、理解能力、计算能力、推理能力、分析能力、归纳能力、执行能力等。不同的评估主体,在专业能力方面不仅有高低之分,而且不同评估主体的专业能力也是大不相同的。专业能力既有依赖天赋的一面,但更重要的是依靠后天的训练,还要不断加强个体能力的培养,将评估主体对版权权益评估的不利影响降到最低,保障评估的科学性、准确性和客观性。

3. 评估主体的组织管理

在专业化分工协作的情况下,任何一项重要工作都很难由单个人来完成,往往需要团队的配合,版权权益评估亦是如此。团队并不是个体的简单组合,而是通过科学的组织管理方式形成的分工协作组织,每个主体的专业方向和专业能力各不相同,要各取所长才能发挥团队的集体作用。经过科学管理方式组织形成的团队,通过发挥每个个体的最大潜力,集思广益,所获得的工作成果是单一主体或效率低下的团队无法比拟的。

第三节 版权权益评估方法

一、版权权益评估的基本方法

理论界和产业界出于不同的目的,将版权权益进行量化、实现对版权权益进行评估的诉求日趋强烈。对版权权益进行科学评估,提高版权权益评估效果的有效性和准确性,这就需要研究和探讨合理的版权权益评估方法。归结起来,版权权益评估主要有市场比较法、重置成本法和收益现值法。

(一)市场比较法

1. 市场比较法的定义

市场比较法也称市场定价法,是指按市场现行价格(RMP)作为价格标准,据以确定版权权益的价值额度的一种评估方法。运用市场比较法进行版权权益评估,要通过一个广泛深入的市场调查过程,选择若干个与评估对象相同或相似的版权产品作为比较对象,分析比较对象的成交价格和市场交易条件等因素,将待评估对象和调查对象的相关因素进行对比后,再进行适当的调整,最后估算出待评估版权产品的价值。

市场比较法通过选择相同、相近功能或相同收益能力的、近期已成交版权产品的市场交易价格为参照价格,考虑时间差异、地域差异、市场差异、品质差异和政策性差异等影响因素,进而测算被评估版权产品的市场价格。应用市场比较法进行版权权益评估时,需要具备如下的条件:(1)需要有一个充分发育、活跃、公平、公开的版权交易市场,以便通过类似的版权交易掌握真实、准确、正常的市场价格信息;(2)可以搜集到被评估版权的市场参照物及其相比较的指标、参数和近期交易价格等资料;(3)版权交易具有可比性,这包括在版权的性质及市场条件方面具有的可比性。

2. 市场比较法的计算方法

市场比较法是由评估人员根据经验确定具有合理比较基础的类似版权产品,通过收集交易市场的信息和被评估版权产品以往交易的信息,尽可能地考虑评估对象和交易案例所存在的差异因素对版权权益的影响,根据版权产品的交易时间因素、地域因素、品质因素等情况变化(即调整系数),进而对被评估版权产品的价值加以确定。

现行市价法在运用过程中主要通过直接法和类比法实现的。

(1) 直接法

直接法是在公开市场上,能找到与被评估版权产品完全相同的已成交版权的现行市价(或账面原始价格),以此价格作为被评估版权产品的现行市场价格。直接法的计算公式较为简单,即版权权益评估的结果等于相同参照物的市场价格。

(2) 类比法

类比法的运用是在公开市场上找不到与被评估版权产品完全相同的参照物的情况下,通过寻找相类似的版权产品作为参照物,以这些类似参照物的成交价格为参考依据,在进行必要的差异调整后进而确定被评估版权产品的价值。由于版权产品具有较强的独创性,相同的版权产品几乎是不存在的,所以运用市场比较法进行版权权益评估,则主要是采用类比法进行评估的。

类比法有两个基本步骤——筛选和调整。首先,筛选是指在市场上寻找与待估版权产品相类似的参照交易案例,需要考虑的因素有产品性质、交易价格、交易范围等。其次,调整是指通过比较待估版权产品和参照版权产品来确定调整系数,从而得到待估版权产品的准确价值。

类比法评估版权权益的价值额度,需要经过其中的若干次修正计算。如下面的具体计算方法,假设需要计算某版权产品的价值,选取 N 个具有参考意义的版权产品交易案例,a 代表参考版权产品的交易价格,则 a_i 为第 i 个参考版权产品的交易价格。α,β.....ϕ,φ 分别为调整系数矩阵 $(n \times k)$,最后为纵向量 $(k \times 1)$。

$$P = \begin{bmatrix} a_1 & a_2 & \ldots & a_{n-1} & a_n \end{bmatrix} \times \begin{bmatrix} \alpha_{11} & & & & \\ & \alpha_{22} & & & \\ & & \ldots & & \\ & & & \alpha_{n-1k-1} & \\ & & & & \alpha_{nk} \end{bmatrix}$$

$$\times \begin{bmatrix} \beta_{11} & & & & \\ & \beta_{22} & & & \\ & & \ldots & & \\ & & & \beta_{n-1k-1} & \\ & & & & \beta_{nk} \end{bmatrix} \times \cdots\cdots$$

$$\times \begin{bmatrix} \phi_{11} & & & & \\ & \phi_{22} & & & \\ & & \ldots & & \\ & & & \phi_{n-1k-1} & \\ & & & & \phi_{nk} \end{bmatrix}$$

$$\times \begin{bmatrix} \varphi_{11} & & & & \\ & \varphi_{22} & & & \\ & & \ldots & & \\ & & & \varphi_{n-1k-1} & \\ & & & & \varphi_{nk} \end{bmatrix} \times \begin{bmatrix} \dfrac{1}{n} \\ \dfrac{1}{n} \\ \cdots \\ \dfrac{1}{n} \\ \dfrac{1}{n} \end{bmatrix}$$

$$= \frac{1}{n}(a_1\alpha_{11}\beta_{11}\cdots\phi_{11}\varphi_{11} + a_2\alpha_{22}\beta_{22}\cdots\phi_{22}\varphi_{22}$$
$$+ \cdots + a_{n-1}\alpha_{n-1k-1}\beta_{n-1k-1}\phi_{n-1k-1} + a_n\alpha_{nk}\beta_{nk}\phi_{nk}\varphi_{nk})$$

经过上面的计算过程,待评估版权产品的价值就被计算出来。

3. 市场比较法的局限性

市场比较法就是在版权交易市场上找出若干与被评估版权产品相似的参照产品,分析、比较被评估版权产品及其相应的影响因素,在此基础上,通过修正、调整参照版权产品的评估技术参数,最后确定被评估版权产品的价值。现行市场法所依据的基本原理是有效市场理论,根据这一理论可以得出类似版权产品在相类似的条件下应该具有类似交易价格的推断。现行市场法的技术路线是首先在市场上寻找与被评估对象相类似的版权产品的交易案例,通过对所寻找的交易案例中的相类似交易价格进行分析,从而确定被评估产品的交易价格,即被评估对象的市场价值。

因此,市场比较法应用的局限性就在于要寻找能与被评估版权产品类似的交易案例难度较大。在版权交易市场发育不完善的情况下,类似的版权产品交易资料的可得性、真实性和科学性也难以得到有效保障,即使有相应的渠道能够获得类似案例的交易资料,其发生时间、交易条件和市场环境等因素的差异也会产生不同的影响。另外,市场比较法的理论基础是有效市场理论,是以被评估对象处于竞争市场状态为假设前提的,市场的有效性对评估结果的准确性具有巨大的影响。但就我国评估机构所面对的现实状况看,多数版权产品都面临着交易信息闭塞、交易市场不规范等问题,因而不能认为版权产品已形成了竞争性的交易市场,这也使得市场法的假设前提往往得不到满足,由此得来的评估结果也可能不会全面、准确、科学地反映版权产品的价值。

（二）成本法

1. 成本法的定义

成本法的主要理论思想是基于替代经济原则，即投资者在购置一项资产时，预期在投资后能够获得效益的情况下，愿意支付获得这一资产的最小支出，且这一支出不会超过构建一个与该项资产具有相同用途的替代品所需要的成本。因此，成本法可以界定为以创造或购置相同资产的现时完全成本减其各项损耗来确定被评估资产价值的方法。

根据成本法评估版权权益，首先需要确定该项版权产品的成本，再扣减各种损耗和贬值。具体操作方法是以重新创造或购置与被评估版权产品具有相同用途和功效的版权产品的现时成本作为计价标准，被评估版权产品的价值即为类似版权产品的现时成本减去评估对象的实体性陈旧贬值、功能性陈旧贬值和经济性陈旧贬值后的差额。

（1）重置成本法

重置成本法主要有以下两种方式：

a. 复原重置成本法

复原重置成本法是以被评估版权产品的历史的实际开发条件（相同的劳动力、原材料等投入要素）作为依据，再以这些要素的现行市价进行折算，进而求得评估值的方法，这种方法被称为复原重置成本法。也就是说，更新重置成本法是按照历史条件下的创造或采购与被评估产品相同的版权产品所耗费的重置成本作为计价方式，进而估算版权产品价值的方法。

b. 更新重置成本法

更新重置成本法是依据新的开发条件（现时需要投入的劳动力、原材料等），以这些要素的现行市价，计量与被评估版权产品相同功能的产品价值的方法，这也被称为是更新重置成本法。因此说，更新重置成本法是以新的创作开发条件为依据，假定重新创作或购买相同的版权产品，以现行市场价格减去贬值因素而求得版权产品评估值的方法。

（2）历史成本法

成本法还存在另外一种方法，即历史成本法。如果版权产品是历史存量产品而非新创造或采购的产品。由于历史成本是版权产品在开发和采购过程中所实际支出的成本，当创作者对开发和采购一项版权产品的费用保留有比较详细的记录时，可以把这些历史成本借助物价指数换算成现值，然后就可以得出现时期开发这项版权产品的总成本。需要注意的是，历史成本法是在充分考虑版权产品创作的历史成本以及贬值因素的情况下，计算重新创造和购买相同或相似的产品所需要付出的总成本，因此，物价因素在这种评估版权产品价值的方法中异常重要。该方法多用于有形资产的评估方法，其评估关键在于估算历史成本和通货膨胀因素。

2. 成本法的计算方法

如上文所述，成本法通常采用两种方法评估版权产品价值：首先，如果被评估版权产品是新创造或购置的版权产品，则运用重置成本法对版权产品进行计价。其次，如果被评估版权产品是历史存量版权产品，则运用历史成本法按照企业原有的账面价值利用物价指数进行折算后作为计价基础。

成本法是以替代某项资产所需要的当前金额为基础来计量其

价值的。由于成本法的计量模型是建立在现实价格或者是准确、可查的历史数据基础之上的,且这些主要的数据均来源于市场调查或相关的财务报表,保证了评估出的结果符合可靠性要求。因此,成本法在很多场合受到会计师和其他评估行业人员的青睐和重视,尤其是在评估不直接产生收益的机器设备和厂房等不动产时,一般会选择成本法进行评估。

一般情况下,成本法有两种基本的计算方法。

方法一(重置成本法):

按照复原重置成本法和更新重置成本法的基本思想,无论是自创还是采购的版权产品,均可以计算出版权产品的重置成本。

$$C = \sum_{i=1}^{n} M_i P_i^M + \sum_{j=1}^{n} T_j P_j^T$$

其中,C 为重置成本,M_i 为创造版权产品所耗费的第 i 种物质材料数量,P_i^M 为第 i 种物质材料的价格;T_j 为创造版权产品所耗费的第 j 人的工时,P_i^T 为第 j 人的工时费。

方法二(历史成本法):

对于历史上创造或采购的版权产品,如果有可靠的账目信息可供查找,可以采用物价指数法计算版权产品的重置成本。

$$C = P \times \frac{P_t}{P_0}$$

其中,C 为重置成本,P 为版权产品的账面价值,P_t 为评估时的物价指数,P_0 为版权产品创造或采购时的物价指数。

在计算出版权产品的重置成本之后,由于版权产品在过去的时间内可能已经在价值方面产生了折损,故需要运用成新率方法计算版权产品的净值。目前,确定成新率的方法有两种,即经济寿命预测法和摊销折余法。

经济寿命预测法的成新率 = 剩余使用年限／全部使用年限

= 尚可使用年限／（已使用年限＋尚可使用年限）

摊销折余法的成新率 =（原应摊销总额－已计提摊销额）／原应摊销总额

版权产品的净值 = 版权产品的重置成本 × 成新率

这样，运用历史成本法就计算出版权产品的价值和净值。

3. 成本法的局限性

成本法所获得的版权价值实际上是对版权账面价值的调整。这种方法起源于对传统实物资产的评估，如土地、建筑物、机器设备等资产的评估，而且评估的着眼点是单项资产的成本。成本法的理论依据是，任何一个理性的投资者在购置一项资产时，其所愿意支付的价格不会超过建造一项与所购资产具有相同用途的代替品所需要的成本。因此，倘使投资者的待购资产是全新的，其价格不会超过其替代资产的现行价格扣除各种损耗后的余额。

首先，成本法中的历史成本法可以满足客观性、一致性的要求，历史成本一直以来都是以主要的会计信息为基础的。但是在经济环境的巨大波动、新型交易工具大量涌现的情况下，按历史成本计量的账面价值与其市场价值相去甚远，已经不能真实地反映其现实价值，历史成本法的计量缺陷已经日益暴露出来。另外，历史成本法在实际运用时也有一些困难，如要确定研究开发的时间、核算开发该项版权的相关研发费用、计量为维护产品而耗费的成本以及为增加其价值而投资的成本，可能面临着缺乏该版权产品成本记录的情况。

其次，重置成本法与历史成本法相比，不存在将产品的历史成本转换成现实价格的问题。但这种计算方法的主观色彩更加浓厚和鲜明。其原因在于，版权产品的成本和收益的不对称性，创作者创作某项版权产品所耗费的成本不能决定该版权产品的收益。此外，与有形资产相比，相当一部分版权产品的开发成本比较难以识别和计量，所以用重置成本法评估版权产品的价值是比较难以实现的。

成本法主要考虑被评估版权产品的成本耗费，却很少考虑版权产品的未来收益水平。在使用成本法进行版权权益评估时，也主要是依据财务记录的相应资产和负债项中的信息，并通过价格调整来反映产品的现实市场价值。虽然成本法在评估有形资产方面具有一定的合理性和可行性，但是，成本法在评估版权产品时的效果并不尽如人意，成本法过多地关注成本因素而使成本与收益脱节，忽视版权产品所具有的较为特殊的收益方式和盈利模式，这是采用成本法评估版权产品价值的最根本的缺陷。

(三) 收益现值法

1. 收益现值法的定义

收益现值法又称收益法，是通过估算被评估资产在剩余寿命期间内的未来收益，并用适当的折现率进行折现，进而累加得出资产评估值的一种方法。收益现值法将被评估对象剩余寿命期间的每年（或每月）预期收益进行折现，累加得出现值，并以此估算资产的价值，因此，收益法不考虑建造或取得一项新资产的成本，而是更关注资产的收益能力。

采用收益现值法评估出的版权产品价值，就是为获得该版权预期收益的权利而支付的货币量。版权产品最突出的特点是具有超常的获利能力,其价值额度也相应地由其获利能力来决定,因此,收益现值法应当成为版权权益评估中的重要的方法。版权权益评估与有形资产评估相比,无论是在理论研究方面还是在实务操作方面,都存在着很大的区别和差异,特别是在评估的前提、对象和特点方面的差异更大。只有了解版权产品特殊性和异质性,才能更好地运用收益法评估版权产品的价值。

采用收益法时,被评估的版权产品需要具备以下条件:(1)被评估的版权产品必须具有独立的、连续的预期获利能力;(2)被评估版权产品的预期收益可以合理地预测并可以用货币计量;(3)被评估版权产品的相关预期风险和风险报酬也可以合理地估计出来。收益法用于版权权益评估的着眼点是预期的未来收益可以有效反映版权的价值,即版权产品长期的、超额的获利能力意味着版权产品的非凡价值,这符合版权产品的本质特征。目前,收益法被认为是比较科学、合理、客观的一种版权权益评估方法。

2. 收益法的计算方法

(1)计算方法

收益法中常用的具体方法是现金流量折现法。版权权益的评估人员必须根据产品未来的经营模式、使用状况和未来收益等因素,选择恰当的现金流量折现模型。经过归纳,运用收益法评估版权产品的价值主要包括以下具体方法:

方法一:

当版权产品的每年收益额相同,且使用年限处于最长的时间限制,则版权产品的价值为:

$$P = \frac{A}{r}$$

其中,P 为版权产品的价格,A 为版权产品的年固定收益,r 为本金化率①。

方法二:

当版权产品的每年收益额相同,且使用产品的未来期限是确定的,则版权产品的价值为:

$$P = \sum_{i=1}^{n} \frac{A}{(1+r)^i} = A \sum_{i=1}^{n} \frac{1}{(1+r)^i} = \frac{A}{r} \times \left[1 - \frac{1}{(1+r)^n}\right]$$

其中,上面公式中的符号涵义与方法一的符号涵义相同。

方法三:

当版权产品的每年收益额均不相同,且使用产品的未来期限是确定的,则版权产品的价值为:

$$P = \sum_{i=1}^{n} \frac{A_i}{(1+r)^i}$$

其中,在 A_i 为第 i 年的版权产品的年收益额,公式中的其他符号涵义与方法一的符号涵义相同。

方法四:

当版权产品在 n 年内的年收益额均不相同,在 n 年之后的年收益额保持不变,且版权产品的使用年限处于最长的时间限制,则版权产品的价值为:

$$P = \sum_{i=1}^{n} \frac{B_i}{(1+r_0)^i} + \frac{A}{r_1} \times \frac{1}{(1+r_0)^n}$$

其中,B_i 年为 n 年内的第 i 年的收益额,r_0 为版权产品在 n 年

---

① 本金化率是将未来永续性预期收益换算成现值的比率。

以内的折现率，A 为 n 年后的版权产品年收益额，r_1 为 n 年后的版权产品年收益的本金化率。

（2）参数估计

a. 折现率的估计

折现率是将版权产品的预期未来收益折算成现值的比率，其本质就是版权产品的投资回报率。折现率主要由两个部分组成，即版权产品的投资风险报酬率与社会正常的投资报酬率（或无风险利率），其基本的公式为：

$$折现率 = 无风险利率 + 风险报酬率$$

通常情况下，无风险利率多为一年期存款利率或国债利率。但风险报酬率要受到许多因素的影响，它包括版权产品本身的情况（如技术的先进性、市场适应性）和版权产品的运营环境（如版权权利人的整体素质和管理水平，市场因素及政策因素等），需要具体问题具体分析。

b. 折算期限的估计

版权产品的收益折算期限与其经济寿命关系密切。一般来说，版权产品的经济寿命是指一项版权产品的有效使用并创造收益的持续时间。经济寿命具有以下几个特点：（1）版权产品的经济寿命与自然寿命距离较大，同法定寿命联系密切；（2）版权产品的损耗仅存在无形的损耗；（3）更热销的、更有效益和市场前景的版权产品出现，使原有版权产品会发生贬值；（4）版权产品的传播速度过快，变相地缩短了版权产品的传播和扩散时间；（5）某项版权产品的市场需求大幅度下降，由此带来的收益迅速减少直至完全丧失。

通常情况下，收益法折算期限的确定要参考版权产品的经济寿命。折算期限的确定方法主要有以下三种：（1）法定（合同）期限法。确认法定（合同）期限内的剩余使用期限，适用于享有许可权、租赁权等版权产品的评估。法定期限法确定的收益折算期限要与经济寿命作比较，取二者中的较短者。（2）更新周期法。根据版权产品的历史经验数据，运用统计分析模型确定其更新周期，据此评估版权产品的剩余经济寿命，并以此作为折算期限。（3）剩余寿命预测法。根据产品的市场竞争状况、技术进步和更新趋势，直接评估版权产品的剩余使用寿命，以此作为折算期限。

3. 收益现值法的局限性

收益现值法是通过计算被评估版权产品的未来现金流量的现值来确定其价值的方法。收益现值法依据的理论基础是，版权产品能够带来预期收益，即预期收益理论，其折现率反映了该版权产品获得收益的风险回报率。版权权益评估的对象是版权产品的未来获利能力所预示的价值额度，而收益法正是以版权产品的获利能力为基准进行评估的。因此，通过计算版权产品未来收益的现值来确定其价值额度在理论上具有可行性，并且，在版权权益评估过程中，通常也把收益现值法作为版权权益评估的重要方法之一。

收益现值法的难点是需要收集和分析各种影响未来收益的参数因素，且需要正确预测版权产品的未来收益及确定合理的折现率。版权产品的独占性使其给版权持有者带来的超额收益往往背离其创作过程中的耗费。尽管版权的价值基础是社会必要劳动时间，但具体的价值额度是取决于它所带来的垄断利润、超额收益等。因此，收益现值法的立足点是版权产品所产生的收益，即版权产品要能够投入运营且能持续投入运营并产生收益，同时产生的收益可以有效预测，这些方面在版权权益评估过程中都需要加以明确。

收益现值法的运用主要有如下难点。第一,版权权益评估需要的参数主要依赖一些合理的估计,这就使得其评估结果具有很大的估计性。收益现值法需要估计版权产品的未来收益,而市场充斥着各种各样不确定的因素,这增加了对版权产品未来收益合理估计的难度,因而未来收益估计的可靠性是需要切实保障的。第二,收益现值法在计算版权权益时,很少将来自消费者的因素考虑进来,这无疑成为该方法的软肋。版权产品是一种较为特殊的消费品,其价值的创造和实现除受自身的影响因素之外,在很大程度上还取决于外部的消费市场和市场上的消费者。一个创作者历经千辛万苦创造出来的版权产品,如果得不到外部的消费市场和市场上的消费者的认可,再优秀的版权产品也不会有太多的收益,持续不断地产生收益是运用收益现值法的前提。因此,收益现值法在运用过程中,只有解决参数估计和市场前景问题,才能使该方法得到较好的应用。现实中,收益现值法可以与市场比较法结合起来使用,这样有利于增强评估方法的参照性和可比性,同时,也可以避免使用单一评估方法所引起的评估结果偏离问题。

二、版权权益评估方法的适应性选择

(一)市场比较法的适用条件

市场比较法是从版权权益与市场环境相互之间的密切关系方面评估版权权益的具体额度。如果存在版权产品的健康、活跃、有序的市场①,那么类似的版权产品交易必然是层出不穷、多式多样的,此种版权产品的价格就约等于类似的版权产品的市场价格,而市场价格的形成和确定又恰恰是依靠市场来实现的。在这样的市场环境中,版权产品的交易价格是在公平交易过程中由自愿的且熟悉情况的交易参与者所议定的价格。该交易价格是公平交易的结果,是一种有序的而不是扭曲的、是自愿的而不是强迫性的交易,故健康有序的市场环境是版权产品进行公平交易的前提条件。美国财务会计准则委员会就提出健康有序市场有利于版权相关权利的交易和流转,这就更加明确地提出了版权权益实现的市场条件,即只有在活跃有序的市场上形成的价格才能真正地代表版权权益,而并非经过市场交易所形成的价格都可以代表版权权益。

市场比较法评估得到的版权权益的实际值,并不总是等于市场上的实际交易价格,其原因在于版权交易市场是否活跃有序或者交易双方的信息是否对称等情况。从本质上讲,市场比较法评

---

① 湖南大学谢诗芬(2001)认为:版权价值只要求公平交易,不要求活跃市场、市场经济甚至发达的市场经济,它对市场环境的要求并不高。那种认为版权价值需要活跃市场经济,否则版权价值无法采用的观点是不对的,它阻碍了我国会计准则体系与国际会计惯例接轨的进程,使我国已正确树立的版权价值计量目标与其具体目标路径南辕北辙。该论述很好地说明了关于版权价值计量所要求的市场环境问题。我们从市场化程度来看,公平交易是版权价值确认与计量的前提条件。市场化程度越高,市场越活跃就会为版权价值的获取提供一个越好的基础,但是在市场化程度较低的情况下,我们可以通过其他多种方式获得相关公平交易的交易价格,可以通过现值法等估值技术来计算其相关资产或负债的公允价值。实际上,我们所说的活跃市场只是相对的,没有任何一个国家或地区的所有种类的资产和负债都存在活跃市场,也没有任何一个国家或地区的所有种类的资产和负债都不存在活跃市场。任何一个国家或地区,总是会有一些资产和负债的市场比较活跃,一些资产和负债的市场相对而言不够活跃。当然,市场越活跃越有序,对公允价值的运用就越有利。

估版权权益,实际就是一种对市场有效性和市场信息充分性的评价。因此,选择市场比较法评估版权权益,需要结合两种情况进行分析。

首先,在存在活跃有序市场交易的情况下,版权产品的交易价格是在公平交易过程中由自愿的且熟悉情况的交易参与者所议定的价格,即众多的市场参与者在充分考虑了未来现金流量及各种不确定性因素后所达成的公认一致的价格。这样一来,版权产品价值的评估就可以以类似产品交易的价格作为其版权权益的计量基础,由此确定的版权产品的价格也可以称为版权权益的具体额度。

其次,在版权产品的交易不存在健康、活跃、有序市场的情况下,即使市场上能够找到同类或类似的版权产品交易案例,但由于市场的扭曲状态、不完全信息、产品变现能力和市场可接受程度的限制,市场比较法评估出的结果也是偏离版权产品的公允价值和市场正常交易状态的。因此,这种情况下不能采用市场比较法进行版权权益评估,可以运用包括收益现值法在内的其他评估方法来估算版权权益。

(二) 成本法的适用条件

运用成本法评估版权权益,符合了会计准则所规定的可靠性要求。由于成本法的主要数据来源于相关的财务报表,这保证了版权权益评估结果的可靠性。但是,应用成本法评估版权权益依然面临很大的障碍。因版权产品往往具有高风险、高回报的特性,版权产品产生的收益可能会远远大于或小于由此投入的成本,使得投入成本与版权产品最终实现的价值之间的关系显得较为疏远,这导致版权权益评估不必或者不能考虑成本因素,成本法的适用性会大打折扣。

总的来说,运用成本法进行版权权益评估会存在如下问题。

首先,版权产品的价值具有高度的不稳定性,两个相邻会计年度的收益会因为一些额外因素的影响而发生很大的变化,成本法依据财务报表的信息评估出的版权权益与其实际价值的相关性不高,难以准确反映当前版权产品的真实价值。

其次,成本法不能反映版权产品的未来获利能力。版权产品作为一种特殊的无形产品,带给权利人的主要利益在于其可以创造持久的收益。而成本法是依据成本对其版权产品的价值进行评估,这就决定了其评估结果不具有对版权产品收益的未来预见性,与版权权益的实质相去甚远。

再次,成本法充分地考虑了资产的重置全价和应计损耗,适用于以资产重置、补偿为目的的实物资产业务。但版权产品在不同时间和不同市场条件下,其价格可能会大相径庭,正像运用市场比较法时遇到的情况,寻找相同或相似的版权交易案例在实际操作中往往很困难,且版权产品的创作成本也很难确定,如创作者的工作能力、素质和劳动耗费等,难以找到相近的参考对象,无法估计其劳动成本、功能性贬值和经济性贬值。

(三)收益现值法的适用条件

由于版权产品具有高度的垄断性和独占性,在市场的竞争性方面多是难以满足市场比较法所要求的条件,故采用收益现值法无疑是一种可行的、比较现实的版权权益评估方法。收益现值法考虑了版权产品收益的时间价值,体现着产品层次的版权价值的未来收益,其通过估算被评估版权产品的未来预期收益,并对未来预期收益进行折现或本金化,可以有效适应不同条件下的版权产品价值评估的要求。

在收益现值法的运用过程中,需要确定三项基本条件即可实行:(1)被评估版权产品的未来收益可以预测并可用货币来衡量的。(2)收益期内的版权产品拥有者获得未来预期收益的收益率和风险可以预测。(3)被评估的版权产品的预期获利年限可以预测。因此,收益现值法的运用只需要满足版权产品的收益可以合理预测、能够选择合适的折现率及收益年限等条件。

如上文所述,收益现值法在解决相关参数估计和市场前景问题的前提下,无疑对版权权益评估方法是一种不错的选择。随着预测技术的进步和发展,收益现值法的应用条件已不是难以解决的问题,这使收益法成为评估版权权益的主要方法。

(四)版权权益评估方法的选择

在版权权益评估的实际工作中,需要分析各种评估方法的使用前提和条件。通常情况下,版权权利主体是以赢利为目的而持有、运营和管理版权产品的,不同的权利主体和不同的待评估版权产品具有不同的诉求和财务特征,因此,对版权产品所包含的版权权益进行评估的方法也是不同的。对于购买者而言,版权权益代表购买者为获得这项版权而需要付出的经济代价,同时也考虑到购买者出于对货币资金的狂热追求而可能随时变现这项版权权益,因而采用成本法或市场法评估版权权益可能会是不错的选择。但对于开发者(包括创作者和持有者)而言,从可持续经营的角度看,版权产品在开发和运用过程中会源源不断的产生收益,版权权

173

益就表现为获得未来收益的现值的总和,因此,适合采用收益法评估版权权益。结合上文对版权权益评估方法的分析比较,对版权权益评估方法的适用性也要做出相应的判断,以便为版权权益评估的应用和实践选择合适的评估方法。

上文介绍了三种我国版权权益评估的基本方法——市场比较法、成本法和收益现值法。在版权权益评估的实践中,这三种评估方法各有自身的优势和不足之处,各自也具有相应的适用条件。为充分了解不同评估方法的特点,增强版权权益评估方法的适用性和实践性,有必要对三种版权权益评估方法进行适当的比较,进而为运用和实践这三种评估方法奠定基础。

三种版权权益评估方法的比较,主要集中在评估目的、评估客体、实施原则、参数确定、数据来源、适用条件和应用难度等方面(见下表)。

表3:版权权益评估方法一览表

方法类型	市场比较法	成本法	收益现值法
评估目的	类比相同(似)资产交易价格	调整账面价值;计算评估时点研发或购买版权产品的成本	折现版权产品未来收益
评估客体	市场交易价值	历史成本、重置成本	未来收益现值
实施原则	存在于待评估版权产品相类似的版权产品	详尽的会计记录;复原或更新版权产品可行	未来现金流量可预测
参数确定	类似产品价格及调整系数	物质和人力耗费量及对价	折现率和收益期限
数据来源	广泛的市场调查研究	会计记录;市场调研	依据经验数据合理预测

续表

方法类型	市场比较法	成本法	收益现值法
适用条件	存在公平、活跃的版权产品交易市场,且参照产品的交易信息能够获取。	会计记录完备;新创造或采购的版权产品。	持有版权产品且投入运营,能够预测版权产品的未来收益及经营风险。
应用难度	可类比版权产品较难确定	难以获得账面价值和生产要素及对价	折现率的确定难度较大

经过对比三种版权权益评估方法,三种方法各有其优点和缺点。市场比较法较容易操作,只要能够搜集到真实的市场交易数据,就可以获得相对公允的版权产品价值,但市场交易信息的可比性难以保证。收益现值法体现版权产品的获利能力,能够克服成本法的缺陷,但是未来收益预测、参数估计是其薄弱点。成本法的运用中,历史成本法的实施难度较小,可以描述版权产品曾经的价格,但是具有不完整性和弱对应性,不能反映版权产品的获利能力;重置成本法避免了历史成本法的不完整性和弱对应性,体现出版权产品获得的现实价格,但与历史成本法相似,依然无法体现版权产品的获利能力,且计算外购版权产品的重置成本比较困难。此外,由于版权产品的创作过程比较独特,且很多版权产品在现实中几乎没有可以重新创作的可能性和必要性,因此,版权产品的重置成本是很难取得的。

表4：版权权益评估方法的对比[①]

评价方法		优 点	缺 点
市场比较法		简单易行；基于真实市场交易数据，能够提供准确的版权产品的公允价值。	大多数版权产品的市场交易不充分，且交易信息难以完全获得；很难保证待估版权产品和参照产品是相似可比的。
收益现值法		依据版权产品未来收益，体现其获利能力；不用考虑版权产品的历史成本，克服了历史成本缺陷；依托计算模型，逻辑分析性较强。	预期版权产品未来收益主观性较大，易造成高估；收益风险不确定，折现率的选取难度大；版权产品的"损耗"实际上是知识技术的更新替代，经济收益期较难确定。
成本法	历史成本法	易获得、可验证、操作简单；体现了版权产品原始形成过程；可确定最低的交易价格。	历史成本具有不完整性、弱对应性，不够准确；不能反映版权产品使用过程中的价值积累因素；不能体现版权产品能够产生的未来收入，即获利能力。
	重置成本法	避免了使用账面历史成本带来的不完整、弱对应；体现评估时点版权产品的获取成本。	评估时点的版权产品重置成本不能够准确体现产品的未来价值；自创或外购的版权产品，生产要素的价格资料难以取得。

综合上述，版权权益评估可以由市场比较法和收益现值法来具体实施，对于这种方法的选择可以视市场化程度的状况而定。在一个健康、活跃、公开和有序的交易市场上形成的市场价格，由于交易活动的市场信息较为完全、充分，因此，活跃市场的交易价

[①] 资料来源：卜贺、李静、金永生："无形资产评估方法述评"，载《中国科技论文在线》。

格能够有效地反映出版权产品的客观价值。通过选择类似的版权产品交易案例，可以利用市场比较法评估版权产品的价值。如果市场缺乏活跃性、不够健全或者在市场上缺乏类似版权产品交易的案例，将造成运用市场比较法评估版权价值的实务操作比较困难，这就要考虑选择收益现值法评估版权产品的价值。当版权交易市场发生交易扭曲的情况，一些重要版权产品的交易亟待规范和管理，充分的市场竞争尚不能有效展开，收益现值法就成了版权权益评估方法的现实选择。在这种情况下，版权权益评估采用收益现值法比采用前两种方法合理可行的原因在于：一方面，从原理上看，版权产品的核心价值就是能为权利人创造持续的经济收益；另一方面，一项版权产品被认可具有合理价值时，一般都有条件对版权产品在未来应用过程中产生的经济收益做较合理的预测。可以看出，运用市场比较法和收益现值法评估版权权益，是版权权益评估方法应用实践的重要内容，尽管成本法不是版权权益评估的首选方法，但可以运用其进行评估并作为版权权益评估的参考结果。

第四节　版权权益评估的应用与实践

随着版权产品生产、交易和运营规模的增长和扩张，版权权益评估对版权产品以及权利人本身的重要性日益凸显。运用版权权益评估方法计算和衡量版权产品所包含的价值，这是需要付诸于具体的应用和实践过程的。版权产品的形式多样、种类繁多，作为评估对象的版权产品，需要具备代表性、典型性、普遍性和实用性等特点,这使版权权益评估结果真正具有可操作性和现实意义。基于此,版权权益评估的应用和实践,将选取软件产品作为版权权益评估的应用实践案例。

一、版权权益评估的案例简介

(一) AAA 软件公司简介

AAA 软件公司是软件行业内的大型高科技上市企业,是国内软件行业的领航者之一。公司首批通过了全国"软件企业"认证,连续多年被评定为"国家规划布局内重点软件企业",荣获"中国软件行业(报表管理软件)领军企业奖"、"中国软件行业(集团管控软件)领军企业奖"、是行业内较早获得软件能力成熟度最高级认证(CMMI 5)的少数企业之一。在国家软件百强企业中排名连年跃升,拥有系统集成、软件开发、质量保证等众多顶级行业资质。

AAA 软件公司的用户遍布各级政府部门、直属机构和大型国有企业集团以及跨国公司等,与数十个政府部门和近 200 余家中央企业集团建立了长期合作关系。公司设计和开发的全面预算、集中核算、财务辅助办公管理系统,商业智能与决策分析系统,资产管理系统,战略绩效、风险管控、项目管理系统,经营统计和综合业务应用等系统在财政、统计、民政、交通、通信、金融、建筑、冶金、军工、航空、航天、电子、电力、能源、化工、旅游和商贸等多个领域发挥着重要作用。截至 2014 年年底,中国及亚太区有超过 150 万家企业与社会组织使用 AAA 企业的应用软件及互联网服务。其中,中国 500 强企业超过 50% 是 AAA 公司的软件客户。

(二) AAA 公司的待评估产品简介

AAA 软件公司 5 年前自主设计和开发出一款名为"腾飞"的管理软件。"腾飞"软件设计开发过程中,该公司的软件设计开发人员共耗时 5 个月时间,日平均耗费 3000 元人民币。研发期间,原材料耗费 45000 元,低值易耗品 1800 元,办公及管理费 60000 元,差旅费 35000 元,累计折旧 85000 元,装修摊销费分摊共 42000 元,房租 85000 元,财务费用 45000 元,其他费用 34000 元。预计该软件的经济寿命为 15 年。

时至今日,AAA 公司要开发这样一款性能相似的软件,日平均耗费则需要 4500 元,但是所用的开发时间可以缩短至 3.5 个月。其他的成本支出方面,原材料耗费 41000 元,低值易耗品 1500 元,办公及管理费 65000 元,差旅费 43000 元,累计折旧 79500 元,装修摊销费分摊共 37000 元,房租 98000 元,财务费用 46500 元,其他费用 38700 元。物价水平较当年上涨 30%。

在软件开发完成之后,AAA 公司首先将软件应用于自身的企业管理。在过去的 3 年时间内,"腾飞"软件在该公司的日常经济活动中大大地提高了公司的工作效率和管理效率,公司的业务量呈现大幅度增长,该款软件给公司创造了可观的经济效益。鉴于"腾飞"软件对 AAA 公司业绩增长的巨大作用,该公司决定继续采用"腾飞"软件用于管理活动。此后 5 年的年收益额预计为 186000 元、172500 元、158200 元、133000 元、111000 元。在 5 年之后,预计每年的收益额将稳定在 90000 元。

现有一客户企业鉴于"腾飞"软件的优越的管理性能,欲采购"腾飞"软件应用于本企业的日常管理活动。AAA 公司经过研究决定将"腾飞"软件授权客户企业享有 5 年使用期。5 年期满后,客户企业停止使用"腾飞"软件,否则将追究客户企业的侵权行为。"腾飞"软件被客户企业应用于管理活动,预计未来 5 年的年收益额分别为 145000 元、139000 元、132000 元、112400 元、109800 元。

在软件交易市场上,与"腾飞"软件的性能相同的其他软件并不多见,但是在市场上可以找到不少类似性能的软件。寻找类似的软件产品,主要关注目标软件的适用范围、软件的最早开发时间、软件的连续使用年限、交易日期、软件的知晓度及商誉、国内同行业对软件的评价、软件的广告宣传费和覆盖度、软件开发企业在同行业中的地位、软件的登记情况、软件版权所有人的版权保护意识等。

二、版权权益评估的应用实践

(一)市场比较法的应用实践

根据"腾飞"软件的基本情况,按照目标软件的适用范围、软件的最早开发时间、软件的连续使用年限、交易日期、软件的知晓度及商誉、国内同行业对软件的评价、软件的广告宣传费和覆盖度、软件开发企业在同行业中的地位、软件的登记情况、软件著作权所有人的版权保护意识等,选取 6 个具有参照意义的软件产品(通常选取 3—10 个参照对象),这 6 个软件的成交价格分别为 1460000 元、1550000 元、1640000 元、1520000 元、1360000 元、1390000 元。

在选好参照软件产品之后,需要依据上面提及的影响因素对参照软件产品的交易价格进行折算。对于软件产品价格的影响因素,一般选取包括软件的适用范围、开发时间、使用年限、交易日期、软件的知晓度及商誉、软件登记情况、软件著作权的保护情况在内的 7 个影响因素作为价格修正因素。

采用评分的方法,按照上述选取的 7 个价格修正因素对"腾飞"软件和参照软件 A、B、C、D、E、F 进行打分,以此计算修正系数。以适用范围修正系数为例。

经过详细的对比过程,"腾飞"软件和 6 个参照软件在适用范围方面的得分为 7、7、8、10、6、6、8,则适用范围的修正系数矩阵为:

$$\begin{bmatrix} 7 & & & & & \\ & 7 & & & & \\ & & 7 & & & \\ & & & 7 & & \\ & & & & 7 & \\ & & & & & 7 \end{bmatrix} \times \begin{bmatrix} 7 & & & & & \\ & 8 & & & & \\ & & 10 & & & \\ & & & 6 & & \\ & & & & 6 & \\ & & & & & 8 \end{bmatrix}^{-1}$$

$$= \begin{bmatrix} 1 & & & & & \\ & \frac{7}{8} & & & & \\ & & \frac{7}{10} & & & \\ & & & \frac{7}{6} & & \\ & & & & \frac{7}{6} & \\ & & & & & \frac{7}{8} \end{bmatrix}$$

$$= \begin{bmatrix} 1 & & & & & \\ & 0.875 & & & & \\ & & 0.7 & & & \\ & & & 1.167 & & \\ & & & & 1.167 & \\ & & & & & 0.875 \end{bmatrix}$$

以此类推,开发时间、使用年限、交易日期、软件的知晓度及商誉、软件登记情况、软件著作权的保护情况的修正系数矩阵也可以测算出来。

开发时间修正系数矩阵

$$= \begin{bmatrix} 0.975 & & & & & \\ & 1 & & & & \\ & & 0.855 & & & \\ & & & 1.1 & & \\ & & & & 0.95 & \\ & & & & & 1.15 \end{bmatrix}$$

使用年限修正系数矩阵

$$= \begin{bmatrix} 1.15 & & & & & \\ & 0.985 & & & & \\ & & 1.05 & & & \\ & & & 0.945 & & \\ & & & & 1.135 & \\ & & & & & 0.98 \end{bmatrix}$$

交易时间修正系数矩阵

$$= \begin{bmatrix} 0.965 & & & & & \\ & 1.135 & & & & \\ & & 0.95 & & & \\ & & & 1.25 & & \\ & & & & 0.965 & \\ & & & & & 1.16 \end{bmatrix}$$

软件知名度及商誉修正系数矩阵

$$= \begin{bmatrix} 1.145 & & & & & \\ & 1.215 & & & & \\ & & 0.895 & & & \\ & & & 0.94 & & \\ & & & & 1 & \\ & & & & & 1.18 \end{bmatrix}$$

软件登记情况修正系数矩阵

$$= \begin{bmatrix} 1.125 & & & & & \\ & 0.995 & & & & \\ & & 1.3 & & & \\ & & & 0.975 & & \\ & & & & 0.995 & \\ & & & & & 1 \end{bmatrix}$$

软件著作权保护情况修正系数矩阵

$$= \begin{bmatrix} 0.995 & & & & & \\ & 1.2 & & & & \\ & & 1.05 & & & \\ & & & 1.35 & & \\ & & & & 0.965 & \\ & & & & & 1.24 \end{bmatrix}$$

通过计算出软件适用范围、开发时间、使用年限、交易日期、软件的知晓度及商誉、软件登记情况、软件著作权的保护情况等影响因素的价格修正系数矩阵,就可以运用市场比较法中的类比法计算出"腾飞"软件的评估价格。

"腾飞"软件的评估价格

$= (1460000, 1550000, 1640000, 1520000, 1360000, 1390000)$

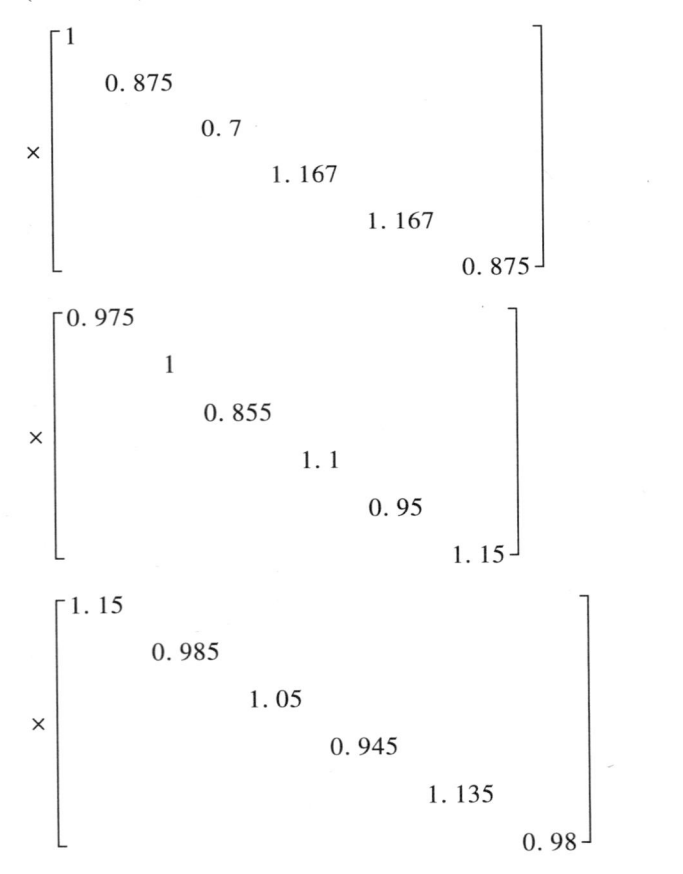

$$\times \begin{bmatrix} 1 & & & & & \\ & 0.875 & & & & \\ & & 0.7 & & & \\ & & & 1.167 & & \\ & & & & 1.167 & \\ & & & & & 0.875 \end{bmatrix}$$

$$\times \begin{bmatrix} 0.975 & & & & & \\ & 1 & & & & \\ & & 0.855 & & & \\ & & & 1.1 & & \\ & & & & 0.95 & \\ & & & & & 1.15 \end{bmatrix}$$

$$\times \begin{bmatrix} 1.15 & & & & & \\ & 0.985 & & & & \\ & & 1.05 & & & \\ & & & 0.945 & & \\ & & & & 1.135 & \\ & & & & & 0.98 \end{bmatrix}$$

第五章　产品层次的版权价值计量方式

$$\times \begin{bmatrix} 0.965 \\ & 1.135 \\ & & 0.95 \\ & & & 1.25 \\ & & & & 0.965 \\ & & & & & 1.16 \end{bmatrix}$$

$$\times \begin{bmatrix} 1.145 \\ & 1.215 \\ & & 0.895 \\ & & & 0.94 \\ & & & & 1 \\ & & & & & 1.18 \end{bmatrix}$$

$$\times \begin{bmatrix} 1.125 \\ & 0.995 \\ & & 1.3 \\ & & & 0.975 \\ & & & & 0.995 \\ & & & & & 1 \end{bmatrix}$$

$$\times \begin{bmatrix} 0.995 \\ & 1.2 \\ & & 1.05 \\ & & & 1.35 \\ & & & & 0.965 \\ & & & & & 1.24 \end{bmatrix} \times \begin{bmatrix} \dfrac{1}{6} \\ \dfrac{1}{6} \\ \dfrac{1}{6} \\ \dfrac{1}{6} \\ \dfrac{1}{6} \\ \dfrac{1}{6} \end{bmatrix}$$

$$= \frac{1}{6}[1460000 \times 1 \times 0.975 \times 1.15 \times 0.965 \times 1.145 \times 1.125$$
$$\times 0.995 + 1550000 \times 0.875 \times 1 \times 0.985 \times 1.135 \times 1.215$$
$$\times 0.995 \times 1.2 + 1640000 \times 0.7 \times 0.855 \times 1.05 \times 0.95$$
$$\times 0.895 \times 1.3 \times 1.05 + 1520000 \times 1.167 \times 1.1 \times 0.945$$
$$\times 1.25 \times 0.94 \times 0.975 \times 1.35 + 1360000 \times 1.167 \times 0.95$$
$$\times 1.135 \times 0.965 \times 1 \times 0.995 \times 0.965 + 1390000 \times 0.875$$
$$\times 1.15 \times 0.98 \times 1.16 \times 1.18 \times 1 \times 1.24]$$
$$= \frac{1}{6}[2024714.136 + 2199644.251 + 1196125.072$$
$$+ 2851774.547 + 1585648.564 + 2326528.896]$$
$$= 2030739.244$$

因此，运用市场比较法计算的"腾飞"软件的评估价为2030739.244元。

（二）成本法的应用实践

运用成本法评估"腾飞"软件价格，按照上述介绍的算法，主要分为重置成本法和历史成本法两种方法。重置成本法又分为复原成本法和更新成本法。因此，将主要运用复原成本法、更新成本法和历史成本法评估"腾飞"软件的价格。

在"腾飞"软件的设计开发过程中，所耗费的基本费用如下：

5年前，AAA公司的软件设计开发人员共耗时5个月时间，日平均耗费3000元人民币。研发期间，原材料耗费45000元，低值易耗品1800元，办公及管理费60000元，差旅费35000元，累计折旧85000元，装修摊销费分摊共42000元，房租85000元，财务费用45000元，其他费用34000元。预计该软件的经济寿命为15年。

现时期，AAA 公司要开发这样一款性能相似的软件，日平均耗费则需要 4500 元，但是所用的开发时间可以缩短至 3.5 个月。其他的成本支出方面，原材料耗费 41000 元，低值易耗品 1500 元，办公及管理费 65000 元，差旅费 43000 元，累计折旧 79500 元，装修摊销费分摊共 37000 元，房租 98000 元，财务费用 46500 元，其他费用 38700 元。物价水平较当年上涨 30%。

1. 历史成本法的评估价格

"腾飞"软件的历史成本

= 人工耗费 + 原材料耗费 + 低值品 + 办公及管理费 + 差旅费

  + 累计折旧 + 装修摊销费分摊 + 房租 + 财务费用 + 其他费用

= 3000 × 150 + 45000 + 1800 + 60000 + 35000 + 85000

  + 42000 + 85000 + 45000 + 34000

= 882800(元)

"腾飞"软件的重置成本 = 历史成本 × 物价指数

= 882800 × 1.3 = 1147640(元)

"腾飞"软件的成新率 = 剩余使用期限／全部使用期限

= 10/15 = 66.67%

"腾飞"软件的净值 = 重置成本 × 成新率

= 1147640 × 66.67% = 765131.59(元)

2. 重置成本法的评估价格

（1）复原成本法的评估价格

"腾飞"软件的重置成本

= 人工耗费 + 原材料耗费 + 低值品 + 办公及管理费 + 差旅费

  + 累计折旧 + 装修摊销费分摊 + 房租 + 财务费用 + 其他费用

= 4500 × 150 + 45000 + 1800 + 60000 + 35000 + 85000

　　　　+ 42000 + 85000 + 45000 + 34000

= 1107800(元)

　"腾飞"软件的净值

= 重置成本 × 成新率 = 1107800 × 66.67% = 738570.26(元)

　（2）更新成本法的评估价格

　"腾飞"软件的重置成本

= 人工耗费 + 原材料耗费 + 低值品 + 办公及管理费 + 差旅费

　　+ 累计折旧 + 装修摊销费分摊 + 房租 + 财务费用 + 其他费用

= 4500 × 105 + 45000 + 1800 + 60000 + 35000 + 85000

　　+ 42000 + 85000 + 45000 + 34000

= 905300(元)

　"腾飞"软件的净值

= 重置成本 × 成新率 = 905300 × 66.67% = 603563.51(元)

　　因此,运用历史成本法、复原成本法和更新成本法计算的"腾飞"软件价格分别为1147640元、1107800元和905300元。这说明,随着软件开发技术的进步和创新,软件的价格会逐步下降。此外,"腾飞"软件的净值分别为765131.59元、738570.26元和603563.51元。

　　（三）收益法的应用实践

　　收益法评估"腾飞"软件的价格,是将"腾飞"软件的未来收益通过折现率还原成现值,再将这些现值求和而得到的。

　　"腾飞"软件的收益期限需要视具体情况而定。"腾飞"软件对AAA企业的收益期限为15年,对客户企业的收益期限为5年。

　　"腾飞"软件收益的折现率由上文提及的无风险利率和风险报

酬率构成。无风险利率采用当年的国债利率 5.3%。风险报酬率一般为 3%—5%,按照近年来的平均水平,风险报酬率取 4.7%。由此确定,"腾飞"软件的折现率为 10%。

"腾飞"软件所产生的收益数据如下。首先,对 AAA 公司而言,此后 5 年的年收益额预计为 186000 元、172500 元、158200 元、133000 元、111000 元。在 5 年之后,预计每年的收益额将稳定在 90000 元。其次,对客户企业而言,"腾飞"软件被授权使用 5 年。"腾飞"软件被该企业应用后产生的年收益额分别为 145000 元、139000 元、132000 元、112400 元、109800 元。

1. AAA 公司的"腾飞"软件收益现值:

$$P = \sum_{i=1}^{n} \frac{B_i}{(1+r_0)^i} + \frac{A}{r_1} \times \frac{1}{(1+r_0)^n}$$

$$= \frac{186000}{1+10\%} + \frac{172500}{(1+10\%)^2} + \frac{158200}{(1+10\%)^3}$$

$$+ \frac{133000}{(1+10\%)^4} + \frac{111000}{(1+10\%)^5} + \frac{90000}{10\%} \times \frac{1}{(1+10\%)^5}$$

$$= 169090.909 + 142561.983 + 118858.004 + 90840.790$$

$$+ 68922.267 + 558829.191$$

$$= 1149103.144$$

2. 客户公司的"腾飞"软件收益现值:

$$P = \sum_{i=1}^{n} \frac{B_i}{(1+r_0)^i}$$

$$= \frac{145000}{1+10\%} + \frac{139000}{(1+10\%)^2} + \frac{132000}{(1+10\%)^3}$$

$$+ \frac{112400}{(1+10\%)^4} + \frac{109800}{(1+10\%)^5}$$

= 131818.182 + 114976.033 + 99173.553

+ 76770.712 + 68177.161

= 490915.641

"腾飞"软件的评估价格 = 1149103.144 + 490915.641

= 1640018.785(元)

因此,运用收益现值法计算的"腾飞"软件的评估价为1640018.785元。

第六章 企业层次的版权价值

第一节 版权相关企业

一、版权相关企业的定义

版权相关企业,是一个衍生性的、需要进一步规范严谨的概念,其具有什么样的内涵以及具有哪些类别和特征,是版权相关企业这一概念迫切需要阐明的问题。经查阅众多的国内外研究成果,尚没有发现关于版权相关企业的、有针对性的研究和论述,那么,版权相关企业究竟是指哪些企业呢?顾名思义,版权相关企业必然是与版权有着千丝万缕的联系,但是这些企业并非特指从事版权相关业务的企业,而是从事依赖版权产品而得以生存和发展的企业,这些企业主要集中在文化、艺术和科技领域,强调文化属性、艺术品位和科学技术的鲜明特征。

基于版权相关企业的业务性质,从事依赖版权产品而得以生存和发展的企业,都可以视为是版权相关企业的范畴。这类企业不同于其他以物质产品为生产对象的企业,版权相关企业主要是生产依靠物质载体而存在的精神产品的企业,这使版权相关企业具有不少其他的称谓,如文化企业、创意企业、演艺企业、软件企业等等。

就内涵而言,版权相关企业无疑表现出明显的双重属性,即对版权的依赖性和对利益的依赖性。从对版权的依赖性角度看,版权相关企业是以文化、艺术、科技等无形资源为生产要素,提供相应的版权产品和服务,并通过开发和运用这些产品及服务的版权而创造财富和就业机会的企业。从对利益的依赖性角度看,版权相关企业是生产、制造、销售版权产品并以获得收益和赚取利润为目的的企业,具有鲜明的经营性质与盈利特征。这种双重属性在一定程度上反映出版权相关企业的投入要素和经营目的。

结合上文对版权相关企业的分析和探讨,版权相关企业在生产和经营过程中持续关注和追踪市场需求,积极发掘创作者及合作者的创新创造潜力,合理有效地整合、协调、配置文化、艺术和科技等要素,通过对智力成果的版权权利的开发和运用而获得经济利益,这是版权相关企业的基本要义。正因为版权相关企业具有对版权依赖性的属性,其生产经营活动也必然是通过对版权的开发和运营而最终得以实现的。因此,可以将版权视为是与文化、创意、科技相类似的要素范畴,成为版权相关企业的投入要素之一。所以,版权相关企业是以文化、艺术、科学技术、版权等无形资源为投入要素,以满足市场需要而进行创造、生产、流通、销售版权产品及服务,并由此获取经济利益的组织。"满足市场需要"是强调以追求经济利益的市场活动为导向,与非营利机构存在明显的区别。"创造、生产、流通、销售"反映版权相关企业的日常经营活动,而"创造"则意味着创新产品、创新服务和创新业态,表明版权相关企业的知识密集型、技术密集型等特征。

二、版权相关企业的类型

由于版权相关企业是一个衍生性、待于界定的宽泛性概念,至今尚没有一个完善、统一的分类标准,这主要源于对版权相关企业的界定和分类具有一定程度的复杂性和模糊性。然而,出于开展研究的考虑,需要对版权相关企业划分出若干类别,但这种分类在本质上并不存在"规范"和"非规范"、"科学"和"非科学"的区别,仅仅是出于满足研究的需要而已。经归纳总结并参考相关行业分类标准,版权相关企业将从运作方式、文化要素、版权关系三个角度上划分出不同的类别。

首先,从运营方式角度看,无论版权相关企业从事何种业务的开发和运作,其生产经营过程都是通过将各种内容符号进行标准化、流程化的创作、制作、传播和销售,最终形成多种多样的版权产品。在这种运作模式中,版权相关企业主要分为原创类版权相关企业、运作类版权相关企业、延伸类版权相关企业。原创类版权相关企业所创造的产品不是对产品的充实和提升,也不是对产品的完善和修改,即不属于改编、翻译、注释、整理他人已有产品的创作,而是原始的、独创的、最初的、新颖的产品,包括新闻、出版、录像录音、电影、音乐、广播电视等。这类企业的产品是创造者的创造性劳动的凝结和集成,是促进社会文化进步的最具创意性的创造性劳动成果。运作类版权相关企业包括计算机软件、复制印刷、网络游戏和视频、广告视觉艺术、博物馆、图书馆、展览馆、艺术表演等企业,这类企业相对原创类版权相关企业而言,运营过程多是与高新技术紧密联系的,创作的难度和复杂程度也较高,由此带来的经济利益和回报也更大。延伸类版权相关企业包括服装纺织、家庭用品、建筑、工程、玩具游戏用品、装修设计等企业,这类企业属于直接或间接地参与版权产品的创作、制造、生产、广播和发行的各个行业,是原创类文化企业的延伸和扩展,本身和创作的关联度较弱,但却是新形式的版权相关企业。

其次,从文化要素角度看,版权相关企业也是生产、经营、销售文化产品和服务的企业,因此,可以根据文化业态的差异划分出不同类别的版权相关产业,这需要借鉴我国文化产业的分类标准。2004年,参照《国民经济行业分类》(GB/T4754—2002),我国有针对性地制定《文化及相关产业分类》,并将其作为国家统计标准进行颁布实施。该分类方法将文化产业分为"核心层"、"外围层"、"相关层",其中,核心层包括新闻服务、出版发行和版权服务、广播、电视、电影服务、文化艺术服务;外围层包括网络文化服务、文化休闲娱乐服务、其他文化服务;相关层包括文化用品、设备及相关文化产品的生产,文化、设备及相关文化产品的销售。在2004年制定分类标准时,是为反映文化建设和文化体制改革的成果而提出文化产业的核心层、外围层和相关层的分类方法,但目前我国的文化业态不断融合,文化新业态不断涌现,许多文化创造活动很难区分是核心层还是外围层。因此,在《文化及相关产业分类(2012)》修订中,不再对文化产业保留三个层次的划分,从内涵和外延上将其分为"文化产品的生产"和"文化相关产品的生产"两部分。根据文化创造活动的自身特点,上述的两大部分又可以分为10个大类,即新闻出版发行服务、广播电视电影服务、文化艺术服务、文化创意和设计服务、文化信息传输服务、文化休闲娱乐服务、工艺美术品的生产、文化产品生产的辅助生产、文化用品的生产、文化专用设备的生产等。当前,版权相关企业的分类可以参照《文化及相关产业分类(2012)》,即版权相关企业可以分为新闻出版发行企业、广播电视电影企业、文化艺术企业、文化创意和设计企业、文化信息传输企业、文化休闲娱乐企业、工艺美术品的生产企业、文化产品生产的辅助生产企业、文化用品的生产企业、文化专用设备的生产企业。

再次,从版权关系的角度看,版权要素在不同产业的生产经营活动中所发挥的作用是不同的。依据这一指标,世界知识产权组织将版权产业划分为四大基本产业类别,包括核心版权产业、相互依存的版权产业、部分版权产业、非专用支持产业。其中,核心版权产业是完全从事创作、制作、制造、表演、广播、传播、展览或发行与销售作品或其他受版权保护客体的产业,包括新闻和文学作品;音乐、戏剧作品、歌剧;电影和影带(视频);广播和电视;摄影;软件和数据库;视觉和绘画艺术;广告;版权集体管理协会等。相互依存版权产业是指那些从事制作、制造和销售其功能完全或主要是为版权作品及其他受版权保护客体的创作、制作和使用提供便利的设备的产业,相互依存版权产业被划分为两组,第一组产品是与核心版权产业的产品同时消费的,这包括:电视机、收音机、录像机、CD机、计算机及有关设备、乐器等,第二组的产品主要不是履行版权作品的职能,而是通过辅助设备促进版权作品的使用,这包括:照相和电影器材、复印机、空白录音介质、纸张等。部分版权产业是指那些部分活动与版权作品或其他受版权保护客体相关的产业,这些活动包括创作、制作、制造、表演、广播、传播以及展览或者发行与销售,包括服装、纺织品和制鞋;珠宝和硬币;其他手工艺品;家具;家庭用品、陶瓷和玻璃;墙纸和地毯;玩具和游艺用品;建筑、工程、调查;内部装修设计;博物馆等。非专用支持产业是指那些部分活动与促进版权作品及其他版权保护客体的广播、传播发行或销售相关,且这些活动尚未被纳入核心版权产业的产业,包括综合批发和零售产业;综合运输产业;电话和互联网产业。

由于世界知识产权组织是按照与版权关系的紧密程度划分版权产业类别的,这与按版权关系划分版权相关企业的标准是高度吻合的,因此,可以将版权相关企业按照版权关系划分为核心的版权相关企业、相互依存的版权相关企业、部分版权相关企业和非专用的版权相关企业,这些企业的生产和经营内容就是上述对应的版权相关产业的内容。由于这种分类方法是按照版权要素在企业生产经营活动中所发挥的作用进行划分的,即按照版权关系进行分类的,这与版权相关企业本身的涵义是相互对应的。因此,依据版权关系划分版权相关企业的方法,是对版权相关企业较为适宜的分类方法。

三、版权相关企业的特征

(一)具有鲜明的文化特色

版权相关企业具有鲜明的文化特色,是版权相关企业区别于一般工商企业的重要特征。所谓版权相关企业的文化特色,就是把社会效益放在首位、实现社会效益和经济效益相统一。由于版权相关企业重视版权产品的非物质性特征,其提供的不只是物质产品,而是把知识、智力、精神、艺术、科技、信息的活动及其成果借助一定的物质载体,变成可供消费、享受、使用的商品,以满足使用者的精神文化生活需要。这些产品的价值并不在于外在的使用价值,更在于内在的精神价值。版权产品的消费和使用表现为使用者的精神需求得到满足,而版权相关企业的社会效益就在于其所提供的产品的内在精神价值。版权产品在满足使用者精神需求的同时,还可以直接输送、传播、表达某种思想意识和道德倾向,通常需要符合使用者对外界事物的通俗的价值尺度,因此具有教育、引导、陶冶、说服的作用,这是版权相关企业表现出的社会效益性。然而,版权相关企业作为市场主体,在追求思想性、艺术性、教育性等社会效益的前提下,其生产经营活动也要获得经济利益和回报,还要追求丰厚的经济效益,否则其生产经营活动将难以为继。因此,版权相关企业具有鲜明的文化特色,必须将社会效益放在首位,寻求社会效益和经济效益的最佳结合点,达到社会效益的最优化前提下的经济效益的最大化目的,从而实现社会效益和经济效益的统一。

(二)具有突出的创新能力

版权相关企业相对于一般企业而言,更加强调创新能力的重要性,这也是版权相关企业的核心竞争力的重要体现。版权相关企业的创新是一种系统性、综合性且符合企业自身实际的创新,首要环节就是核心产品的内容创新。产品内容的创新能力是版权相关企业持续发展的源泉和不竭动力。基于所处行业的差异和特色,版权相关企业的行业竞争主要是内容创新能力的竞争。版权相关企业以文化、创意、科技为基础,从事版权产品及服务的研究、开发、生产和销售活动,依靠的就是企业及职工的创新能力。版权产品的创作者创造出具有独创性产品的过程,就是借助于企业内部的工作环境、优势资源、组织机构、管理体系,充分发挥创作者的思维想象、实践探索和研究创造能力的过程。因此,版权相关企业的创新能力是企业内部所特有的、依托各种组织要素且可以支撑企业长期持续发展的综合能力。这种综合能力最终形成版权相关企业的核心竞争力,它是版权相关企业的各种内在能力的有机结合。

(三)具有高度的产业融合性

不同类型的版权相关企业具有高度的产业融合性,无论是经营何种业务的企业都会不同程度地融入、渗透其他企业的业务内容,从而反映出不同企业的业务形式和经营策略的融合性。特别是在知识经济条件下,经营新兴业务的版权相关企业与经营传统业务的版权相关企业就是相互融合渗透的,信息网络技术催生的新型版权相关企业会以旺盛的生命力渗透到传统的版权相关企业的业务体系,具有跨部门、跨行业、跨领域合作的特征。如数字音乐公司,除策划音乐创作、上线运营之外,需要制作企业刻录光盘,还需要立足网络在线点播和下载、音乐光盘的销售,寻求与广告公司合作进行宣传推广活动,或由设计公司进行光盘的封面包装或宣传海报设计,甚至通过演艺经纪公司举办演唱会、音乐会加大宣传力度。版权相关企业作为一个市场主体,也需要不断地与外界进行人才、思想、资金、管理交流等。不同类型的版权相关企业,彼此之间可能存在相互替代、排斥的关系,但合作共生是主要的发展方向,尤其是在数字网络环境下,版权相关企业的业务内容与应用的融合性将会不断得到强化和巩固。

(四)依赖软资源的开发运用

版权相关企业通过整合和利用各种软资源进而生产出各种版

权产品。软资源是相对于硬资源而言的,是指对生产经营过程产生直接或间接影响的一切非物质形态的稀缺性经济要素的总和,版权相关企业侧重依赖的软资源是文化、创意、艺术技巧、科技等。版权产品种类异彩纷呈,但又存在共同特性,它们都是与文化、创意、艺术技巧、科技相互融合、集成创新的产物,即以文化、创意、艺术技巧、科技为核心,运用专业技术和工艺创造出来的具有独创性的产品。如出版物、影视剧、音乐制品、视觉艺术等都是版权产品,都是将创作、制作过程与软资源相结合的结果。尤其是随着数字技术的快速发展,运用数字技术对软资源进行设计和制作,产生影视特效、立体动画、网络游戏、广告设计、多媒体、线上教育等新形态的产品。版权相关企业就是依赖这些软资源将单个版权产品进行系统化、产业化地开发和利用的组织,并通过市场化的经营方式实现其价值。因此,版权相关企业的实物资产占总资产的比例处于较低的水平,其大部分资产来源于企业拥有的软资源所创造的版权资产。

第二节 版权相关企业的价值创造

一、版权相关企业创造价值的价值链结构

(一) 价值链结构

"价值链"这一概念在上文已经有所提及,其主要来源于企业战略管理理论。1985年,哈佛大学教授迈克尔·波特在其所著的

《竞争优势》中首次提出"价值链"的概念，他指出，任何企业都是在进行设计、生产、营销、发货以及对产品起辅助作用的各种活动，这些在物质上和技术上分工明确的活动就是价值活动，企业将创造价值的过程整合成一系列各不相同而又相互关联的集合体，形成顺次继起、首尾相连的链条，这就是价值链。

价值链是一切创造价值的活动的集合，这些活动又可以分为价值链的基本活动和价值链的辅助活动。基本活动是与商品实体的生产、加工、周转相关的活动，包括内部后勤、生产经营、外部后勤、市场营销、服务等基本活动。辅助活动是支持或服务于基本活动的活动，包括采购、技术开发、人力资源管理和企业基础设施等活动。由于这些活动是相互联系的，最终形成了一个价值创造的动态结构，这个动态结构就是"价值链"的结构。

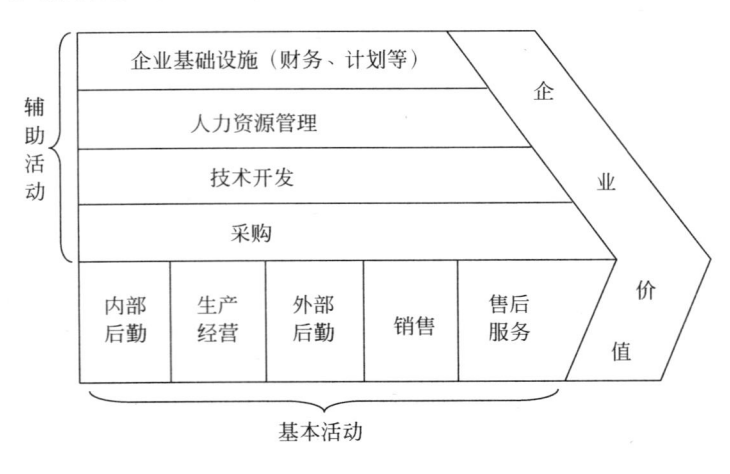

图3：价值链结构

价值链的基本活动是指企业由投入材料、生产制作到获得产品，通过市场销售产生价值并包含售后服务的过程，具体如下：

(1) 内部后勤:与接收、储存、散发、分配、管理相关联的各个环节。包括原材料入库、原材料存货管理、运输安排调度等。

(2) 生产经营:将原材料转化为最终成品的过程。包括机器加工、组配、检验样品、包装、设备养护等。

(3) 外部后勤:与收集、贮存、散发成品给买主相关联的各项活动。包括原材料搬运、客户订单处理、送货车辆调度、产品存货管理等。

(4) 销售:提供客户可以买到产品的方法,并引导客户采购产品。包括产品定价、广告宣传、市场营销和推广、销售渠道等。

(5) 服务:向客户提供能增加或保持产品价值有关的各种服务。包括安装、培训、配件供应、修理和保养等。

辅助活动主要是支持基本活动的活动,主要包括:

(1) 采购:购买用于价值链的各项投入要素的活动。如采购原材料、半成品、机器设备等。

(2) 技术开发:改善产品技术和工艺的各个过程。不只局限于研发环节,还有改进及改良过程,用以提高最终产品的生产效率及价值。

(3) 人力资源管理:对企业全部工作人员的招聘、雇佣、培训、考核、激励等各种活动。人力资源管理可以带来企业发展的长期潜在优势,是支持价值链各个环节有序运行的保障。

(4) 基础设施建设:企业内部的各个职能部门的建设。包括常规管理、财务、行政计划、法律咨询、公共事务管理、质量保证等。基础设施与一般的固定资产等设施不同,是指企业的一般管理活动。

波特的价值链理论通常研究的是一种传统意义上的价值链,

其所涉及的各个环节的企业价值活动主要侧重于传统的制造型企业,因此,波特所研究的价值链被称为传统价值链。波特价值链的核心思想就是:企业的生产经营目标是创造高于投入成本的价值量,应当按照成本最小化或收益最大化的方法来配置有限的经济资源,进而为企业带来超常利润和竞争优势。通过对波特价值链的分析,可以系统地理解企业的价值形成过程和理顺企业的价值创造机理,对企业的价值创造活动进行合理安排以形成企业的竞争优势。企业的竞争优势和价值创造活动之间存在着一种密切的关系,即企业的行业地位和企业的盈利能力之间的关系,价值链分析方法为研究企业的竞争优势奠定了基础。

(二)版权相关企业的价值链

波特的价值链模型将企业从原材料采购到产品销售及售后服务的整个生产经营过程分解为一系列的价值创造活动,其主要适用于传统的制造型企业。由于版权相关企业是以文化、艺术和科技为投入要素而生产精神文化产品的企业,其生产经营活动与传统的制造型企业必然存在显著的区别。因此,有必要针对版权相关企业的具体生产经营情况设计适合版权相关企业的价值链模型。

版权相关企业的生产经营活动要求在传统价值链模型中加入新形式的价值活动或将价值活动引导至新形式的价值链模型中,最终使企业的价值链得到延伸和扩展。版权相关企业要在已有价值活动的基础上,向传统的价值链两端进行跨业务的延伸和扩展,在价值链延伸和扩展的过程中努力寻求企业自身的新业务和增长点,促进企业更多地创造价值。基于版权相关企业具有文化性、艺术性、科技性、知识性的特征,在延伸和拓展传统价值链的基础上,版权相关企业将文化、创意、艺术、科技要素进行规模化、产业化的运作和配置,将抽象的版权资源直接或间接地转换成富有经济价值的版权产品,进而使这些要素能够产生客观的经济效益,这是版权相关企业的价值链的基本功能。

版权相关企业相对于传统企业而言,需要将更多的相关因素纳入到价值链之中,当然,这些因素必然会有主要因素和次要因素的区别。版权相关企业价值链的构建就是将这些主要因素和次要因素有区别地纳入到价值创造过程。按照传统企业价值链的结构,版权相关企业的价值链也分为基本活动和辅助活动两个方面,这条价值链包含从文化创意的生成到版权产品销售及用户反馈在内的价值创造的基本活动,同时包含与之联系紧密的、保证版权相关企业顺利实现从要素投入到产品成型及销售的辅助活动。

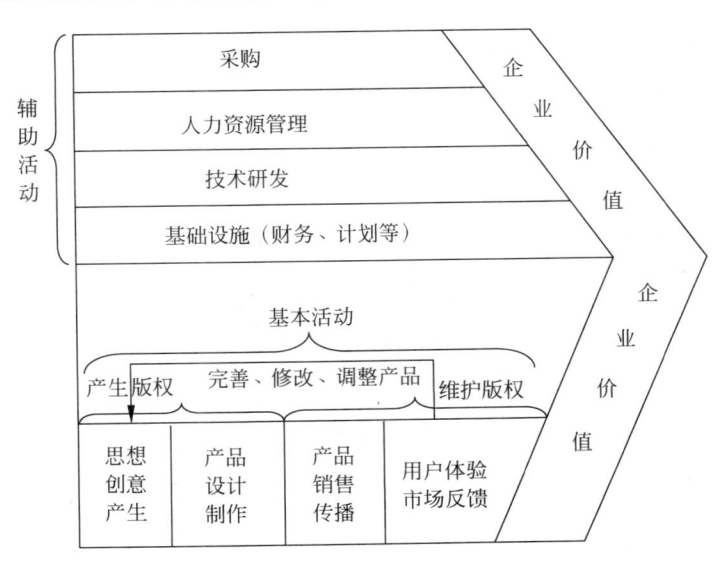

图4:版权相关企业的价值链

如图所示,版权相关企业价值链的基本活动包括产品的思想创意形成、产品的设计、生产、制作,产品的销售、推广、传播,用户体验和市场反馈等活动,前两个环节是产生版权的环节,后两个环节是需要维护版权的环节。版权相关企业价值链的辅助活动大多是对生产制作版权产品发挥支撑作用的活动,包括采购、人力资源管理、技术研发、基础设施(财务、计划等)。这些互不相同但又相互关联的生产经营活动,构成版权相关企业价值创造过程的各个环节。价值链上的价值创造活动伴随着物流、资金流、信息流而不断地进行版权产品的生产和再生产,各个环节之间时刻发生着文化、创意、科技、资本和信息等方面的转换关系,这就是一个版权价值的创造和增值过程。价值创造活动在价值链结构中是无处不在的,上下游的不同环节之间存在着价值创造活动,在同一环节上也可能存在着不同形式的价值创造活动。因此,版权相关企业的价值链就是由不同环节的价值创造活动和同一环节的不同形式的价值创造活动共同支撑运行的。

二、版权相关企业价值链的基本创造活动

结合版权相关企业的价值链模型,版权相关企业价值链的基本创造活动包含四个主要环节,分别为思想创意产生、产品设计制作、销售推广传播、用户体验和市场反馈。

(一)产品的思想创意

思想创意的产生是版权相关企业进行价值创造活动的开端,是创作者从各种文化资源、素材、信息中产生创作想法、构思的环

节。版权相关企业生产和制作的满足精神文化需求的产品,其是否具有市场竞争力,关键取决于产品中蕴含的思想创意。思想创意在不同的产品中又有不同的表现,如出版物的思想创意在于作家的写作构思,影视剧的思想创意在于剧作家的剧情编排,动漫游戏的思想创意在于开发者的情境设计等,这些思想创意也决定了版权产品的品质和消费者的市场认可程度。富有特色、形式多样、内容各异的版权产品,必然体现出专业化、个性化和差异化的特征,其消费需求是需要通过思想创意去刺激和引导的,版权相关企业要在消费市场立于不败之地,需要在思想创意方面准确把握市场趋势和偏好,持续寻找、物色、筛选、挖掘富有开发潜力的思想创意。一个优秀的、杰出的、卓越的思想创意,可以转化为提升消费品位、引导消费潮流的紧俏产品,刺激消费者的消费潜力和欲望,进而为版权相关企业创造新的业务增长点和市场空间,塑造企业所具有的、独特的竞争优势。

(二) 产品的设计制作

版权产品的设计制作环节是版权相关企业的价值链的第二个环节,是按照设计方案和制作流程将思想创意转化为版权产品的过程。

首先,版权产品的设计是以市场需求为出发点,针对创作主题、功能属性、消费人群、外观形象等方面进行设计的。在创作主题方面,需要明确版权产品所要表达的中心思想,通过搜集、集中、筛选、取舍、提炼需要进入产品的素材,尽可能采用具有代表性、弘扬主旋律、体现核心价值观的创作主题。在功能属性方面,版权产品能够满足哪些精神文化需要,具有什么样的使用价值,这是产品设计所需要考虑的重要问题,也是版权产品能够具有市场生命力的基础。根据不同形式的版权产品,可以赋予其不同的功能属性,如学习功能、教育功能、审美功能、娱乐功能等。在消费人群方面,立足目标人群的年龄、性别、收入档次、文化程度、消费倾向、兴趣偏好、购物模式等,认真分析和把握消费者的心理、行为特征及差异,对版权产品进行有针对性的设计。在外观形象方面,对版权产品的形状、图案、颜色、包装进行设计,使其具有某种单一要素或者是多种要素结合而富有的美感,产生源于产品外观形象的视觉冲击和刺激,进而增强版权产品的吸引力。

其次,在完成初期的设计工作之后,就需要运用各种制作工艺、方法、技术,将依据思想创意而形成的设计方案转化为版权产品。不同类型的版权产品,将采取不同的制作工艺、方法和技术,如文字类产品需要进行组稿、编辑、印刷、装订、出版发行,图片类产品需要进行拍摄、修饰,影视类产品需要进行录制、剪辑、拷贝、刻录等。需要强调的是,在数字网络技术获得蓬勃发展的条件下,版权相关企业运用现代的印刷复制技术、数码摄制技术、远程通讯和传输技术、多媒体技术等手段,将文化创意及其设计方案快速、便捷、顺利地转变为具体的版权产品,能够大大地提高版权产品的生产制作速度和效率。与此同时,随着数字网络技术得到大规模、批量化的应用和普及,这使数字产品成为常规化、新形态的版权产品,也为新业态的创造和发展奠定了重要的基础。

(三)产品的销售传播

版权产品的销售传播推广是版权相关企业的价值链的第三个环节。版权产品的销售传播推广是与产品的思想创意和设计制作紧密相连的，是将由思想创意和产品设计制作所产生的版权产品推向消费市场的过程。版权产品与一般的物质类型的产品是不同的，版权产品能够给消费者带来精神上的享受和满足感。换句话说，如何让消费者感受到版权产品所具有的独特的使用价值及由此所产生的体验效果，这是非常重要的。因此，就要选择适合版权产品的销售方式和传播渠道。版权产品一般是通过特定的销售场所进行销售的，如图书是通过实体书店销售的，电影是通过影院放映进行销售的，演艺作品是通过剧院演出进行销售等。随着信息网络技术的发展，版权产品的销售和传播方式也发生巨大的变化，由"线下的实体场所"逐渐转移至"线上的虚拟场所"，如全球最大的中文网上书店"当当网"，就是通过电子商务的方式销售其丰富的图书资源，销售模式较之实体书店更为迅速、便捷，已成为国内众多读者购书的重要选择。除通过互联网销售实体形态的版权产品之外，还有形式繁多的电子类版权产品，例如电子书、数字音乐、摄影图片、网络电影等，可以通过互联网、通信网等渠道及电脑、手机、数字电视等终端向消费者提供文字、视频、信息和娱乐服务。

（四）产品的用户体验和市场反馈

用户体验和市场反馈是版权相关企业的价值链的末端环节。用户对版权产品的体验过程，就是在消费享受的基础上产生共鸣、认同和被感染的过程。通常情况下，版权产品会给用户带来三种基本的体验，即视听感官体验、交流互动体验、心理情感体验。视听感官体验是版权产品给用户带来的视觉、听觉上的体验，强调舒适性原则，主要是由文字、声音、图案、色彩、影像等产品引起的体验。交流互动体验是版权产品给用户带来的使用、交流过程中的体验,强调双向的互动特性,这主要是产生于浏览、点击、输入、输出等过程给用户产生的体验。心理情感体验是版权作品给用户心理带来的体验,让用户能够释放、抒发自己的内在情感,强调用户心理的认可度,使用户对版权产品产生一种高度的情感认可效应。

在用户消费体验版权产品之后,市场反馈也是非常重要的一环。对版权相关企业而言,通过对用户消费需求的调查研究,尽可能地搜集、整理、归纳、分析、总结用户需求信息,将掌握的需求信息迅速向企业价值链的上游环节传递反馈,促进版权相关企业对思想创意、产品设计、制作生产工艺、销售模式进行改进和调整,使版权产品在改进完善过程中不断提高市场适应性和用户满意度,满足不同用户群体的多元化、多层次、多方面的消费需求,进而为版权相关企业带来更多的经济收益和回报。

三、版权相关企业价值链的辅助创造活动

版权相关企业的价值链的辅助创造活动主要由人力资源管理、技术开发、采购、基础设施四种活动构成。

(一)采购

采购是版权相关企业对生产经营活动所需要的投入要素进行购入的过程。由于版权相关企业是主要生产精神文化产品为主的企业实体,与一般的生产企业是大不相同的,并不需要在生产经营过程中大量购入物质形态的原材料、初级制成品、半成品等要素。版权相关企业的采购更多地是一种深层次的文化创意采购活动,即主要集中于对无形要素的采购,如采购版权、技术、软件、商业秘

密等。在注重采购无形要素之外,版权相关企业也要采购一定的办公用品和生产设备,以保障版权产品生产和经营活动的需要。总的来说,版权相关企业对无形要素采购活动的依赖性是相对较高的。

(二) 人力资源管理

人力资源管理是指版权相关企业通过招聘、选择、培训、开发、报酬、奖惩等管理形式对企业内部的人力资源进行有效开发和运用,以保障企业的基本创造活动得以有序进行的活动。版权相关企业是严重依赖个人创意、技巧及才华的企业,也是与文化、艺术、知识、信息和科技高度相关的企业,其基本创造活动所涉及的每一个环节(思想创意产生、产品设计制作、产品销售传播、市场反馈)与工作人员的头脑和心智能力是密不可分的。

通常情况下,版权相关企业的人力资源包括决策管理人员、设计制作人员、市场销售人员和后勤保障人员等。决策管理人员要具有较强的管理能力和丰富的管理经验,能够敏锐觉察和跟踪版权产品市场发展的趋势和动态,在宏观上有效把握版权产品开发经营的大方向。设计制作人员要全程参与产品设计、市场调研、组织制作、投入市场等活动,这些人员应当是集策划、设计、编辑、制作于一体的复合型人才。市场销售人员不仅要在市场上把版权产品销售出去,向不同的消费人群推广产品,还要将掌握的市场信息及时反馈给企业,使策划和设计产品的工作人员能够进行有效的参考和借鉴,增加产品的市场适应性和认可度。后勤保障人员是配合、协调、帮助企业的工作人员顺利、及时完成工作任务的人员,主要负责维持保障版权相关企业生产经营活动的正常运转。

围绕企业的人力资源管理,版权相关企业要建立良好的选人用人机制,及时将不同领域的优秀人才选拔到相应的岗位,尽可能地使每个职工都能在自己的岗位充分发挥才智、本领和技能,其次,企业要建立一套行之有效的激励机制,将岗位绩效和工资、待遇挂钩,奖勤罚懒、奖优罚劣,使职工的劳动付出能够获得相匹配的回报。最后,企业要建立一套常态化的继续教育培训制度,以适应市场竞争和个人发展的需要,为职工提供培训和继续教育的机会,及时更新职工的知识结构和储备。

(三)技术开发

技术开发是版权相关企业围绕版权产品的设计、生产制作和销售而开发的技术诀窍、生产工艺的过程,用以提高最终产品的生产效率及价值。首先,在产品的设计阶段,将具有抽象形态的思想创意转化为能够视听、感受、使用的版权产品,需要通过开发和引入新的技术,如智能文本编辑校对技术、修饰技术、制图技术、造型技术等,结合消费对象、市场前景、应用场景和使用习惯的具体情况,对版权产品的外观、结构、功能、样式进行较为完善的设计。其次,在产品的生产制作阶段,新技术的开发和运用可以提高版权产品的生产效率,降低生产成本,如数字出版技术、云计算技术、数码摄制技术、3D打印技术等,能够将文化创意及其设计方案快速、便捷、顺利地转变为具体的版权产品。再次,在产品的销售传播阶段,新技术的应用可以拓宽版权产品的销售渠道,提升传播速度,如电子商务技术、多媒体技术、远程通讯技术、数字终端技术等,能够快速地将版权产品推向消费市场,为消费者所购买和消费。技术开发涉及到版权相关企业基本创造活动的各个环节,是版权相关企业创造价值所必需的辅助活动。

(四) 基础设施

版权相关企业的基础设施主要是指常规性的管理活动,包括实施计划、财务管理、法律服务、信息系统等管理活动。首先,版权相关企业的实施计划是通过制订、执行、检查、调整计划,将各种生产经营活动纳入到计划管理模式进行统一管理,实现合理地利用人力、物力和财力等资源的目的。如依据指令和市场信息编制计划;根据具体的环境和条件及时调整和修正计划等;督促执行和落实计划;根据统计信息及其他资料检查和考核计划的执行情况。其次,财务管理是版权相关企业围绕资本的融通(筹资)、资产的购置(投资)、现金流量(营运资金)以及利润分配进行的管理活动。再次,法律服务是版权相关企业的内部职工或聘用的法律专业人员从事的法律咨询、合规审查、合同的起草、审核及订立、诉讼和非诉讼等法律事务工作。最后,信息管理是版权相关企业以先进的信息技术手段,对行业信息进行搜集、整理、加工、传输、存储和运用的工具,如办公自动化平台(OA)、企业资源计划(ERP)、客户关系管理(CRM)等。这些基础设施在形式上既是相互独立、互不统属的,又通过相互协调、配合为版权相关企业的价值创造活动提供保障,维持企业的整个价值链的健康有序运行。

第三节 企业层次的版权价值——版权资产

版权相关企业的价值创造活动,实际上就是沿着价值链而进行的从思想创意到用户体验和市场反馈的整个价值创造过程,在这个价值创造的过程中,始终伴随有版权权利的产生、交易、授权、转化。对版权相关企业而言,由于其生产和经营的产品形态主要是精神文化产品,版权权利是被包含在这些产品之中的,并且,这些版权权利会最终积累形成企业层次的版权价值,即版权资产。版权资产是版权相关企业的最为重要的资产形式,其既是企业市场竞争的有利武器,更是企业维持长期稳定收益的重要来源,在企业的生产经营活动中发挥着其他要素难以替代的作用。因此,研究和分析版权资产问题,不仅可以丰富充实版权资产的理论体系,还可以为版权资产的实际运用提供理论指导,搭建起版权资产与版权相关企业经营管理活动之间的纽带和桥梁,具有重要的理论意义和实践价值。

一、版权资产的定义

所谓版权资产,即著作权资产,是指企业所拥有或者控制的,能够持续发挥作用并且预期能带来经济利益的著作权财产和与著作权有关权利的财产。通常情况下,版权相关企业拥有的具有市场开发价值的版权资源都可以被视为版权资产。版权资产的核心是企业(组织、个人)在不断研究、开发、运营版权产品的过程中形成的版权所有权、占有权、使用权、处分权、收益权等一系列权利形式的无形资产。

版权资产重点强调的是版权相关企业享有的版权财产权利,而不是企业拥有的、依赖版权权利而开发和运用的实物资产。如版权相关企业购买的一部书籍或者一幅油画,这是实物资产,属于有形资产,而只有通过原始创作或授权交易而获得版权权利才可以被视为企业的版权资产。与有形资产相比,版权资产能够在经济寿命期内为版权相关企业提供可观的收益,但版权资产的经济寿命和营利能力要受到政策法律、市场供求、技术进步、替代产品、消费倾向和偏好等因素的影响,又表现出一定的不确定性和不稳定性。

版权资产属于无形资产的范畴,其对版权相关企业而言,在很多情况下需要与一定的有形资产相结合才可以发挥出固有的价值增值作用,故不能忽视版权资产与有形资产结合使用而对版权相关企业经济利益的贡献。版权资产能够在生产和经营过程中与其他有形资产相结合,以资产组合的形式对企业的经济利益产生叠加效应和放大效应,从而提高版权资产运用效率和回报率。正因为版权资产具有这样的特性,决定了版权资产必然成为企业生存和发展过程中的稀有资产,并且应该将其纳入到企业资产管理的范畴中进行认识和管理。

二、版权资产的性质

(一)显著的依附性

版权资产通常表现为版权相关企业所拥有的某种能够带来预期收益的版权财产性权利。版权资产虽然属于无形资产,但具有一定的实物形态,需要依附于一定的实物载体而存在,这种存在形态的差异导致版权资产为版权相关企业带来经济利益方式与实物资产的方式是不同的。实物资产是通过对实物价值的消耗、磨损和转移来为企业带来经济利益。而作为一种无形资产,版权资产在很大程度上是利用自身所具有的独创性和独占性,通过持续开发和连续转移价值的方式为版权相关企业带来收益。需要指出的是，尽管价值转移的方式存在差异，但版权资产的存在有赖于实物载体。比如，计算机软件需要借助于实物形态的光盘等介质而存在，但这并不改变版权资产作为无形资产的特性。确定一项包含无形要素和有形要素的资产属于何种形态的资产，通常要以依附性这一特性作为判断的基本依据。

（二）相对的独占性

版权资产的独占性是指，版权相关企业可以排他性地占有、使用、收益与处分一定的版权资产，非经版权相关企业的许可授权，其他主体不可擅自利用该企业的版权资产。独占性是版权资产的一个重要的特征。一般情况下，一项资产无论是有形还是无形的，其所有人需要对其享有无可争辩的所有权，而不容他人侵犯。然而，版权资产不同于一般的资产形式，现实中可以存在着许多相同型号、相同内容、相同功能、相同性质、相同名称的有形资产，但却很少存在相同内容、相同功能、相同性质、相同名称的版权资产，它多数情况下是单一形态存在的。这就是版权资产所具有的独占性。但是需要说明的是，版权资产的独占性是相对的，这是由不同的国家（或地区）的版权保护状况来决定的，如果只在一个国家或地区取得了版权资产的所有权，则只在此国家或地区具有独占权，在其他的国家或地区，则不一定具有独占性，有时甚至会失去对该项版权资产的所有权。同时，版权资产还受到著作权法上有关"合理使用"、"法定许可"等方面的限制。

（三）突出的盈利性

资产能够为企业带来经济利益，这是一项资产的本质特征，版权资产也不例外。版权相关企业对其拥有或者控制的版权资产享有所有权(占有、使用、收益、处分的权利),这些权利能够为企业带来经济利益,但由于这种经济利益超出一般资产的获利能力和水平,体现出版权资产的突出盈利性。由于版权资产具有独占性,在很大程度上排除遭遇市场竞争的可能,拥有版权资产的版权相关企业可以合理地利用这一特性,通过开发和运营版权资产,将由此形成的产品投入市场,从而获得一定的垄断性收益,即借助于版权资产获得超额的盈利。另外,这种突出的盈利性还表现在版权资产的授权交易过程中,版权相关企业可以通过转让或授权许可使用的方式,对外允许其他企业使用版权资产,从而获授权交易过程中的垄断利益。其中,版权资产的许可使用具有一定的期限性,许可使用到期后,版权相关企业将重新行使支配版权资产的权利,并可以再次许可使用以获得新的收益。

(四)交易的特殊性

版权资产的交易也具有特殊性。首先,版权资产的所有权和使用权在交易过程中可以实现分离。一项优质的版权资产可为企业创造巨大的经济效益,对其他的企业也具有巨大的吸引力。在实践中,版权资产的所有者一般不愿意将自己的权利完全转让给他人,通常仅愿意他人有偿使用该项资产的版权。这样,他既可以保留自己对版权资产的所有权,又可以因许可授权使用而得到额外收入。其次,版权资产交易是长期交易(通常以一年为限)。版权资产的交易无论是转让还是许可使用,这种交易一般不像货物贸易那样是短时期的交易,版权资产交易的协议一经达成,通常会有一个较长的授权时间,这决定了版权资产的交易是一项长期的交易。再次,版权资产的交易价格是不确定的。版权资产的价格确定是很复杂的,在交易市场上通常没有相对公允的价格,表现出较强的价格弹性,即溢价空间与贬值空间都很大。

三、版权资产的分类

(一) 不同来源的版权资产

按版权资产来源渠道分类,版权资产可划分为自创版权资产、外购版权资产和股东投资入股的版权资产。就其内涵而言,自创版权资产是指版权相关企业内部自行创作、开发、设计、研制而形成的版权资产;外购版权资产是指版权相关企业从外部经转让或许可使用而购入的版权资产;股东投资入股的版权资产是指版权相关企业的股东以版权的财产性权益作为投资资本金而形成的版权资产。

按资产来源划分版权资产,其主要意义是分清了版权资产的来源渠道,便于版权相关企业在实践中采取相应的管理手段和投资策略。企业自创的版权资产,其权利归企业所有,企业应依法维护自己的权利,并履行自己的义务;外购的版权资产,包括转让的版权资产和授权使用的版权资产,其购入价格是不同的。版权资产的转让价格一般要高于授权使用的价格,而在版权资产使用权的交易中,独家许可的价格又多高于数家许可的价格。股东投入的版权资产,其所占的投资比例及数额的确定,除需要考虑技术水平和市场占有率之外,还应考虑是否独家投资及双方权利是否对等,如有需要还应由无形资产评估机构对其进行评估作价,进而确定其所占的份额。

（二）不同用途的版权资产

按版权资产的用途分类,可分为自用型版权资产、对外转让或授权使用型版权资产、自用与对外转让或授权使用相结合型的版权资产。自用型版权资产是指权利人以自用为主,并不向外转让和授权使用的各种版权资产,这种版权资产可使版权相关企业在技术、市场竞争各方面获得较高的经济利益;转让或授权使用型版权资产是指权利人获得版权资产后自己并不使用或很少使用,主要用来对外转让或授权其他企业使用,靠转让或授权使用获得利益;自用与转让或授权使用相结合型的版权资产是指这种版权资产可以为版权相关企业自用和对外转让或授权使用,从而获得双重的经济利益。

按版权资产的用途划分,可以有效反映版权资产的实际运用方式。对于自用型版权资产,版权相关企业在经营运作方面放弃转让和授权使用的收益,谋划企业自身开发运用版权资产,并期望由此可带来更高的回报。对于转让或授权使用型的版权资产,则一定要弄清版权资产的来源渠道,即转让和授权使用版权资产的企业是否真正具有转让和授权使用的资格或合法手续(根据我国著作权的规定,若合同无特别约定,经许可使用而获得的版权资源,是不能进行再转让或授权使用的)。对于自用和转让或授权使用相结合型的版权资产,则兼具上述两种实际运用方式。

（三）不同权属的版权资产

按版权资产的权属划分,版权资产可分为所有权版权资产和使用权版权资产。所有权版权资产是指由版权相关企业拥有所有权的版权资产,如企业拥有的享有著作权的所有、占有、使用、收益、处分等权利;使用权版权资产是指版权相关企业仅拥有使用权而不具有所有权的版权资产,如企业通过不同途径获得对版权资产的许可使用权等。

明确版权资产的权属类别,版权相关企业的管理者可以根据不同权属类型的版权资产做出不同的经营决策。对于本企业拥有所有权的版权资产,可依据法律将版权资产进行对外投资或许可他人使用,可以依据各种主客观因素不断地扩展版权资产的使用范围,获取更大的效益和市场空间。而对于使用权版权资产,企业应在法律和合同规定的前提下进行使用,缺乏支配版权资产的自主权。

四、版权资产的功能

(一)衡量版权相关企业价值的重要尺度

对于传统的物质生产企业,企业的发展是以扩大规模、增加实物资产数量为标志的,即企业价值在很大程度上取决于拥有实物资产的数量和规模。而在知识经济条件下,版权资产的质与量是衡量版权相关企业价值的关键因素,实物资产则在版权相关企业价值中所占的比重出现逐渐弱化和萎缩的趋势。这是因为,版权相关企业拥有的版权资产数量的多少、质量的优劣、价值的高低,充分体现着版权相关企业的业务开拓能力、科技创新水平和市场竞争实力。在版权相关企业的发展和壮大过程中,大多数优秀的版权相关企业无不关注其所拥有的文化、艺术和科技等内容的版权资产,通过充分开发和利用这些版权资产,塑造和巩固其本身的竞争优势,进而为版权相关企业创造更多的价值。

（二）提升版权相关企业业绩的关键要素

版权资产能够成为提升版权相关企业业绩的关键要素，主要是通过对企业成长、壮大、发展和经营过程中所取得的成果及做出的贡献体现出来的。版权资产与其他形式的企业资产相比，对版权相关企业业绩的贡献在于其具有巨大的延伸价值。版权资产是版权相关企业价值创造活动的前提和基础，是直接融入和参与版权相关企业价值链的循环和运转的开端。一项优质的版权资产，版权相关企业可以对其进行连续的、不间断的衍生开发和延伸运营，尽可能地挖掘版权资产所蕴含的每一个可能的业务增长点，由此形成数量众多、种类多样、品质不同、功能各异的版权产品。这些版权产品涉及版权相关企业价值链的设计、制作、生产、销售等诸多环节，在每一个环节中都会放大和增加产品的价值。以单一的版权资产作为投入要素，辅之以创造性劳动的开发和制作，能够丰富版权相关企业的业务体系和优化其营利模式，极大地提高企业的投入产出水平和提升经营管理业绩。

（三）创造版权相关企业超额收益的源泉

版权相关企业为创造可观的经济效益，必须充分利用好版权资产这一重要的企业资产，发挥其超常增值能力的作用。版权资产大多是企业创新人员的智力劳动的结晶，作为高质量、高效能的企业资产，版权资产为版权相关企业不断地创造超额收益。具体表现在两个方面：一是在相同物质资源投入的前提下，高品质、高效能的版权资产能够创造更多的价值量；二是在产出价值量相同的情况下，高品质、高效能的版权资产能够节约更多的物质资源投入。版权相关企业通过研发新的产品，采用新的生产工艺，建立新的组织关系等方式不断创造和积累高品质、高效能的版权资产,这些版权资产又为版权相关企业持续创造超额收益,实现企业的利润最大化目标。

(四)打造版权相关企业核心竞争力的资源

核心竞争力就是版权相关企业所拥有的、建立在核心资源基础上的、能为企业带来经济效益和实现可持续发展的能力,只有在激烈的市场竞争中所形成的核心竞争力,才能使版权相关企业获得持久的竞争优势。由于版权相关企业所从事的生产经营活动的特殊性,使得版权资产成为打造企业核心竞争力的重要资源。版权资产作为版权相关企业资产的重要组成部分,积累和掌握的版权资产越多,越能够拥有牢固的市场地位和可观的市场份额,在激烈的市场竞争中往往会立于不败之地,对提升版权相关企业的核心竞争力具有十分明显的作用。正是由于拥有了独特的版权资产,才导致版权相关企业形成了特有的核心竞争力,从而有效巩固版权相关企业的市场竞争优势。

第七章　企业层次的版权价值计量方式

第一节　版权资产管理

版权资产管理作为企业层次的版权价值计量方式,是一种为了实现版权相关企业的发展目标和完成版权相关企业的经营管理任务,而对版权相关企业所拥有的版权资产进行清查核算和测算投入产出绩效,进而实现对版权相关企业的生产经营进行计划、组织、协调和控制的活动。开展版权资产管理的有关研究,是对企业资产管理理论和实践的一次重要的丰富和充实的过程,同时也可以为版权相关企业提供一个有效的版权资产经营管理的方案,进一步增强版权资产管理的实际效果。因此,探讨和研究版权资产管理的一系列相关问题就成为了版权价值计量方式研究的应有之义。

一、版权资产管理的内涵

所谓版权资产管理,是指为实现版权相关企业利润价值的最大化,针对企业拥有或控制的、能以货币计量的并能为企业带来收益的版权资产,进行清查、整理、测算以求其保值、增值的一种资产管理活动。

就其内涵而言,版权资产管理就是为了实现企业价值的最大化目标,以版权资产的保值增值为基础和导向,旨在对版权相关企业的成长和发展创造持续的资产收益和利润,不仅可以实现对企业版权资产相关的人力、物力、财力资源进行清查测算,而且可以实现对版权相关企业的生产经营活动进行可持续性的跟踪记录、核算和控制,是企业资产管理活动的重要组成部分。

从实际效果看,首先,对版权相关企业的版权资产进行管理,通过清查和描述版权资产的权属状态,界定企业的可用版权资产范畴,可以使版权相关企业明确版权资产的数量和规模;其次,通过在版权资产的产生、流转、使用过程中详细记录资产权利的变动信息,能够实时反映版权资产的相关动态信息数据;再次,通过建立版权资产的实务管理和价值管理模型,收集和整理版权资产的权利数据和财务数据,积极开展版权资产的自用或授权许可使用活动,进而有效提升版权资产的投入产出绩效。

二、版权资产管理的相关活动

版权资产管理的相关活动,主要包括版权管理和版权资源管理等活动。

首先,版权管理是指为维护版权领域的良好秩序,各种主体采取的保护版权相关权利人合法权益而采取的各种措施。根据版权管理的主体、管理的性质和方法的差异,可以分为版权的行政管理、社会管理、集体管理。(1)版权的行政管理是国家机关依据版权法律赋予的职责和权力对版权进行的管理,这包括国家中央机关和省级机关对著作权的管理。在我国管理版权的机关是国务院所属国家版权局和各省(自治区、直辖市)的版权局。(2)版权的社会管理是指对具有全国性的、有关著作权的事项进行综合服务和管理的活动,执行机构是中国版权保护中心。该中心是国内规模最大、功能最强、最值得信赖的国家级版权公共服务机构,提供版权登记、版权授权交易、版权维权和版权高端咨询服务等综合性的版权服务,其宗旨是依照《著作权法》及相关的法律、法规,维护作者的著作权和作品的使用者及传播者的合法权益,鼓励创作,繁荣科学文化,促进版权事业和版权产业的发展。(3)版权的集体管理是实施版权法的重要手段,是促进权利人行使相关权利、方便他人使用作品、保护权利人合法权益的专门活动。著作权集体管理组织是专门从事这项活动的社会团体。由此可见,版权管理是以国家部门和社会性组织的管理职能为基础,围绕着"确权、授权、维权"的基本要求,所提供的各项公共服务,主要强调对除权利人之外的相关主体的管理作用。

其次,版权资源管理是对版权及相关权利和物化的各种复制品进行管理的活动的统称,更多地强调版权权利和复制品的重要性。在版权管理的主体方面,既可以是名副其实的权利人,也可以是权利人的利益相关者以及委托的管理者;在版权管理的客体方面,既可以是已进行开发使用的版权资源,如资产化的版权资源(企业自身开发并加以运用的版权资源)和费用化的版权资源(如企业对外许可授权使用的版权资源),也可以包括处于沉淀状态、尚有待于开发盘活的版权资源,甚至可以包含版权资源创作、版权资源持有、版权资源维权等与版权资源管理存在交集的一切活动。版权资源管理的主体多样，客体也更为宽泛复杂。由于资源的概念显著大于资产，并且，也不是所有的资源都能够为企业带来预期的经济收益，因此，版权资源管理还不是具有确定主体、清晰目标和具体对象的版权管理活动，无法从根本上提升版权相关企业对版权资源进行有效管理的自觉度与重视度。此外，版权资源管理基本停留在实务层面，更谈不上是对版权资源实现保值增值的价值管理活动。

相对于版权管理和版权资源管理，版权资产管理是与前两者既相互交叉，又有显著区别的活动。版权资产管理需要在版权管理的基础上，设立版权资源的资产化门槛，在符合门槛条件的基础上，将版权资源作为版权资产进行管理。在管理的客体方面，版权资产管理摒除了达不到资产门槛的版权资源，其内涵强调版权资产管理需要从实务管理（清查核算）和价值管理（测算投入产出绩效）两个层面进行统筹与衔接。在实践方面，版权资产管理活动最终将引导企业对版权资产进行清查核算和投入运营，不仅要经营优质的版权资产，还要发掘和盘活处于低效或闲置状态的版权资产，囊括策划、核算、评估、保护等环节，形成完整的版权资产管理和运营的链条。

第二节　版权资产管理的原则

（一）客观性原则

客观性原则又称真实性原则，是指在版权资产相关数据的录入过程中，应当以实际发生的版权相关企业的业务数据为依据，如实反映财务状况和经营绩效,有关版权资产的权利内容(如资产授权方式、授权期限、是否附加条件等)也必须确实可靠,必须建立在可查询验证的基础上,做到内容真实、数据准确、信息可靠。为了达到这一要求,必须严格执行版权资产的清查制度,加强版权资产核算的基础工作,提高版权资产管理人员的业务素质,建立健全版权资产的内部控制制度,对会计信息核算和稽核做到客观准确。

(二)合法性原则

合法性原则是指版权资产管理必须符合版权法的有关规定。版权法对作品的类型、作品的13项财产性权利以及作品权利的限制、期限都有明确而严谨的法律表述,版权资产管理工作不可违背这种法律规定。原因在于,版权资产管理往往涉及的是对版权相关企业的风险内控管理,如管理机制本身与立法本意多有出入,无疑加重了版权相关企业日后的违法、违规风险。

(三)重要性原则

重要性原则是指版权资产管理的工作在全面反映企业财务状况和经营绩效的同时,对重要的版权资产应当单独清查、重点核算,而对不重要的版权资产项目可以适当简化或者是合并反映(但也要保证客观性),以集中精力抓好关键。这里就涉及到一个重要事项的问题,就是版权资产是否重要应该怎么确定。实践中,应该根据某一版权资产对版权相关企业进行决策时的影响程度来确定,进而确定该版权资产项目的重要程度。

(四)有用性原则

有用性原则又称相关性原则,是指版权资产管理所提供的版权资产的数据信息应该有助于信息使用者作出经营决策,版权资产管理人员提出的诊断信息要同版权相关企业的决策相关联。版权资产管理的一个重要目标就是为决策人提供有用的信息。需要指出的是,这里的决策人不单单指企业的经营管理者,还可能是涉及企业的债权人和投资人以及国家政府部门等。

(五)审慎性原则

审慎性原则又称稳健性原则、谨慎性原则,是指在处理版权相关企业不确定的经济业务时,应该持谨慎的态度,也就是凡是可以预见的、可能发生的损失和费用都应予以合理的估计、确认并记录,而没有确定把握的收入,则不能予以确认和入账。既不能刻意抬高版权资产的收益能力,也不能刻意压低负债和费用,目的是为了有效地规避不确定因素带来的风险。例如,某一版权交易业务有多种处理方法可供选择时,应采取不导致夸大资产、虚增利润的方法。

第三节 版权资产管理的方式

一、版权资产的实务管理

(一)实务管理的内涵

版权资产的实务管理,是指针对版权资产的特殊性,以标准化的技术方法对版权资产进行盘存、梳理、统计、核算,理清版权资产的权利状态,实现从资产的产生到流转再到运营的全流程的统计核算管理。

版权资产的实务管理体现了规范化管理和精细化运营的核心理念，主要关注版权资产的来源和用途两个方面。按版权资产的来源分为原创版权资产与采购版权资产两种形式，即所谓的"两进"，按版权资产的用途分为自主使用与资产运营两种形式，即所谓"两出"。围绕着"两进"和"两出"，版权资产管理主要关注资产的范围和门槛（不同企业存有差异）、资产管理方法（不同企业具有不同的管理流程和方法）、业务模式（业务模式依据资产性质进行适用性对接和再造）、合同范本（定制有关版权资产的管理和运营的各类契约协议）、权利管理（有关版权资产的各项财产权利的梳理和掌管）等关键技术点。

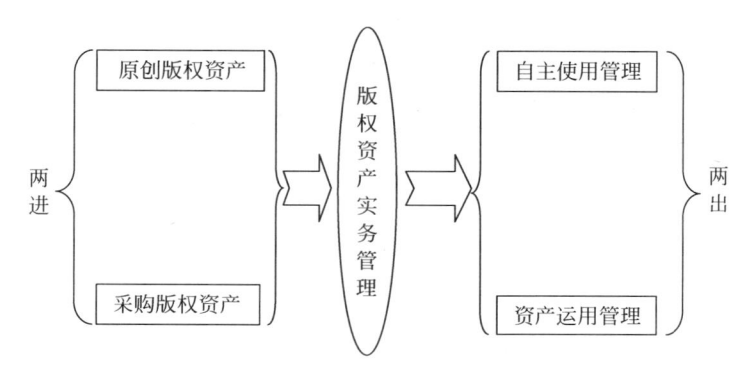

图5：版权资产实务管理的示意图——"两进两出"

当前，版权资产实务管理的主要内容是版权资产的清查和统计工作。在实际操作过程中，以版权资产的关键数据信息为主要关注因素，版权资产管理所包括的"两进"和"两出"将演变为更为详尽具体的"七进"和"七出"。"七进"是以版权资产的来源为关注对象，将版权资产的来源分为受赠、开发、划拨、购买、资产置换、融资、承租等七种形式，"七出"则是以版权资产的用途为关注对象，将版权资产的用途分为赠与、清算、自主使用、出售、资产置换、出资、出租等七种形式。开展版权资产管理工作，就是要将形成渠道多样、来源复杂、不同性质、用途各异的版权资产进行清查和统计，使各种形态的版权资产能够在版权资产实务管理账表中体现出来，克服版权资产运营与管理过程中存在的诸多困难和障碍，进而达到对版权资产进行规范化管理和精细化运营的目的。

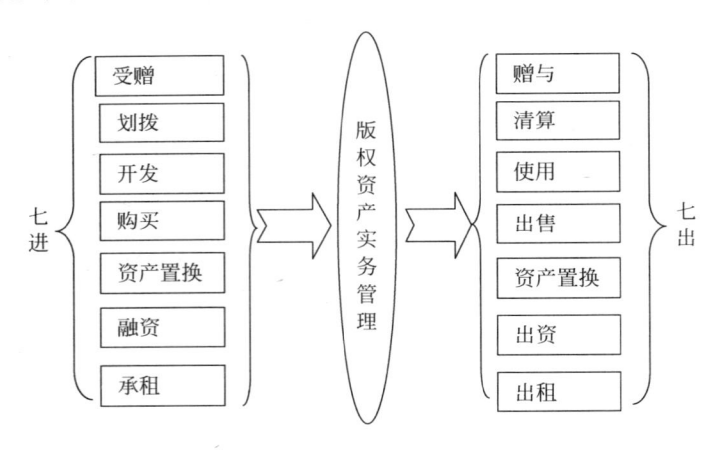

```
           ┌ 受赠 ┐              ┌ 赠与 ┐
           │ 划拨 │              │ 清算 │
           │ 开发 │   版权资产    │ 使用 │
        七 │ 购买 │ ⇒ 实务管理 ⇒ │ 出售 │ 七
        进 │资产置换│            │资产置换│出
           │ 融资 │              │ 出资 │
           └ 承租 ┘              └ 出租 ┘
```

图6：版权资产实务管理的示意图——"七进七出"

（二）实务管理的流程

遵循版权资产实务管理的目的，版权资产管理的流程设计体现出鲜明的实用性、可操作性。以能够为版权相关企业提供切实可行的版权资产实务管理方案为准绳，版权资产实务管理的流程涵盖了资产清查、资产录入、管理台账、规范资产使用（管理规范建立、管理流程整合、规范合同订制）、财务账表建立、资产关联介质管理、推广营销八个主要环节，这些环节构成了一条完整的版权资产实务管理流程的链条。

1. 版权资源清查

版权资源清查主要是对版权相关企业的存量版权资源进行清查和整理,主要包括资源来源和权属确认两个基本活动。

(1) 资源来源

版权资产是由版权资源的资产化而形成的。版权资源作为版权资产的重要来源,在清查阶段,主要关注作品的内容类型(文字、口述、音乐、美术、摄影、电影等)、作品的创作主体(个人、法人、委托创作者、合作者等)、作品创作形式(原创、改编、翻译、注释、整理、汇编等)等信息。在厘清上述三项信息之后,需要明确版权资源的具体来源。按版权作品的取得方式可以分为自创版权作品和非自创版权作品。(a) 自创版权作品包括个人自创、法人自创、委托创作、合作创作、职务创作的版权作品;(b) 非自创的版权作品,即不是版权相关企业自身所创作的版权作品,包括购买作品、接受赠与作品、划拨作品、置换作品、融资承租作品等。

(2) 权属确认

不论是版权相关企业的自创版权作品,还是版权相关企业的非自创版权作品,在明确资源来源之后,就需要通过账目和实物对比的方式(整理合同)对版权资源的权属问题予以清查。作品权属类型分为专有权、许可使用权、相关邻接权,并且,在将作品纳入版权资产管理范畴时,还需对作品的权利进行细分。在权利细分方面,涵盖了财产权(复制权、发行权、出租权、展览权、表演权、放映权、广播权、信息网络传播权、摄制权、改编权、翻译权、汇编权以及应当由著作权人享有的其他权利)和人身权(发表权、署名权、修改权、保护作品完整权)。在权利细分之后,需要对版权作品的相关权利数据项进行标注,以便为接下来的资产录入奠定基础。

版权价值导论

```
作品内容类型辨析 ← 文字、口述、音乐、美术、摄影、电影等
        ↓
作品创作主体辨析 ← 个人、法人、委托创作、合作者等
        ↓
作品创作形式辨析 ← 原创、改编、翻译、注释、整理、汇编等
   ↓自创    ↓非自创
            作品的主要来源辨析 → 购买、赠与
        ↓
作品权属类型的确认 → 专有权
                    许可使用权 → 财产权、人身权
                    相关邻接权
        ↓
版权权利信息项进行标注
        ↓
    资产录入
```

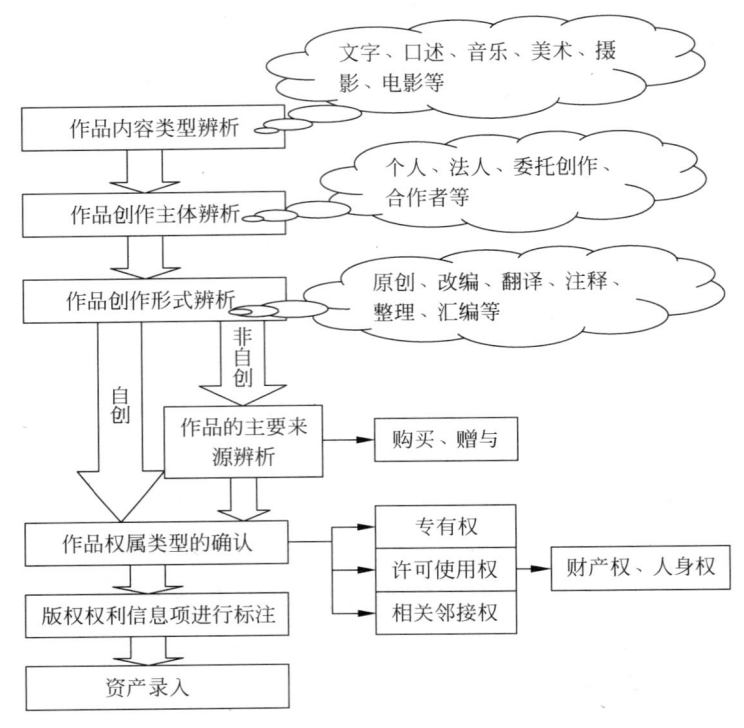

图7：版权资产清查示意图

2. 版权资源资产化

资产录入，是指对版权资源的类型、来源、权利信息进行详细的记录，并以制作账目的方式对这些版权资源进行有效管理。对清查完毕的版权资源，需要收集和汇总清查人员提交的版权资源的清查数据，并在版权资源权属得到最后确认之后，须由版权资产管理咨询服务人员对版权资源进行资产化的可行性评估（这是版权资源是否可以资产化并成为版权资产的必需步骤）。

开展版权资源资产化的可行性评估，要由版权资产管理咨询服务人员区别版权资源的用途（自用、非自用或自用＋非自用）。

在区分版权资源的具体用途之后,根据企业所具有的版权资源的权利项以及可能存在的相关侵权风险项,对版权资源进行安全分级。已进行安全分级的版权资源将被直接纳入版权资产账表,未进行安全分级的版权资源在进行安全性分级之后,也将被纳入账表管理(如果有保密需要,则交由相应的涉密版权资源管控人员或介质管理人员以安全规程进行存管)。版权资源的账表管理环节,就是将达到版权资产门槛的版权资源的相关数据信息录入到相应的账表之中,意味着这些版权资源可以作为版权资产加以开发运营,即完成了版权资源的资产化过程。

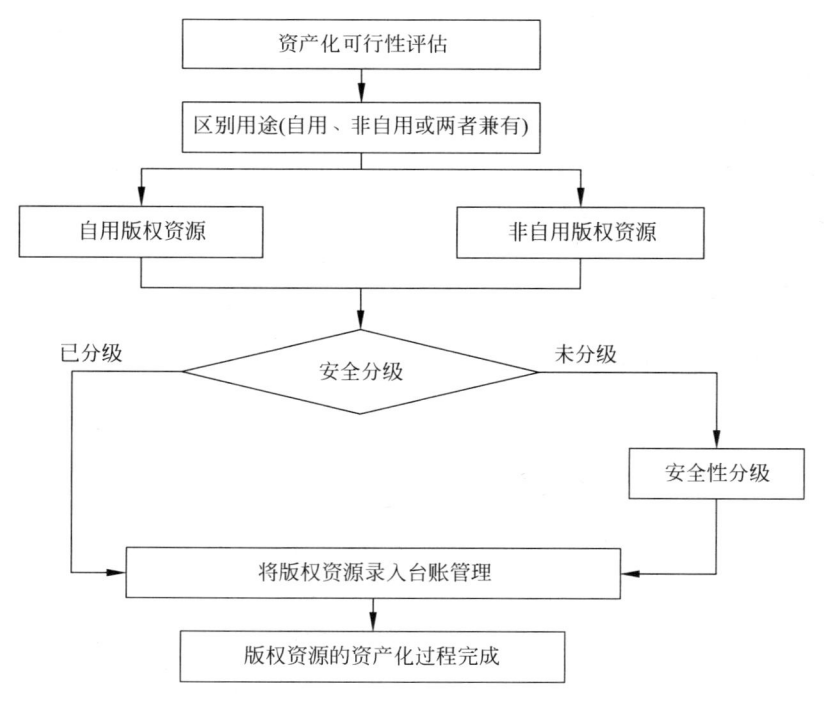

图8:版权资产录入示意图

版权资源资产化过程完成的标志是版权作品的权利信息记录于版权资产实务管理台账，即版权资产录入完成。版权资源的资产化意味着：(1)可以对版权资产进行开发使用；(2)可以对版权资产进行运营；(3)版权资产的生命周期开始计算；(4)版权资产纳入财务管理。

3. 版权资产实务管理台账

版权资产实务管理台账是记录企业版权资产状态以及相关数据情况的明细记录表。台账管理是将进入资产化门槛的版权资产的信息项进行统计、汇总、记录的过程，目的是使管理层在业务工作中对企业版权资产状况有全面的认识。

版权资产实务管理台账至少应当包含以下信息项：

a. 作品信息。其中包含作者、作品名称、资产编号、语种等。

b. 作品原始创作信息。其中包含作品类别（文字、美术、音乐、影视）、作者享有权利项（复制权、署名权、修改权等）、创作性质（原创、改编、翻译等）、创作完成日期、发表日期。

c. 版权权利状况信息。其中包含权利人、持有版权项、版权取得方式、著作权适用地域、著作权权利期限。

d. 资产相关留存信息。其中包含保存内容的介质、数量、编号。

e. 权属证明文件留存信息。其中包含文件性质、编号、登记机构、登记时间、证书号。

f. 关联作品（例如汇编中的插图）。其中包含关联作品的名称、类别、资源编号、合同编号、关联关系。

g. 资产相关权利流转信息。其中包含授权方或被授权方的合同编号、签署日期、相关方、授权方式、授权内容、授权地域、授权语种。

4. 版权资产的关联资源管理

版权资产关联资源包括作品信息项、版权权属证明法律文件、作品内容承载介质、作品素材及权属证明文件、版权资产购销合同。版权资产实务管理台账与版权资产的关联资源管理具有密切的关系,关联资源管理数据来源于版权资产关联资源的记录表。因此,版权资产的关联资源记录表是经过资产清查后获得的第一手信息记录,而数据项应当定期与版权资产实务管理台账的对应项进行关联。

版权资产管理关联资源可大致分为以下几类:

(1) 作品信息项

此关联项应包含:信息录入时间、资源编号、作品标题、语种、作者、创作完成地点、发表日期、发表地点等。

(2) 作品版权权属证明法律文件

权属证明法律文件包括版权登记证书、版权合同备案登记证书、公证书等,这些文件是可以证明企业具有作品版权的具有法律效力的证明文件。此关联项应包含:文件性质、编号、登记机构、登记时间、证书号、保存位置。

(3) 保存作品内容的介质

介质是指保存作品内容的载体,如光盘、U盘、移动硬盘等。随着信息技术的发展,越来越多的作品已经脱离了传统纸质介质,以数字文件的形式保管在计算机的硬盘上。但考虑到流转便利、保密和保存珍贵原稿等原因,利用介质单独保管仍然有需求。此关联项应包含:编号、数量、原件/复制件、作品资源编号、作品标题。

(4) 作品的素材以及权属证明文件

作品的素材是指作者为完成作品的创作,尚未经过取舍加工的原始材料。通常意义上的素材可以是公共领域中没有版权的素材资源，也可以是购买或法定许可的版权作品。此关联项应包含：素材资源编号、关联作品、使用用途、使用次数、获得授权证明文件、授权时间、授权方式、授权期限。

（5）版权资产的购买、销售合同

版权资产的购买、销售合同包括版权的许可合同和转让合同。此关联项应包含：合同编号、对应版权资产编号、对应版权资产作品名称、版权交易性质（许可、转让）、合同相对人、授权权利内容、授权期限、授权地域、授权语种、合同标的额。

5. 版权资产运营的记录

版权资产运营是对版权资产按照一定流程和方法进行自主使用和对外授权使用的活动。在版权资产的实务管理方面，版权资产的运营是版权相关企业的业务部门对版权资产进行自主使用和对外授权使用的最后程序，即前文提及的"七出"。通过版权资产运营程序的规范化，使版权资产的相关流转和使用记录详尽且准确，为版权资产的价值管理提供数据基础。

（1）版权资产自主使用流程的记录

版权资产的自主使用是版权相关企业将版权资产用于企业自身的生产经营活动，使版权资产为企业的成长发展和营销盈利发挥相应的作用。一般性的版权资产自用流程的记录包括提出使用需求、审核需求、确认使用、记录使用人信息《版权资产自用登记表》、使用版权资产的记录等步骤。在版权资产的自主使用过程中，版权资产分为不涉密版权资产和涉密版权资产，其中，不涉密资产的使用流程无需进行特别的设计，涉密资产的使用需要安全管控内容和监督防止内容泄漏，查看内容需要进行权限审核，使用用途要进行再次审核,才可批准使用。此外,无论是版权资产涉密与否,被使用作品内容的提取只能参阅副本而不能参阅原件。

对于不涉密资产而言,版权资产使用流程的记录如下:使用者提出使用需求(复制、出版、发行等等)→审核使用需求→由内容管控人员或自行检索符合需求的作品(根据各企业的作品内容管控模式在内容管控部门或相关业务部门检索)→使用者查看作品内容→确认使用→使用人信息记录备案《版权资产自用登记表》→记入实务管理台账→使用版权资产。

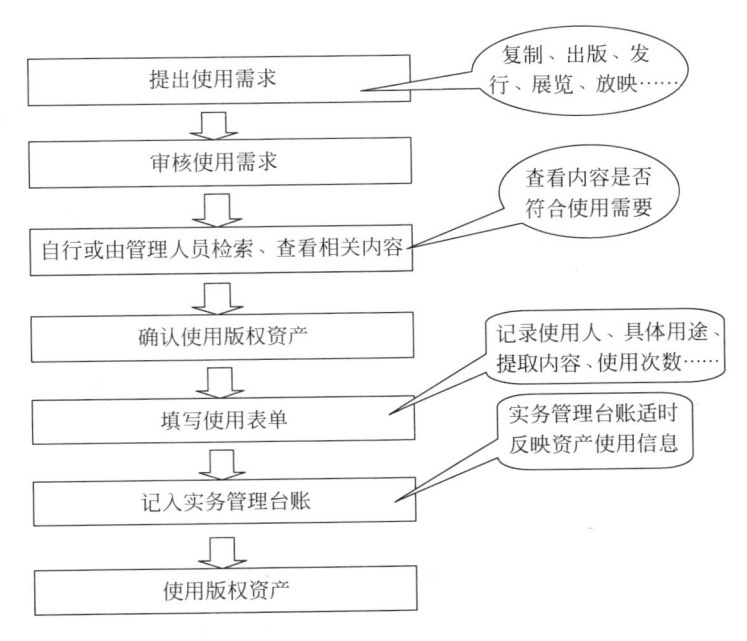

```
提出使用需求 —— 复制、出版、发行、展览、放映……
   ↓
审核使用需求
   ↓
自行或由管理人员检索、查看相关内容 —— 查看内容是否符合使用需要
   ↓
确认使用版权资产
   ↓
填写使用表单 —— 记录使用人、具体用途、提取内容、使用次数……
   ↓
记入实务管理台账 —— 实务管理台账适时反映资产使用信息
   ↓
使用版权资产
```

图9:不涉密版权资产的自用流程

对于涉密资产而言,版权资产使用流程的记录如下:使用者提出使用需求(复制、出版、发行等等)→审核使用需求→使用者对保

密作品提出查看申请(查看涉密资产的内容是否符合自身使用需要)→权限审核(依据使用人员的级别、地位、工作类型等决定是否可以查看资产的内容)→批准查看→确认使用→使用申请→审核使用用途(依据使用人的具体用途、潜在影响、预期目标等因素,决定是否可以使用资产的内容)→批准使用→使用人信息记录备案《版权资产自用登记表》→记入实务管理台账→使用版权资产。

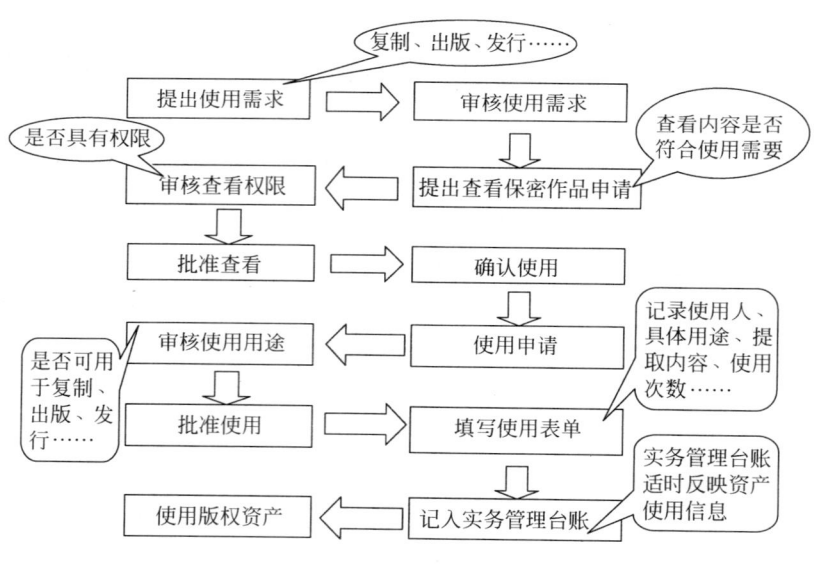

图10:涉密版权资产的自用流程

(2)版权资产销售流程的记录

版权资产的销售是版权相关企业将版权资产进行对外转让或许可使用的活动。版权资产销售过程中,对外转让是版权相关企业将版权资产的全部财产权利或者是其中的某项、某几项财产权利一次性地出售给承购企业(个人),且以后不再拥有该资产的任何相关权利或者是其中的某项、某几项权利的行为。版权资产的许可使用是版权相关企业在特定的时间段内将版权资产的全部财产权利或者是某项、某几项财产权利出售给承购企业(个人),在期满后还要收回这些版权资产的全部财产权利或者是某项、某几项财产权利,且不再允许承购企业(个人)使用该版权资产的行为。

版权资产销售流程的记录如下:提取版权资产→确定版权资产的销售类型(转让或许可使用)→确定版权资产销售的权利项(复制权、出版权、发行权、展览权、放映权等权利项;如果是许可使用,还要确定使用期限)→商务销售洽商和谈判→企业管理层就洽商谈判结果进行决策→评估被销售版权资产的价值(需要由权威、公正的第三方机构进行评估)→拟定资产销售合同并审查合同→签订资产销售合同→资产销售记录备案《版权资产销售表单》→记入版权资产实务管理台账同步→相关合同和文件信息录入《资产管理关联资源记录表》→交付版权资产。(见图11)

(3)版权资产入股投资流程的记录

版权资产的入股投资是版权相关企业将版权资产折价作为股份投资到目标企业,并获得相应的股东权益的活动。因为版权资产的价值随市场波动会有较大的变化,其价值的不稳定性远远大于固定资产,因此,版权资产的入股投资对被投资方存在更大的风险,版权资产的价值评估相对于其他资产运营活动而言更为重要,第三方评估机构的作用较其他运营方式则更为重要。此外,版权资产价值评估的结果应当及时更新至版权资产的管理台账,以备随时查阅、计量和核算。

版权资产入股投资流程的记录如下:提取资产信息→确定投资的资产类型与权利项→投资入股洽商和谈判→企业管理层就洽

```
                    ┌──────────────────┐
                    │  提取版权资产信息  │
                    └────────┬─────────┘
                             ↓
                    ┌──────────────────┐
                    │ 确定资产的销售类型 │
                    └────────┬─────────┘
              ┌──────────────┴──────────────┐
              ↓                             ↓
      ┌──────────────┐              ┌──────────────────┐
      │  版权资产转让  │              │  版权资产许可使用  │
      └──────┬───────┘              └────────┬─────────┘
             ↓                               ↓
   ┌──────────────────┐            ┌──────────────────────┐
   │ 确定转让的权利项   │            │ 确定许可使用的权利项、期限│
   └──────────────────┘            └──────────────────────┘
```

（复制权、出版权、发行权……）   （复制权、出版权、发行权……；一年、二年……）

商务洽商谈判
↓
管理层决策
↓
评估版权资产价值
↓
拟定合同、审查合同
↓
签订销售合同
↓
填写销售表单
↓
记入实务管理台账
↓
合同文件信息录入《资产管理关联资源记录表》
↓
交付版权资产

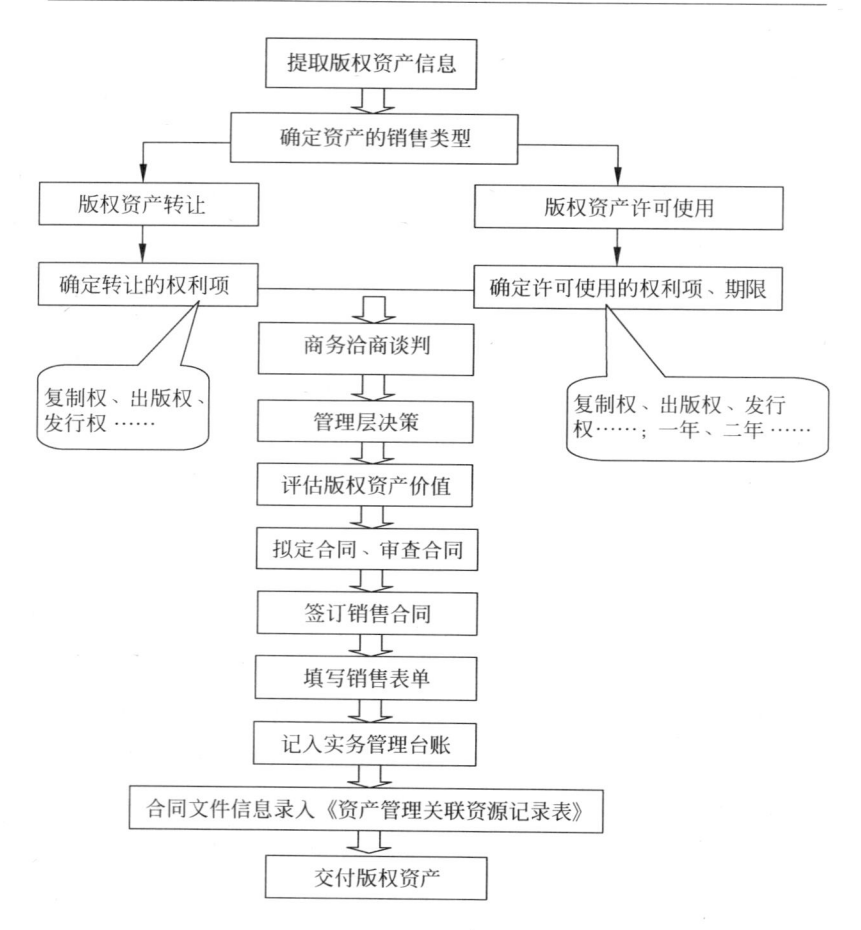

图 11：版权资产的销售流程

商谈判结果进行决策→版权资产作价评估（由第三方评估机构进行评估）→拟定股权协议、审查协议→签订资产入股协议→资产入股记录备案《版权资产入股投资表单》→与版权资产实务管理台账同步→相关合同和法律文件信息录入《资产管理关联资源记录表》→投资版权资产。

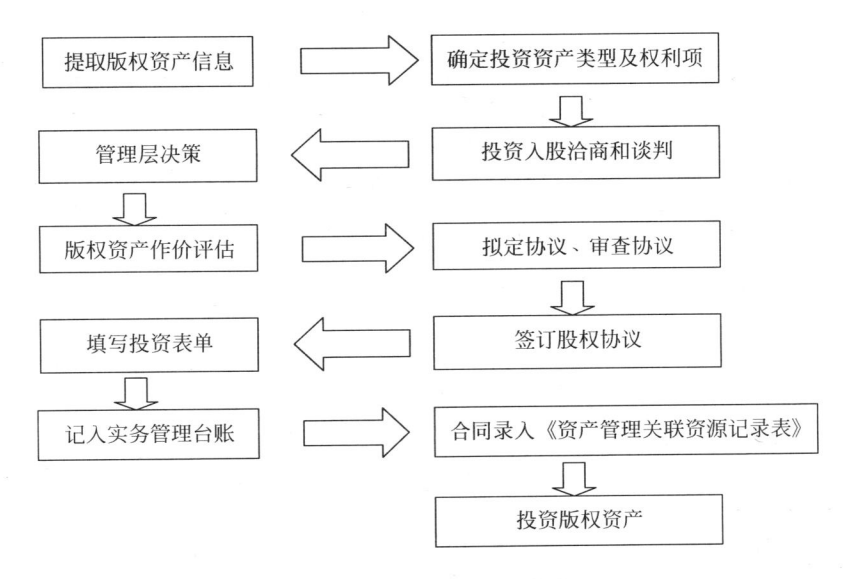

```
┌──────────────┐    ┌──────────────────┐
│提取版权资产信息│ ⇒  │确定投资资产类型及权利项│
└──────────────┘    └──────────────────┘
                              ⇓
┌──────────────┐    ┌──────────────────┐
│ 管理层决策    │ ⇐  │ 投资入股洽商和谈判  │
└──────────────┘    └──────────────────┘
      ⇓
┌──────────────┐    ┌──────────────────┐
│版权资产作价评估│ ⇒  │ 拟定协议、审查协议  │
└──────────────┘    └──────────────────┘
                              ⇓
┌──────────────┐    ┌──────────────────┐
│ 填写投资表单   │ ⇐  │ 签订股权协议       │
└──────────────┘    └──────────────────┘
      ⇓
┌──────────────┐    ┌──────────────────────────┐
│记入实务管理台账│ ⇒  │合同录入《资产管理关联资源记录表》│
└──────────────┘    └──────────────────────────┘
                              ⇓
                    ┌──────────────────┐
                    │   投资版权资产     │
                    └──────────────────┘
```

图12：版权资产的入股投资流程

（4）版权资产置换、承租流程的记录

版权资产的置换是版权相关企业以其拥有的版权资产与目标企业拥有的版权资产在作价后进行交换的活动。与版权资产销售、投资入股相类似，资产置换也需要对版权资产进行由第三方评估机构作出的估价，进而明确置换双方的资产交换规模，这里的某一方或者双方也同样面临着较大的风险。

版权资产置换流程的记录如下：提取资产信息→确定置换的资产类型与权利项→资产置换洽商和谈判→企业管理层就洽商谈判结果进行决策→版权资产作价评估（由第三方评估机构进行评估）→拟定置换协议、审查协议→签字资产置换协议→资产置换记录备案《版权资产置换表单》→与版权资产实务管理台账进行同步→相关合同和法律文件信息录入《资产管理关联资源记录表》→置换版权资产。

版权资产的承租是版权相关企业在特定时期内将版权资产出租给目标企业,并收取一定租金的活动。版权资产承租的具体流程可以由各企业决策层根据自身情况制定,可以参照版权资产对外销售的许可使用流程。

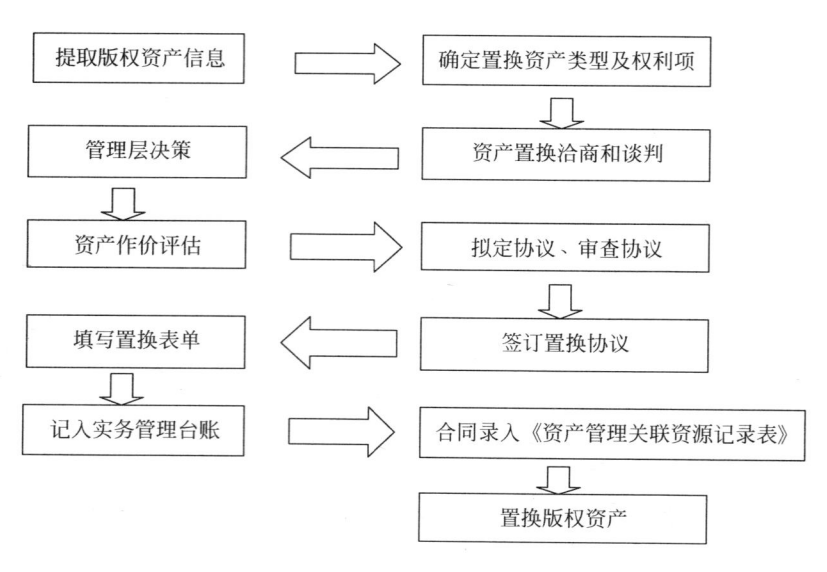

```
提取版权资产信息  →  确定置换资产类型及权利项
                              ↓
管理层决策      ←      资产置换洽商和谈判
    ↓
资产作价评估     →     拟定协议、审查协议
                              ↓
填写置换表单    ←        签订置换协议
    ↓
记入实务管理台账  →  合同录入《资产管理关联资源记录表》
                              ↓
                         置换版权资产
```

图13:版权资产的置换流程

(5) 资产处置流程的记录

版权资产的处置包括赠与和报废流程。

版权资产的赠与流程可以参照版权资产的销售流程,只是在版权资产赠与过程中,版权资产的评估依情况而定,而版权资产销售活动则必须进行评估。

版权资产的报废流程是指版权资产不能为版权相关企业带来经济利益,应将其报废并予以核销,其账面价值转作当期损益。

资产处置后,关联资源信息仍记载于《资产管理关联资源记录表》,标注资产已处置。

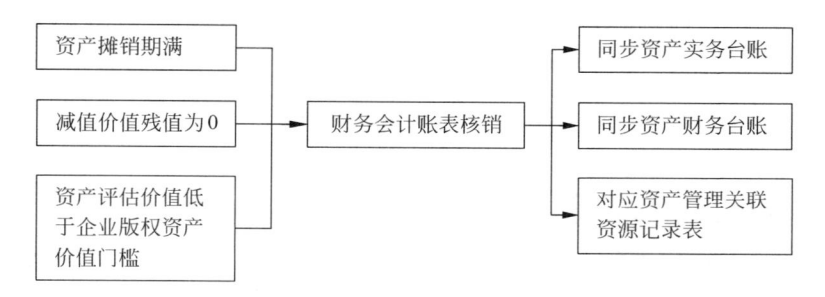

图14:版权资产的报废流程

二、版权资产的价值管理

(一)价值管理的内涵

版权资产的价值管理是版权相关企业的财务人员对企业版权资产的财务数据信息进行记录,通过一系列专门计算方法,利用记录表提供的财务信息及其他财务信息对版权资产的运营状况进行分析、加工、整理和计量,最终达到测算版权资产投入产出绩效的目的。开展版权资产的价值管理,核心是创制版权资产的价值管理台账,其目的在于为企业版权资产的管理和运营提供详实可靠的财务数据,并对版权资产进行贯穿全生命周期的资料记录。这里的价值管理台账不同于普通的会计账表,前者是对版权资产的财务信息项进行完整直观反映的报表,后者则是以《会计准则》为依据对版权资产进行会计核算和处理。因此,版权资产管理台账的创制和设计要求拥有一定的通俗性、直观性,使不具备财务知识的相关管理人员也可以读懂并理解表格的数据信息。

版权资产的价值管理台账与实务管理台账是相关联的。在版权资产管理的实践中,版权资产价值管理的台账至少应具备以下关于版权资产状况的信息项:资产编码、作品名称、权利期限、价值预估、成本计算、成本构成、销售次数、收益额。

(1) 资产编码是在对版权资产进行价值管理过程中赋予版权资产的编号,同时也是贯穿整个版权资产生命周期的唯一标识。这里的资产编码与版权资产实务管理台账中的资产编码是相关联的,采用相同的编码。

(2) 作品名称是直观反映版权资产内容的标识符号,是资产管理者可以方便、直观、概括、快捷地了解版权作品内容的信息项。作品名称与版权资产实务管理台账中的作品名称相关联,采用同样的名称。

(3) 权利期限是反映企业拥有的版权资产相关权利的时间期限。价值管理的权利期限是与版权资产实务管理的权利期限相同的。依据我国《著作权法》,作品人身权中的署名权、修改权和保护作品完整权的权利期限不受限制,可以获得永久性保护。但著作人身权中的发表权和财产权有时间限制:a. 自然人作品的发表权和财产权的保护期,分别为作者终生及其死亡后 50 年,如果是合作作者,截止于最后死亡的作者死亡后第 50 年。b. 法人或其他组织的作品的发表权和财产权的保护期,保护期为 50 年。价值管理的权利期限要依据这些法律制度而定。

(4) 价值预估是对为企业版权资产的价值额度进行先期的预测和估计。结合企业对版权资产管理的需要,对有可能进行资产化运营的版权资产需要设定必要的价值门槛(资产价值能否达到运营管理的最低价值线）。价值预估的作用在于对版权资产能否满足资产管理的价值门槛进行初步判断。价值预估的结果不一定和版权资产的真实价值高度一致，但通过价值预估，可以在一定程度上避免在没有运营管理价值的版权资产上消耗经费和精力，提高版权资产管理工作的效率。

（5）成本计算是企业对版权资产获得时所付的对价或所支付的开发成本进行计量统计。

（6）成本构成是成本计算的对象，是对成本的结构分析，如成本分为开发成本、管理成本、营销成本。

（7）销售次数是企业版权资产的对外转让或许可使用的次数。销售次数可以方便版权资产管理咨询服务人员从台账上直观了解版权资产的销售状况，对热销或滞销的版权资产有所把握。同时，结合该数字的时间轴，可以分析出版权资产的销售结果在不同时间点上的区别和差异。

（8）收益额是版权资产的某项权利流转销售的价值回报。依据某项权利收益额，可以分析版权资产的某项权利收益占该版权资产收益总额的比例。同时，在汇总所有权利项的收益额后，结合时间轴，可以看出该版权资产在生命周期中的收益总额波动情况。

（二）价值管理的步骤

版权资产的价值管理是版权相关企业对版权资产按照《企业会计制度》、《企业会计准则》、《企业会计准则应用指南》进行合法、合规的财务管理活动，即版权相关企业按照《企业会计准则》的相关规定，初步将可为企业带来经济利益且成本能够可靠计量的版权资产纳入财务账表进行计量和测算的活动。具体来说，企业根据不同类别版权资产的特点和用途,按照《企业会计准则—存货》、《企业会计准则—无形资产》相关规定,将预计未来很可能为企业带来经济利益且成本能够可靠计量的版权资产确认为企业的无形资产,根据不同类版权资产的不同属性创设相应的科目,将其价值计入流动资产的存货项下或非流动资产的知识产权项下,通过测算版权资产的投入产出绩效,真实反映版权相关企业的经营状况与前景,避免资产经营和运作过程中遭受经济损失。从具体步骤上看,价值管理包括版权资产的确认、版权资产的初始计量、后续计量、摊销、减值准备和版权资产的出租、出售、处置。

(1) 版权资产的确认

版权资产在满足下列条件时,才能在版权资产以及相应科目下予以确认:①符合版权资产的定义。②与该版权资产有关的经济利益会流入企业。③版权资产的价值预估达到版权资产管理要求的门槛。④该版权资产的成本能够可靠地计量。⑤该版权资产属于可辨认的非货币性资产。

(2) 版权资产的初始计量

版权相关企业对版权资产价值的初始计量,可按照以下方式进行:

① 创作形成的版权资产,其成本包括版权资产开发和达到预定用途期间所发生的支出总额,在满足价值管理条件的情况下,以可计量的开发阶段成本支出总额作为入账价值。

② 外购形成的版权资产,其支出包括购买时的实际耗费及使之达到可使用状态的相关支出之和,故外购版权资产以版权相关企业实际支付的价款、相关的税费等成本支出作为入账价值。

③ 投资创作的版权资产以投资合同或协议约定的公允价值作

为入账价值,但合同或协议约定价值不公允的除外。

④ 接受赠与的版权资产,以第三方评估机构的评估结果作为入账价值。

⑤ 行政划拨获得的版权资产初始计量参照上一项的入账方式。

(3) 版权资产的后续计量

对版权资产进行初始计量后,版权资产的价值管理还要进行后续计量。原则上说,版权资产的后续计量过程中,版权资产全部作为使用寿命有限的非流动性资产进行摊销、计提减值等后续处理。

判定版权资产的使用寿命,需要区分下列三种基本情况:①版权相关企业所持有的具有著作权财产权益的版权资产,其使用寿命不应超过其著作权本身的有效期限。②多项版权作品组合形成的版权资产,其使用寿命不应超过最早到期的版权作品的权利有效期限。③源于合同性权利的版权资产,其使用寿命亦不得超过合同约定的权利期限,如合同性权利能够在到期时因续约等延续,续约期应当计入使用寿命。

版权相关企业在确定版权资产的使用寿命之后,版权资产的后续计量可以按照以下方式进行。根据不同类版权资产的使用和运营的各自特性和规律,依法、依规选择科学合理的价值评估方法,定期或者至少每年年终对各项版权资产进行计量评估,合理评价各项版权资产的价值额度。由后续计量得出的相关财务数据,要及时记录版权资产的价值管理台账,以便为之后版权资产摊销和减值准备奠定数据基础。

(4) 版权资产的摊销

版权资产的摊销是指对除企业长期使用的版权资产按照其使

用年限分摊购置成本的会计处理办法,类似固定资产折旧。版权资产的应摊销金额为成本扣除预计残值后的金额。已计提减值准备的版权资产,还应扣除已计提的版权资产减值准备的累计金额。一般来看,版权资产的残值应视为零,但下列情况除外:企业承诺不需再使用,且有第三方企业在未过法律保护期限或合同期限前的某一时点购买的版权资产。

企业摊销版权资产,应当自版权资产可供使用时起,至不再作为版权资产时止。企业选择的版权资产摊销方法,应当反映与该项版权资产有关的经济利益的预期实现方式(即其所衍生的产品或其他资产),如美术作品、动漫作品可采取直线法[①]摊销,电影、电视剧等作品可利用加速折旧法[②]摊销,无法可靠确定预期实现方式的作品采用直线法摊销。

版权资产的摊销金额一般应当计入当期损益(管理费用、主营业务成本、其他业务成本等),版权资产所包含的经济利益是通过所生产的产品或其他资产实现的,其摊销金额应当计入版权资产的成本。企业应当于每年年末时,对版权资产的使用寿命及摊销方法进行复核。使用寿命及摊销方法与以前估计不同的版权资产,应当改变摊销期限和摊销方法。

(5)版权资产的减值准备

版权相关企业应定期对版权资产的账面价值进行检查,如果

[①] 直线法,又称平均年限法,是在每一会计期间内,平均分配版权资产的应摊销金额。

[②] 加速折旧法指将版权的摊销比例按先多后少的原则分摊于各摊销期,隔年负担的摊销额呈逐年递减趋势的一种会计核算方法。这种方法基于版权分销在首年贡献的利润最高,之后逐年递减的假设。

账面价值高于可收回金额①,应当计提版权资产减值准备,计入当期的营业外支出,已计提减值准备不可转回。同时,当版权资产发生减值后,应对其在尚可使用年限内计提的摊销额作出调整;当已确认的减值损失以后又转回时,也应对其在尚可使用年限内计提的摊销额重新作出调整。处置版权资产,必须相应结转该项版权资产已计提的版权资产减值准备。

(6)版权资产的出租、出售及处置

首先,企业出租版权资产使用权形成的租金收入和发生的相关费用,分别视该业务是否为企业主营业务而分别确认为主营/其他业务收入和主营/其他业务成本。其次,企业出售版权资产,应当将转让收入对应计入主营业务收入或其他业务收入,并对该版权资产的账面价值予以转销,其账面价值和处置费用对应转作主营业务支出或其他业务支出。再次,版权资产预期不能为企业带来未来经济利益的,需要处置该项版权资产,应当将该版权资产的账面价值予以转销。

(三)价值管理的制约

版权资产的价值管理本质上是对版权资产的管理和运营过程中产生的财务数据进行记录、分析和测算,以分析版权资产的投入产出绩效。但是,按照我国现行的《会计准则》对版权资产进行价值管理,面临着诸多制约条件。

---

① 对于可收回金额,美国会计准则中的可收回金额指公允价值;英国则将其定义为可实现净值与在用价值孰高;在我国,可收回金额的实际含义为销售额或未来现金流量的现值。《企业会计制度》解释为:"资产的销售净价与预期从该资产的持续使用和使用寿命结束时的处置中形成的预计未来现金流量的现值两者之中的较高者"。

现行会计体系在《会计准则第6号——无形资产》中涉及到知识产权的内容，对包括知识产权在内的无形资产的确认、初始计量、后续计量、处置和报废、披露等作了原则性规定。但是，有关版权资产的规定并不具体，可操作性明显不强，企业将版权资产通过知识产权科目纳入无形资产会计管理的难度很大，造成大量富有价值的版权资产无法通过财务报表客观地得以体现。由于企业版权资产带来的收益、成本和利润在财务管理方面没有反映出来，则企业实施版权资产管理的突出作用很不显著，对版权资产进行科学有效管理的自觉性和主动性也会相应降低。调查数据显示，在我国文化传媒类的上市公司中，其《资产负债表》所披露出来的无形资产所占全部总资产的比例平均不足5.2%，且在无形资产的详细内容方面无法看出其构成情况，而版权资产的财务信息更是无从谈起。这种情况不仅会造成富有价值的版权资产在企业重组、并购中被"弱化""矮化"甚至"零化"处理，也造成企业版权资产的交易、处置的随意性，严重背离版权资产应有价值的情况会普遍存在。

当前，克服版权资产价值管理的制约条件，需要为版权相关企业将版权资产与会计账目对接提供具有可操作性的解决方案。建议财政部门进一步调研完善会计准则，探索将版权资产纳入无形资产——知识产权或其他相关科目的方法，为企业提供指导性强、具有可操作性的版权资产会计处理办法，彻底解决版权资产游离于现有会计账目体系之外所带来的诸多问题。在此基础上，推动版权企业自身的版权资产会计核算办法的修订和完善，探讨企业版权资产管理与企业财务管理相结合的具体方式，对企业内部富有增值价值的版权资产进行区别分类和整理，有效地记录版权资产持有和流转的财务数据。通过设计科学的计算方法评价企业版权资产的投入和产出绩效，逐步将版权资产价值管理纳入其财务管理过程，真正实现版权资产实务管理与价值管理并举，全面促进企业版权资产的保值、增值。

第四节 版权资产管理的未来规划体系

随着版权资产的实务管理活动和价值管理活动的开展，版权资产管理将形成一整套完整的未来规划体系。版权资产管理的未来规划体系是指版权相关企业对自身拥有或控制的、能够带来预期收益的版权资产进行清查、统计、核算、配置、经营，以求其保值、增值的管理流程、方法、规则和制度的总称。具体说来，版权资产管理体系是以挖掘、实现、放大版权资产价值为导向，以创建高效、有序的版权资产统计核算和开发运营系统为核心，通过对版权资产的规范化管理和精细化运营，最终实现版权资产价值最大化的综合管理体系。

随着版权资产管理业务的开展和深入，版权资产管理最终将形成包括标准体系、认证体系、服务体系和监管体系在内的综合性的未来规划体系。版权资产管理的四大未来规划体系之间是相辅相成、互为依托和相互补充的关系，监管体系明确版权资产管理的监管要求，标准体系提供版权资产管理的制度规范，认证体系评估版权资产管理的能力水平，服务体系促进版权资产管理更为到位。依托四个体系建立起来的版权资产管理体系，有助于提升版权相关企业的版权资产综合管理能力，促进版权资产管理工作更快、更好地落到实处。

一、版权资产管理的标准体系

版权资产管理的标准体系主要包括对版权资产的定义与种类描述、版权资产管理的清查流程与方法描述等，以及对版权资产管理术语、表单数据项的制度规范。通过编制相应的制度标准，为企业实施版权资产工作提供统一的规范化指引。从体系结构上看，版权资产管理的标准体系涵盖了版权资产管理的企业标准、行业标准和国家标准三种不同层次的标准。我国目前正在积极推动版权资产管理的企业标准和行业标准，目前还没有国家层面的强制性标准。

版权资产管理的企业标准是对企业内部需要协调、统一的技术要求、管理要求和工作要求所制定的标准。企业标准由企业制定，由企业法人代表或法人代表授权的主管领导批准、发布。

版权资产管理的行业标准是由国家版权行政主管部门制定，并报国务院标准化行政主管部门备案的，针对全国范围内的版权资产管理工作的统一标准。行业标准分为强制性标准和推荐性标准，均由行业标准归口部门进行统一管理。版权资产管理行业标准的归口部门及其所管理的行业标准范围，由国家版权行政主管部门提出申请报告，国务院标准化行政主管部门审查确定，并公布该行业的行业标准代号。

版权资产管理的国家标准是在全国范围内统一版权资产管理的技术要求，由国务院标准化行政主管部门编制计划，协调项目分工和组织制定,并统一审批、编号、发布①的标准。编制版权资产管理的国际标准,通常把标准分为技术标准、管理标准和工作标准三大类。技术标准——对版权资产管理的标准化领域中需要协调统一的技术事项所制定的标准,包括基础标准、产品标准、检测试验方法标准、验收标准等。管理标准——对版权资产管理的标准化领域中需要协调统一的管理事项所制定的标准。工作标准——对版权资产管理工作的责任、权利、范围、质量要求、程序、效果、检查方法、考核办法所制定的标准。

总的来说,科学规划统筹版权资产管理的标准体系,以企业应用推广为核心,形成系统、完整、先进、市场适用的标准体系,加快版权资产管理工作的规范化、制度化进程,做好版权资产清查、核算、统计、运用和测算投入产出绩效等各个环节的工作,就要将标准化建设作为实现这一目标的基础支撑条件。首先,在标准制订和修订方面,优先考虑版权行业所急需的关键性标准,鼓励版权相关企业积极参与标准的制订和修订工作。其次,建立版权标准化的工作信息平台,创建标准化信息网络发布机制,宣传标准政策和国内外标准化工作动态。

二、版权资产管理的监管体系

版权资产管理的监管体系是政府行政主管部门及国有资产监

---

① 根据全国标委会的指导意见,企业生产的产品没有国家标准和行业标准的,可以制定企业标准,作为组织生产的依据。企业的产品标准须报当地政府标准化行政主管部门和有关行政主管部门备案。已有国家标准或者行业标准的,国家鼓励企业制定严于国家标准或者行业标准的企业标准,在企业内部适用。

管部门针对企业版权资产管理存在的共性问题进行监督管理的一系列活动和规范制度的总称。

版权行政主管部门应根据版权资产管理工作的进展和成效，出台相应的企业版权资产管理规范，明确版权资产管理工作的合规性要求，建立健全版权资产管理的绩效评价体系。同时，进一步在立法层面进行制度创新，赋予版权公共服务机构作为第三方专业服务机构的更多职能，使其承担起版权资产管理咨询服务的主要职责和使命，为版权相关企业解决存量版权资产的运营和使用问题提供切实可行的实施方案。

在监管体系方面，需要发挥版权资产"出资人"角色的版权资产监督管理机构（如中央文化企业国有资产监督管理领导小组办公室）的作用，负责版权资产管理的产权界定、资产评估监管、综合评价等基础管理工作。明确版权资产出资人的职能和责任，需要制定和设计有关企业版权资产管理的各项政策和配套制度，增强有关版权资产管理的法律、规章、政策的统一性和透明度，提高监管的动态性、连续性和时效性，加快构建法律、法规、政策彼此配套和协调统一的版权资产管理的监管框架。当前，履行版权资产监督管理机构的职责，可以在从"管人管事"向"管资产管导向"、"小资产"向"大资产"、"生产型企业"向"创新型企业"演进的过程中，实现版权资产管理工作的"三大转变"，即对版权资产管理从实务形态管理为主向以价值形态管理为主转变、从静态凝固的管理向动态流动的管理转变、从行政权和所有权合一的条条管理向分层次的专司管理转变。

三、版权资产管理的服务体系

版权资产管理是一项专业性极强的工作,涉及到经济、法律、贸易、财务以及互联网等多个领域的专业经验和知识,多数企业无力独自完成,应鼓励第三方专业服务机构为企业实施版权资产管理提供管理咨询服务。因此,版权资产管理的服务体系建设是不可缺少的组成部分。服务体系可以有效帮助企业了解版权资产管理的操作流程,帮助企业筛选出具有保值、增值潜力的版权资产,通过实施实务管理和价值管理,掌握版权资产的使用和盈利情况。版权资产管理的服务体系包括人员培训、管理优化、工具定制等。

人员培训是第三方专业服务机构的咨询服务团队根据版权相关企业开展版权资产管理业务及培育人才的需要,采用相应的方式对企业员工进行有步骤、有目的、有计划的培养和训练,使之掌握和具备版权资产管理能力的教育实践活动。公开课讲授、内训、研讨、指导、远程教育等均为常见的人员培训形式。

管理优化环节是由第三方专业服务机构对企业版权资产进行盘存和清查,对筛选出的优质版权资产进行科学的分解和组合,形成具有真正投资、利用价值的版权资产。在经过版权资产的价值评估之后,对不同类型的资产以及资产组合进行市场化运营,扩大和提高版权资产的销售量和销售业绩(转让和许可使用的数量及费用),提升版权资产对版权相关企业的回报和收益。

工具定制是由第三方专业服务机构依据版权资产管理工作的实践经验,研发专门满足版权资产管理工作需要的系统应用软件,版权资产管理咨询服务人员通过该软件可以将版权资产的数据信息录入版权资产管理系统，并对之后的版权资产管理工作进行跟踪和监控，及时掌握版权资产的管理进度和动态，实现海量数据的有效存储和管理，提升版权资产管理工作的电子化、信息化和网络化水平。

四、版权资产管理的认证体系

版权资产管理的认证体系是作为监管体系的辅助和标准体系执行的补充环节。建立版权资产管理认证体系，按照版权资产管理的监管要求和标准规范，允许符合资质的认证机构对版权相关企业实施版权资产管理的能力和水平进行客观评定。版权资产管理的认证体系可以对符合版权资产管理行业标准的优质版权资产予以登记认证。同时，版权资产管理的第三方专业服务机构负责对版权相关企业进行版权资产管理的基础知识、业务体系、组织架构以及有关资产计量、统计、汇总等方面的行为和做法进行鉴定，指导对象企业开展版权资产核算及管理评级工作（第三方服务机构负责对用户企业认证服务过程中提供的各种数据和信息保密），进一步提升版权资产管理咨询服务的标准化、规范化、制度化进程。

第五节　版权资产管理的应用与实践

版权资产管理的应用与实践，应重点解决好三个问题。其一是界定版权资产的权利归属关系（即版权资产进入企业的问题），因为清晰的版权界定是企业核算版权资产的基础。其二是清查核算版权资产,进一步明确企业拥有哪些版权资产,把握版权资产的数量和种类,分析探讨哪些版权资产可以被开发运用,这也是预估版权资产的开发价值和降低企业经营风险的基础。其三是版权资产管理流程的应用问题,这是版权资产管理工作能否付诸实践的关键所在。

在版权资产管理的应用实践方面,以 AAA 出版传媒公司为版权资产管理工作的应用实践对象,围绕上述三个基本问题,对该公司的版权资产开展版权资产管理应用工作。在应用实践中,侧重于阐释该公司版权资产的实务管理流程,因会计制度的限制,版权资产的价值管理工作将作为今后展开深入研究的重要问题,暂不予进行应用实践研究。

一、版权资产管理的案例简介

(一) AAA 出版传媒公司的基本情况

(1) 企业性质

AAA 出版传媒企业是国有大型文化企业集团。2009 年,AAA 出版传媒企业完成转企改制,成立集团公司,目前是我国最具规模的出版传媒集团公司,被业内誉为中国出版传媒行业的领航者。公司于 2010 年实现主业整体上市,正式成为一家国有文化上市公司。

(2) 主营业务范围

AAA 出版传媒集团公司已涵盖以图书、报纸、期刊、音像、电子出版物的出版、发行、印刷复制和物资贸易等传统主业,并包括数字出版、艺术品经营、影视剧拍摄生产、现代物流贸易、健康产业、远程教育、文化金融服务、文化科技和文化旅游地产等新兴业态，形成了跨领域、多介质、多业态的发展格局。

（3）组织架构

目前，AAA出版传媒集团公司拥有24个业务部门、14家分公司、8家全资子公司、6家控股子公司，7000多名员工，已经建立起"产权明晰、权责明确、政企分开、管理科学"的现代文化企业治理结构和管理制度，成为业界的法人治理结构的样板企业。

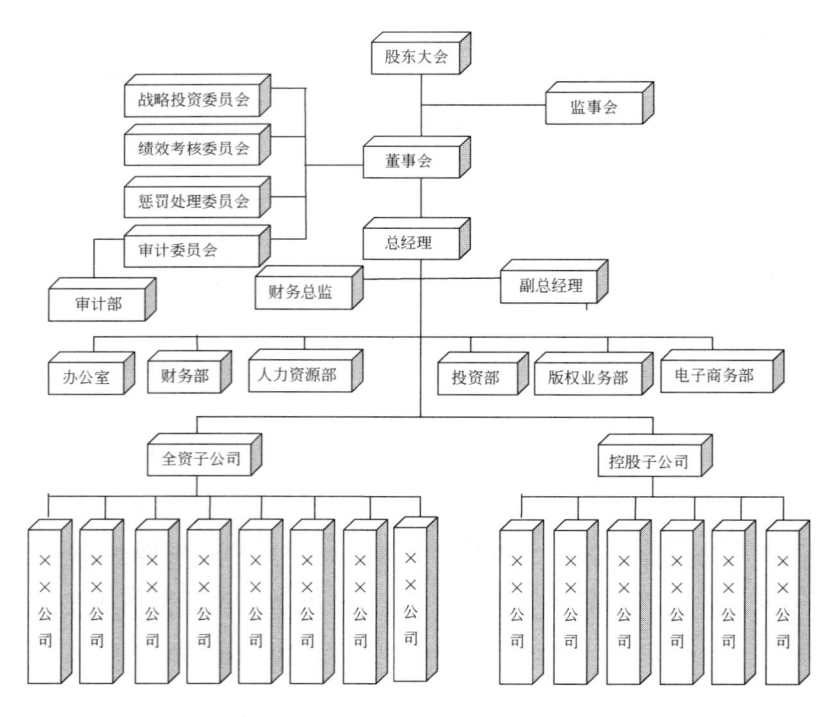

（4）资产规模

2014年，AAA出版传媒集团实现营业收入123.52亿元、净利润 10.04 亿元、总资产 166.34 亿元、净资产 86.11 亿元。2015 年上半年集团实现营业收入 56 亿元;净利润超 6 亿元,同比增长 25%;总资产 207 亿元,同比增长 29%;净资产 116 亿元,同比增长 48%。

(5) 市场地位

AAA 出版传媒企业连续五年入选中国"文化企业 30 强",企业控股的上市公司成为"上证公司治理指数样本股"。AAA 出版传媒企业在入选"财富中国 500 强"的文化传媒类上市公司排行榜中处于前列。2015 年,AAA 出版传媒企业获得 AAA 级主体信用评级。

(二) AAA 出版传媒公司已有版权资产管理机制的评估

本部分将对企业已有版权管理机制进行全面剖析,就认知基础、管理体系、组织体系、运营流程、资产状态与记录等模块进行分类评估,并对企业版权资产管理内部环境进行整体量化评级,以便于发现问题,提出解决对策,为下一阶段有针对性地开展各项工作打好基础。

(1) 人员认知基础分析

在 AAA 公司的决策层面,对版权及版权资产的概念、内容有所了解,可以有效回答版权资产管理咨询工作人员的各项提问;公司决策层清楚版权资产运营策略对公司本身长远发展的重要意义;明确公司的主营业务与版权、版权资产之间的密切关系。

在 AAA 公司的业务层面,能够掌握基础的版权法律知识;熟悉公司业务领域的版权运营模式,对跨领域、跨行业版权运营也有认知基础;熟悉本企业现阶段的版权管理流程并具备一定管理技能。

在 AAA 公司的员工方面,对版权法律有初步认知基础;具备基础版权事务的处理能力和管理技能。

（2）已有管理体系分析

① 管理制度分析

AAA公司按照版权法律制度的规定，围绕版权作品的创作、采购、管理、使用、销售等环节建立了一般性的管理规范。这些管理制度涵盖了版权业务的岗位职责和工作流程。但对创作者的权利和义务规定方面，明显倾斜于公司而不利于创作者。

② 审核制度分析

AAA公司建立了对版权资产的内控及合规性审查制度，由版权业务部承担具体的审核任务。审核制度对自创版权资产和非自创版权资产的审核规定和流程进行了区分，但该制度缺乏对有关版权资产授权交易的法律文件的要求，并不能有效达到对版权资产的内控和合规性审查的目的。

③ 激励制度分析

AAA公司建立了版权创作、项目管理、营销宣传的绩效考核与激励机制，对版权创作、项目管理、营销宣传团队的业绩进行物质奖励和职位晋升，但是对工作人员的奖励在其所创造的业绩中所占比例较低。

④ 发展规划分析

AAA公司已建立版权资产管理业务的未来发展规划，但由于完成转企改制的时间有限，在公司内部还不同程度地存在原有的管理体制，存在发展规划和企业自身状况脱节的情况。

（3）组织体系分析

① 决策机制分析

AAA公司在版权资产管理业务的决策方面，大宗的版权资产交易与合作等重大事项由股东大会集体讨论决定,日常性的版权资产业务由董事会以召开会议协商的方式决策。

② 职能部门分析

AAA 公司内部已设立专门的职能部门——版权业务部,该部门专职负责管理版权资产的相关业务。部门内部的工作人员的岗位职责、工作业务清晰、明确。

(4) 运营流程分析

① 创作流程分析

AAA 公司内部创立了明确的版权作品创作流程,能够使作品的创作流程与其他管理流程进行有效衔接。

② 采购流程分析

AAA 公司对作品的采购交易活动设有明确的流程,采购流程较为严谨,但对所采购作品的合规性要求需要提升,尤其是对所采购作品的权属证明文件的要求应该更加全面。

③ 使用流程分析

AAA 公司对作品的使用流程设置不尽合理,无法有效开发和利用公司现有的版权作品,存在大量作品处于闲置、沉淀状态的情况。

④ 销售流程分析

AAA 公司对作品的销售流程设置过于重视销售收入,但对授权作品又缺乏有效的版权价值评估过程,无法最大限度地实现版权作品自身所具有的价值。

(5) 资产状态与记录分析

① 版权资产分类情况分析

在版权资产分类情况方面,AAA 出版传媒企业只是按照《著作权法》中规定的作品类别(文字作品、口述作品、音乐、戏剧、曲艺、舞蹈、杂技艺术作品、美术、建筑作品、摄影作品、电影作品和以类似摄制电影的方法创作的作品、工程设计图、产品设计图、地图、示意图等图形作品和模型作品、计算机软件等)进行了简单划分,在作品的详细分类方面不够细致,具体工作方法也较为笼统。例如,AAA出版传媒公司内部有一部稿件,公司的版权业务部只是将其归类为文字作品进行管理,而没有根据该书稿的基本内容对其做进一步的分类(如归入小说、诗歌、散文、论文、剧本等详细类别)。另外,AAA公司的版权业务部对个别可能存在类别交叉的作品也未做较为详细完备的说明。

② 版权资产账目记录分析

AAA出版传媒公司对其所拥有的版权作品的信息项并未建立详细的台账管理模式。如需要相关作品的信息,除了作品本身透露出的基本信息之外(作者、名称、内容、篇幅等),其他的具体信息要进行专项的查找整理。AAA公司的版权业务部对版权资产的统计工作比较滞后,版权资产相关信息变动后的动态记录更是无从谈起。

③ 版权资产权利信息分析

由于AAA出版传媒企业并未建立详细的台账管理模式,因此,版权资产的权利信息分析的工作量较大,需要对现有的相关权利证明文件进行整理、归纳、汇总、分析。经审查,上世纪70年后产生的大多数版权作品能够在版权业务部存有的档案(法律文书、权属证明文件)中查找到具体的权利信息。但AAA出版传媒公司对上世纪70年代之前形成(自创或非自创)的版权作品,相关的权利信息则大多数无从查找,"孤儿作品"的情况不在少数。

④ 版权资产的关联资源情况分析

AAA 出版传媒公司的版权资产关联资源情况与近年来的版权资产的权利信息情况相类似。年代较为久远的作品,包括如作者、版权权属证明法律文件、购销合同这样的关键关联信息都无从查找,其他关联资源信息,如作品内容、作品内容承载介质、作品素材等,则是依据版权作品自身承载的信息获取的。

二、版权资产管理的案例应用

AAA 出版传媒公司的版权资产管理工作,主要围绕 AAA 公司的版权资产实务管理展开。按照版权资产实务管理的基本流程,版权资产管理的咨询服务团队将运用专业的工具软件完成一系列的工作环节,主要是版权资源清查、版权资源资产化、管理台账、资产运营的记录,进而为 AAA 出版传媒企业建立科学有效的版权资产管理机制提供实施方案。AAA 出版传媒公司的版权资源类型包括了文字作品、音乐作品、摄影作品、影视剧作品、美术作品等类别,选取公司版权业务部总编室的一部摄影作品作为版权资产实务管理流程的操作对象。

(一)AAA 出版传媒公司的版权资源清查

版权资产管理咨询服务团队进驻 AAA 出版传媒公司之后,对其拥有的版权资源展开清查,在启动版权资产管理的工具软件后,点击"编辑"按钮,将会弹出一个"版权资源(作品)录入表"的对话框。在这个对话框中,设置了这幅摄影作品的名称、版本、作者、权利人、类别、类型、创作日期、版权保护期限、版权许可、原始权利归属方式、合同保存、资源分级、资源编号、封存情况、部门以及备注等栏目。

咨询服务团队首先选取一幅名为"人像"的摄影作品。对"人像"摄影作品进行清查后,在"名称"框输入"人像",在"版本"框输入"第二次修订",在"作者"框输入"小a",在"权利人"框输入"AAA公司",在"类别"框输入"摄影作品",在"类型"框输入"人像",在"创作日期"框输入"2000/2/31",在"版权保护"框输入"未到期",在"版权许可"框勾选"日期"及在其后的"版权许可到期日"框输入"2014/5/22",在"原始权利归属方式"框输入"委托",在"合同保存"框输入"T"(部门代号),在"资源分级"框输入"A级",在"资源编号"框输入"GB201405122001",在"封存"框不勾选(如作品被封存,则需要勾选),在"删除"框不勾选(如要否认前面的"封存"状态,则勾选),在"部门"框输入"总编室"。

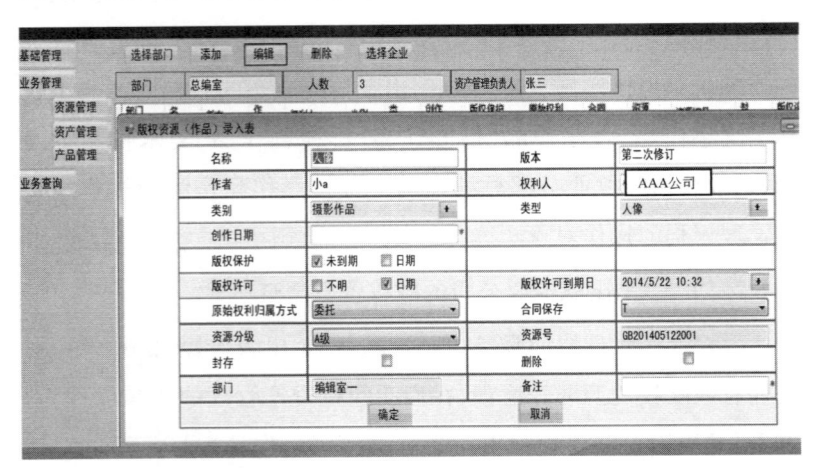

经过上面的操作过程,就完成了摄影作品"人像"的清查过程。AAA出版传媒公司的其他版权资源,如文字作品、音乐作品、摄影

作品、影视剧作品、美术作品等，都采用这种方法进行清查。对这些版权资源的相关信息进行清查后，就完成版权资产实务管理的版权资源清查过程。

（二）AAA 出版传媒公司的版权资源资产化

对清查完毕的 AAA 出版传媒公司的版权资源，需要对其进行资产化过程。由咨询服务人员收集、汇总和提交版权资源的清查数据，并按照版权资源资产化门槛，在版权资源权属得到最后确认之后，由版权资产管理咨询服务人员对版权资源进行资产化的操作（这是版权资源是否可以资产化并成为版权资产的必需步骤）。版权资源的资产化过程仍旧以摄影作品"人像"为例。

在下图中的第一栏里，在"部门"框中输入"总编室"，在"人数"框中输入"3"，在"资产管理负责人"框输入"张三"，则在下面的第二栏中可以看到对摄影作品"人像"清查后的全部信息。

依据清查结果，AAA 出版传媒企业对摄影作品"人像"享有"发表权"和"复制权"。点击左侧的"资产管理"按钮，会出现"作者享有权利项"的下拉对话框和包括"资产事务管理"栏与"版权权利状况信息"栏的对话框。

在"资产事务管理"栏中，在"作品名称"框输入"人像"、在"资源编号"框输入"GB201405122001"、在"制单人"框输入"admin"、在"填表时间"框输入"2014/5/21"。在"版权权利状况信息"栏中，在"权利人"框输入"AAA"，在"持有著作权项"框中，需要通过勾选"作者享有权利项"对话框中的"发表权"（如果是"复制权"的信息录入，则勾选"复制权"）进行录入，在"著作权权利取得方式"框中勾选"购买"（如对应"复制权"取得方式，则勾选"赠与"），在

"著作权获得时间"框输入"2014年5月21日",在"起始日期"输入"2014/6/30",在"终止日期"输入"2024/6/30",点击"确定"按钮,即完成摄影作品"人像"的资产录入过程。AAA 出版传媒企业的其他文字作品、音乐作品、摄影作品、影视剧作品、美术作品也按照上面操作流程,可以陆续完成这些版权资源的资产录入过程。

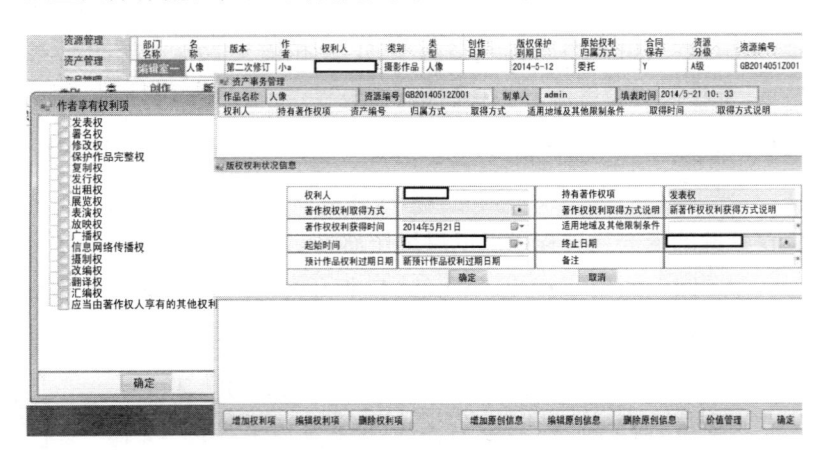

在完成版权资源录入过程后,可以在每一项的作品名称目录下预览相应的版权资源信息。如摄影作品"人像",在名称目录下可以看到录入后的全部信息。"权利人"显示为"AAA","持有著作权项"显示为"发表权"和"复制权","取得方式"显示"购买"(发表权)和"赠与"(复制权),"取得时间"显示为"2014/5/21","起始日期"显示"2014/6/30","终止日期"显示"2024/6/30"等等。AAA 公司的其他版权作品也会以同样的方式预览相关信息。按照版权资源资产化门槛的要求,在完成摄影作品"人像"的相关信息录入后,摄影作品"人像"就完成了资产化过程。

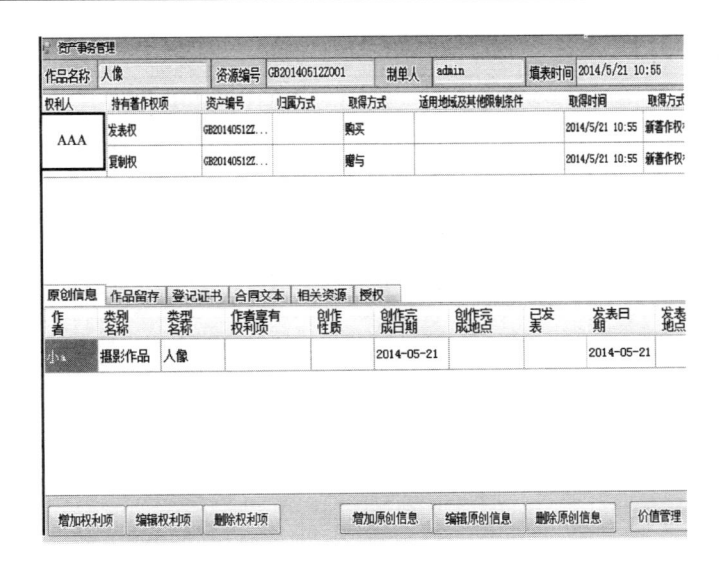

（三）AAA 出版传媒公司的版权资产管理台账

在 AAA 出版传媒公司的全部版权资源完成资产化过程之后，就形成了版权资产管理的台账体系。如下面"版权资产权利状态表"和"版权资产的存储状态表"。

"版权资产权利状态表"显示出 AAA 出版传媒公司的版权资产的全部权利状态内容，分为六个基本类别，即"拥有完全权利的资产"、"拥有部分权利的资产"、"权利不清资产"、"权利失效资产"、"正在运营的资产"、"不可运营资产"。

"版权资产的存储状态表"显示出 AAA 出版传媒公司的版权资产存储状态。按照上文所提及的 AAA 公司持有的作品类型，划分为"文字作品"、"摄影作品"、"音乐作品"、"影视剧作品"、"美术作品"。在存储状态方面，划分为"硬盘存储"、"磁带存储"、"光盘存储"、"纸质存储"、"胶片存储"。

表5：版权资产的权利状态表

制表人：admin		制表日期：2014年5月22日
序号	项目	资产数量（件）
一	拥有完全权利的资产	4080
二	拥有部分权利的资产	2435
	出版权	246
	发行权	369
	发表权	147
	广播权	159
	复制权	258
	改编权	123
	表演权	456
	汇编权	121
	翻译权	88
	信息网络传播权	468
三	权利不清资产	335
	权利瑕疵	132
	信息缺失	158
	合同缺失	45
四	权利失效资产	58
	到期失效	34
	解约失效	24
五	正在运营的资产	822
	自主运营	588
	许可使用	234
六	不可运营资产	559
	权利限制	131
	权利不清	335
	政策限制	58
	自主限制	35
七	全部资产	8289

表 6：版权资产的存储状态表

制表人：admin		制表日期：2014 年 5 月 22 日
序号	项目	数量（件）
一	全部作品	8289
	硬盘存储	3050
	磁带存储	289
	光盘存储	2050
	纸质存储	2000
	胶片存储	900
二	文字作品	3450
	硬盘存储	1050
	纸质存储	1500
	光盘存储	900
三	摄影作品	1550
	硬盘存储	650
	光盘存储	400
	胶片存储	500
四	音乐作品	1200
	硬盘存储	600
	光盘存储	400
	磁带存储	200
五	影视剧作品	1039
	硬盘存储	350
	光盘存储	200
	磁带存储	89
	胶片存储	400
六	美术作品	1050
	硬盘存储	400
	纸质存储	500
	光盘存储	150

版权价值导论

　　在 AAA 出版传媒公司的版权资产台账中，如果要查看"总编室"的版权资产，则可以点击左侧的"资产管理"按钮，在上部的"部门"栏中输入"总编室"，可以在信息显示部位看到"总编室"所属的版权作品及全部相关权利，如摄影作品"人像"。如果需更具有针对性的权利信息，如"发表权"信息，可以在"权利"框的下拉菜单中选择"发表权"，则在下面的信息显示部位可以看到版权作品名称"人像"，权利人"AAA"，作者"小 a"，版本"第二次修订"，到期日"2024/6/30"。此时，版权作品"人像"的相关信息进入 AAA 出版传媒公司的版权资产管理台账。AAA 出版传媒公司的其他版权作品也经过类似的操作，可以在版权资产管理台账中查看相关信息。

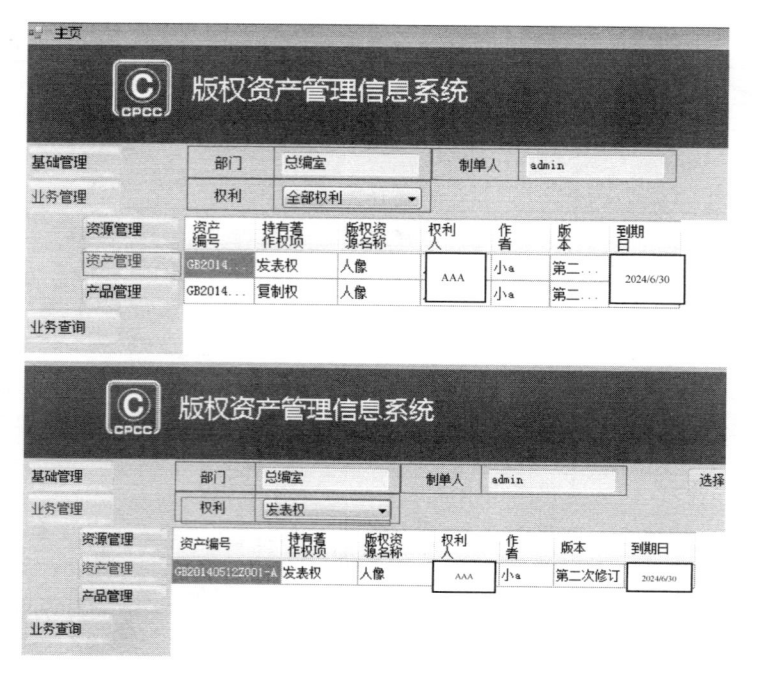

（四）AAA出版传媒公司对版权资产运营的记录

AAA出版传媒公司在建立版权资产的实务管理台账之后，对其拥有或控制的版权资产开展运营活动。AAA出版传媒公司仍以摄影作品"人像"作为版权资产开发运用的举例对象，并对摄影作品同时采取"自用"和"出售"两种开发运营方式。

1. AAA出版传媒公司对版权资产自用开发运营的记录

AAA出版传媒公司从版权资产管理台账中调出摄影作品"人像"的信息。首先在"作品名称"框中输入"人像"，则在"权利获得方式"框中自动出现"人像"的来源信息"购买——许可"，随即在后面显示出带有黄色标记的"专有许可——允许转许可"。与此同时，在页面下方弹出的"权利取得（资产进入）"菜单中的作品详细来源路径是"一级数据项——购买"→"二级数据项——许可"→"进入方式细分——专有许可——允许转许可"。

AAA出版传媒公司将摄影作品"人像"用于开发运营时，需要在"权利运用方式"框中选择"自用"，则在右侧会弹出"权利流出（资产运用）"菜单，其中的作品基本用途路径是"一级数据项——自用"→"二级数据项——□□□□"→"相互限制——质押"→"具体运用方式——平台媒体、互联网、广电媒体、移动应用、其他"。在经过上述操作过程后，摄影作品"人像"完成"自用"记录流程。

2. AAA出版传媒公司对版权资产出售运营的记录

AAA出版传媒公司在自己开发运用摄影作品"人像"的同时，也对摄影作品"人像"对外进行出售。AAA出版传媒公司从版权资产管理台账中调出摄影作品"人像"的信息。在"作品名称"框中输入"人像",在"权利获得方式"框中自动显示出"人像"的权利信息"购买——许可",后面显示出黄色标记"专有许可——允许转许可"。页面下方弹出的"权利取得(资产进入)"菜单中的作品基本来源路径是"一级数据项——购买"→"二级数据项——许可"→"进入方式细分——专有许可——允许转许可"。

AAA出版传媒公司将摄影作品"人像"对外出售,需要在"权利运用方式"框中选择"出售——许可",则在右侧会弹出"权利流出(资产运用)"菜单。其中的作品基本用途路径是"一级数据项——出售"→"二级数据项——许可"→"相互限制——质押",对应的"出售"的开发运用方式"平面媒体、互联网、广电媒体、移动应用、其他"。在经过上述的操作过程后,摄影作品"人像"完成"出售"记录流程。

第七章　企业层次的版权价值计量方式

作品名称	人像				版权资产运用方式—二级数据项及相互限制			
权利获得方式	购买	许可		有许可 许转许可	一级数据项 （业务方式）	二级数据项 （权利流出方式）	相互限制 （不允许）	具体运用 方式
权利运用方式	出售	许可			自用	--	质押	
一级数据项 （业务方式）	二级数据项 （进入方式）	进入方式细分			出售	许可	质押	平面媒体 互联网 广电媒体 移动应用 其他
开发 其他	-- --	自创						
购买	许可	非专有许可	允许转许可		赠与	转让 许可	转让、所有权、质押 转让、所有权、质押	
			不允许			转让		
		专有许可	允许转许可 不允许		置换	使用权 所有权	质押 转让、质押	
置换	转让 许可	普通许可	允许转许可 不允许		质押	普通质押	自用、销售、赠与、置换	
		专有许可	允许转许可 不允许			最高额质押		
	转让				出租	--	转让、所有权、质押	

权利取得
（资产进入）　　　　　　　　　权利流出
（资产运用）

　　AAA 出版传媒公司将摄影作品"人像"同时进行"自用"和"出售"两种开发运营活动之后，会给公司本身带来可观的收益。按照"权利流出（资产运用）"菜单中的信息，无论是"自用"还是"出售——许可使用"摄影作品"人像"，其具体的运用方式都是"互联网、平面媒体、广电媒体、移动应用及其他"。经过咨询服务团队整理、汇总摄影作品"人像"运营的相关信息，编制成《版权资产"人像"运营状态表》。表中全面反映出摄影作品"人像"的运营数据，对应自主经营、出售经营两种使用方式，运营状态表详细记录了合同收入、实收账款、应收账款的具体数额以及摄影作品"人像"带来的总收益。对 AAA 出版传媒公司的其他版权资产，版权资产运营数据表可以通过同样的方式和数据内容反映其运营状态。

表7：版权资产"人像"运营数据表

制表人：		制表日期:2014年5月22日	
项目	合同收入(元)	实收账款(元)	应收账款(元)
一、自主经营	11715.93	8189.8	3526.13
互联网	2455.60	1543.26	912.34
平面媒体	1359.53	986.23	373.3
广电媒体	2034.23	1089.45	944.78
移动应用	3562.15	2786.34	775.81
其他	2304.42	1784.52	519.9
二、出售→许可	14344.02	10411.38	3932.64
互联网	2894.13	2021.01	873.12
平面媒体	1987.56	1453.56	534
广电媒体	2653.23	1932.58	720.65
移动应用	3903.45	2894.36	1009.09
其他	2905.65	2109.87	795.78
三、合计	26059.95	18601.18	7458.77

至此，AAA出版传媒公司对摄影作品"人像"就完成了包括资源清查、资源资产化、形成版权资产管理台账、资产开发运营在内的实务管理过程。对于AAA出版传媒公司持有的其他文字作品、音乐作品、摄影作品、影视剧作品、美术作品，可以运用同样的版权资产实务管理方法对这些作品进行实务管理。经过实务管理过程，这些版权资产会给AAA出版传媒公司带来可观的经济利益，提高资产的利用水平和收益率，显著增加公司的资产数量、收入规模和利润，推动AAA出版传媒公司实现健康、快速、可持续发展。

第八章 产业层次的版权价值

第一节 版权产业

一、版权产业的定义

版权产业,又称为版权相关产业,最早是由美国提出并得到持续充实、丰富和发展的概念。早在 1959 年,美国政府就曾完成并发表了一份《美国版权产业的规模》的研究报告,由此揭开了版权产业研究的序幕。自 1990 年开始,美国国际知识产权联盟(International Intellectual Property Alliance,IIPA)每隔一至两年就进行一次版权产业的相关调研,其调研成果最终会形成一部《美国经济中的版权产业》研究报告。迄今为止,美国政府已经发布了十余期《美国经济中的版权产业》报告,并且,全世界也有 40 余个国家开展了版权产业的相关研究,形成了大量丰富翔实的版权产业研究成果。

美国国际知识产权联盟(IIPA)在《美国经济中的版权产业(1990)》中对版权产业的发展状况进行深入研究,认为版权产业首先应是一个经济学概念,即版权产业是以版权为基础的、从事的生产经营活动与享有版权的作品有关的、在行为规范上直接或间接地接受版权法律及相关法律调整和制约的产业部门[①]。

随着版权产业研究的逐步深入,2005 年,世界知识产权组织在《版权产业的经济贡献调研指南》中对版权产业的概念也进行了界定,认为版权产业是指版权及相关权利能够发挥基础作用的产业活动集合。这个定义主要是突出版权产业是对文化、艺术、科技作品中的版权财产权进行开发运用的产业形态,而版权产业的利益相关者主要是依靠版权的财产权获得相应的利益和报酬,并且,实现这些利益和报酬的途径是对受版权保护的作品进行复制、加工、销售和传播等活动。

国内有关版权产业涵义的相关研究,主要体现在政府部门所发布的研究报告之中。中国国家版权局依照世界知识产权组织(WIPO)发布的《版权产业的经济贡献调研指南》,连续多年就版权产业对中国国民经济发展的贡献状况进行调查研究,并形成了多期《中国版权相关产业经济贡献》调研报告。在这些调研报告中,研究人员对版权产业的涵义做出明确表述,即版权相关产业是全部或部分活动与版权法保护的作品或其他受版权法保护的客体相关的产业。这些活动包括创作、制作、表演、广播、传播以及展览或者发行和销售。版权产业是国民经济中与版权相关的诸多产业部门的集合,这些产业部门的共同特点是,以版权制度为存在基础,其自身发展状态和发展阶段与版权保护息息相关。就其内涵而言,版权产业是围绕版权保护的智力成果所开展的生产、加工、演

---

① 杨丽娅:"中美版权产业与版权制度之比较",载《齐鲁艺苑》2005 年第 4 期。

出、展示和销售等一系列经济活动和经济成果的总和,版权产业的内涵也反映出包含人类智力成果的相关产业需要依靠版权及相关法律保护得以生存和发展。版权产业蕴含着丰富的文化价值、精神价值和思想价值,通过版权产品的生产、销售与流通,可以转化为巨大的经济价值。

因此,综合上述有关版权产业涵义的各种见解和表述,结合版权产业研究的实践,可以认为,版权产业又称版权相关产业,是版权和版权作品发挥基础性作用的产业,是围绕版权和版权作品而形成的生产、加工和销售等一系列经济活动的集合,是诸多与版权和版权作品相关的行业组成的产业。

二、版权产业的种类

世界各国对版权产业的研究采用了各自互不相同的分类方法。如美国、日本曾采用核心版权产业、部分版权产业、版权相关产业及发行产业的分类法;澳大利亚曾采用核心版权产业、部分版权产业及发行版权产业的分类法;芬兰、挪威曾采用核心版权产业、版权依托产业以及其他版权相关产业的分类法;荷兰曾采用直接版权产业、间接或发行版权产业及部分版权产业的分类法;德国曾采用初级版权产业、次级版权产业及相关产业分类法;英国曾采用主要版权产业及部分版权依托产业分类法等等[1]。

美国对版权产业分类方法的研究较之其他国家处于领先水平,在版权产业研究领域中也比较具有代表性。1990年开始,美国

---

[1] 世界知识产权组织:《版权产业的经济贡献调研指南》,法律出版社2006年版,第37页。

国际知识产权联盟(IIPA)持续就版权相关产业对国民经济的影响开展研究,并对美国版权产业的各个组成部分进行系统梳理和分类,于同年年底首次发布《美国经济中的版权产业》报告,在此后的14年中,美国国际知识产权联盟(IIPA)共发布9个系列报告。在这些报告中,课题组依据与版权联系的密切程度,对版权产业的种类划分确定两条基本标准:首先是不涉及版权相关的销售(如版权许可与转让)活动的产业种类不能够划入版权产业;其次是不从版权相关的销售活动过程中获得收入的产业或组织机构不能够划入版权产业。以这些标准为依据,国际知识产权联盟(IIPA)将版权产业划分为四个组成部分:核心版权产业、部分版权产业、版权相关产业和发行产业,所有这些产业集合被称为全部版权产业。但在《美国经济中的版权产业(2004)》中,为了与国际标准保持一致,美国国际知识产权联盟(IIPA)对版权产业的分类方法有所改变,采取世界知识产权组织(WIPO)对版权产业分类方法。

表8:美国国际知识产权联盟对版权产业的分类

	种类	产业内容	备注
全部版权产业	核心版权产业	核心版权产业是指直接创作享有版权的作品和生产受版权保护产品的行业,如影视业、唱片业、书籍、杂志、报纸出版业、计算机软件业、广告业以及电台、电视传播业等	这些产业以创作、传播及利用有版权的作品而生存和发展
	部分版权产业	部分版权产业是指产品中只有一部分享有版权,如建筑业、纺织业等	
	版权相关产业	版权相关产业是指产品的生产和销售与版权有关的产业,如电视机、计算机设备产业等	
	发行产业	发行产业是指将其所拥有的版权推向市场的行业,如发行业、服务运物业、图书批发与零售业等	

2002年7月,世界知识产权组织的专家工作组在芬兰首都赫尔辛基召开会议,主要讨论版权产业的类别划分问题。与会专家组在把版权产业划分为四大类的分类方法方面形成较为统一的意见,即版权产业是由核心版权产业、相互依存的版权产业、部分版权产业和非专用支持产业构成的。世界知识产权组织在2006年8月出版的《版权产业的经济贡献调研指南》中对上述有关版权产业的分类方法进行了最终确认。

相比之下,我国统计部门对版权产业还没有明确的分类方法,从目前国内已有的研究成果看,大都采用了世界知识产权组织(WIPO)对版权产业的分类方法。本书在世界知识产权组织(WIPO)的研究成果基础上,依据版权产业的各个组成部分与版权关系的紧密程度,就我国版权产业的分类方法进行分析和研究,提出将我国版权产业同样划分为四个种类的研究方法,即核心版权产业、相互依存版权产业、部分版权产业、非专用支持产业。结合世界知识产权组织《版权产业的经济贡献调研指南》,本书将这四大类版权产业又划分为多个子产业组,对各产业的内容加以详细界定。

按照世界知识产权组织的说明,四大类版权产业构成的产业集合,又可以统称为"总体版权产业",而按照与版权关系的紧密程度,总体版权产业又可以划分为核心版权产业与非核心版权产业。核心版权产业是指完全从事创作、制作、制造、表演、广播、传播、展览或发行与销售作品或其他受版权保护客体的产业,对版权关系的依赖程度较为密切;而非核心版权产业是指从事生产与版权相关的工具设备、部分依赖于版权而存在产品及服务和版权相关产品的销售服务等活动,非核心版权产业较之核心版权产业对版权关系依赖程度有限。

表9：WIPO 对版权产业的分类①

基本类别		具体概念	产业内容
总体版权产业	核心版权产业	核心版权产业是完全从事创作、制作、制造、表演、广播、传播、展览或发行与销售作品或其他受版权保护客体的产业。	新闻和文学作品；音乐、戏剧作品、歌剧；电影和影带（视频）；广播和电视；摄影；软件和数据库；视觉和绘画艺术；广告；版权集体管理协会等②。
	相互依存版权产业	相互依存版权产业是指那些从事制作、制造和销售其功能完全或主要是为版权作品及其他受版权保护客体的创作、制作和使用提供便利的设备的产业。	相互依存版权产业被进一步划分为两组。第一组产品是与核心版权产业的产品同时消费的，这包括：电视机、收音机、录像机、CD机、计算机及有关设备、乐器等。第二组的产品主要不是履行版权作品的职能，而是通过辅助设备促进版权作品的使用，这包括：照相和电影器材、复印机、空白录音介质、纸张等。
	部分版权产业	部分版权产业是指那些部分活动与版权作品或其他受版权保护客体相关的产业，这些活动包括创作、制作、制造、表演、广播、传播以及展览或者发行与销售。	服装、纺织品和制鞋；珠宝和硬币；其他手工艺品；家具；家庭用品、陶瓷和玻璃；墙纸和地毯；玩具和游艺用品；建筑、工程、调查；内部装修设计；博物馆等。
	非专用支持产业	非专用支持产业是指那些部分活动与促进版权作品及其他版权保护客体的广播、传播发行或销售相关，且这些活动尚未被纳入核心版权产业的产业。	综合批发和零售产业；综合运输产业；电话和互联网产业。

---

① 世界知识产权组织：《版权产业的经济贡献调研指南》，法律出版社，2006年8月，第38—51页。

② 本处的核心版权产业内容不详细阐述这9类核心版权产业的细分情况，详细内容参见"Guide on Surveying the Economic Contribution of the Copyright-Based Industries"。

表10：WIPO 对核心版权产业的分类[①]

核心版权产业子组		核心版权产业子组的构成	对应子组构成的解释
核心版权产业	新闻和文学作品	① 作家、作者和译者；② 报纸；③ 新闻社；④ 杂志/期刊；⑤ 图书出版；⑥ 问候卡和地图；⑦ 工商名录和其他印刷品；⑧ 图书、杂志、报纸和广告材料的印前样、印刷样和印后样；⑨ 报纸和文学作品的批发和零售（书店、报刊亭）；⑩ 图书馆	① 在国家统计中有时没有对这些类别进行细分 ⑨ 专门处理报纸、杂志等的发行场所 ⑩ 图书馆可以体现发行中的附加值。但是如果它们是消费者，其收入就会归到其他类别中
	音乐、戏剧制作、歌剧	① 曲作家、词作家、改编者、舞蹈指导、导演、演员和其他人员；② 音乐作品的印制和出版；③ 音乐录音制品的制作和制造；④ 音乐录音制品的批发和零售（销售和出租）；⑤ 艺术和文字创作和表述；⑥ 表演及相关机构（订票处、售票处）	
	电影和影带	① 编剧、导演、演员等；② 电影和影带的制作和发行；③ 电影放映；④ 影带出租和销售，包括点播；⑤ 相关服务	③ 即影剧院的发行 ④ 这里我们指专门的影带出租场所，不包括在百货公司中出租或销售的影带 ⑤ 相关服务通常是指由相关权所涵盖的诸如字幕、配音等活动
	广播和电视	① 国家广播和电视播放公司；② 其他广播和电视组织；③ 独立制片人；④ 有线电视（系统和频道）；⑤ 卫星电视；⑥ 相关服务	⑥ 特别是那些与广播和电视相关的服务

[①] 世界知识产权组织：《版权产业的经济贡献调研指南》，法律出版社，2006年8月，第113页。

续表

核心版权产业子组	核心版权产业子组的构成	对应子组构成的解释
摄影	① 工作室和商业摄影;② 图片社和图书馆(照片冲印室除外)	仅指摄影的商业方面。这里一个更普遍的问题就是商业和私人用途。研究中通常不涉及非商业部门的数据。例如在摄影产业中,因为个人使用而复制照片就不属于商业用途。摄影有非商业性、私人的一面,它不能完全包括在核心版权产业内
核心版权产业 软件和数据库	① 规划、编程和设计;② 生产、批发和零售预装软件(商业程序、视频游戏、教育程序等);③ 数据库处理和出版	③ 2002 年,WIPO 出版了六份关于发展中国家非原创数据库保护的经济影响的研究报告。WIPO 版权和相关权常设委员会目前正在讨论非原创数据库的国际保护问题
视觉和绘画艺术	① 艺术家;② 画廊以及其他批发和零售;③ 画框和其他相关服务;④ 图形设计	
广告服务	广告代理机构、购买服务(不应包括发布广告费用)	
版权集体管理协会(不应包括营业额)		在统计中,此类协会很少被挑选出来。由它们所分配的附加值能够通过产业的不同主干子部门得出。这里我们指协会本身通过其员工工资的形式所表现出来的附加值

三、版权产业的特征

（一）产业价值创造的多阶段性

版权产业的价值创造过程区别其他产业的价值创造过程的一个显著特征，即价值创造的多阶段性。由于版权产业是以文化类、艺术类、科技类产品的生产、流通和销售为主要内容的产业集合，这决定了版权产业的生产产业链、流通产业链和消费产业链都会有新的价值被不断地创造和衍生出来，且不同的价值创造者又会在不同的产业链阶段不断地促进这些价值积累、沉淀和凝聚在版权产品之中，形成版权价值创造的多阶段性。

从版权产品的生产、流通和消费三个环节来看，版权产品具有与其他类型产品所不同的价值创作、流转和使用特性。普通物质产品的价值大多是在生产环节中一次性形成，流通环节基本是价值的转移过程，而消费环节则是物质产品的折旧损耗及其价值的消耗过程，普通物质产品的价值经过长期使用最终将趋近于零或剩下很小的残值。相比之下，包含创新性内容的版权产品，其价值不仅形成于生产活动之中，而在流通过程中商家进行的宣传推广投资及投入大量的客户渠道资源等，在版权产品中又形成了品牌价值，逐渐凝聚和积累在版权产品所包含的价值总量中。并且，由于版权产品的精神产品属性，消费者则愿意付出比一般的物质产品更高的价格购买这些产品，版权产品在消费环节也实现了价值增值。因此说，版权产品的价值创造贯穿产业链的多个阶段。

此外，一些经典的版权产品，如传世很久的小说、戏剧、曲目、影视等，在社会公众中已经形成一种稳定的消费偏好和欣赏习惯，这些产品的价值承担者是无形的内容、思想和创意,因此,在长期中不会产生价值的损耗和流失。由于版权作品的复制和再复制成本较为低廉,加之这类版权产品在长期中会形成稳定的市场需求规模,因此,每一次产品生产、流通和销售行为的实现都是版权产品价值的衍生和放大的过程。还有一系列的准版权产品,它们的价值会随着时间的推移和流逝而出现持续上升的态势,诸如年代久远的字画、陶瓷、雕刻、书籍等。由于历史和现实的种种原因,这些产品的存世数量必然十分有限,具有鲜明的稀缺性。尽管这类产品在使用、保管、收藏、转移和拍卖销售过程中物质载体不断被磨损、消耗,但其经历的时间越长,这些产品的价值也就越昂贵,如果再经历过一些具有特殊历史意义的重大事件或曾经被某些声名显赫的历史人物所经手和使用,那么这类产品在历史性的使用和保管过程中就被注入更大的历史文化价值,价值的创造和衍生潜力将在产品存在的任何时期内都可以被挖掘和激发出来。

(二) 产业核心价值的权利化

版权产业是以版权的财产权利为核心价值的产业集合,其不仅是一个知识密集型产业,而且产业核心的支撑要素也体现为人类创造的创新性成果。这些文化、艺术和科学技术方面创新性成果的真正价值在于其本身所具有的版权财产权利。版权的财产权利是智力劳动者依照相关法律规定对其创造性的劳动成果所享有的排他性和竞争性权利。作为契合知识经济时代的产业形态,版权产业是以版权的财产权利为支撑得以健康成长和持续发展的产业,版权产业与版权的财产权利之间的息息相关、紧密结合的联系,决定版权财产权要素在版权产业发展过程中必然发挥至关重要的作用,并极大地促进版权产业成长为最具创新气息和创造能力的产业。

　　版权产业作为一种新兴的产业形态,版权的财产权要素已渗透到了其产业链条中的生产、流通和消费等环节,版权产业链条的循环过程能否顺利完成,其决定因素是版权的财产权利能否得到切实有效地保护和实现,可以说,版权产业是以版权的财产权利为基础构筑其产业链条的。发展版权产业,就需要加强对产业发展中的产品和服务的权利界定与保护及所创造价值的分配与保护。无论是何种形式的版权产品,离开版权保护都是无法想象的。发展版权产业的核心和本质,是把优秀的思想创意外化成具有使用价值和价值的版权产品,并通过市场流转实现版权产品所蕴含的财产权利的经济价值。因此,挖掘版权产业特有的产业内涵和发展潜力,就需要不断增强版权产业的版权保护意识和保护力度,为版权产业的发展塑造健康良好的政策氛围。

　　在版权产业链中,版权财产权利的开发和实现的过程,就是将版权推向交易市场,进而实现版权使用的授权过程,即转让或许可使用①的过程,主要表现为版权的财产权的转移。许可他人使用作品并获得报酬的各种权利,具体包括复制、发行、出租、展览、表演、放映、广播、信息网络传播和摄制、改编、翻译、汇编等形式。只有受到强有力的版权保护,版权产品才能维持其自身的生产和再生产过程。否则,任何一项好的版权产品,如图书、工艺品、时装设计、影视作品、互动休闲软件、流行音乐、表演艺术等都难以拥有良好的市场前景,其

---

① 版权的转让是版权人将作品的全部或部分专有权利有偿或无偿移交他人的行为,而版权的授权使用与转让不同,它不转移作品专有权利的所有权,其转移的只是使用权。

283

财产权利也不会得到保障和实现。失去了版权保护,这些产品成为任意被复制和使用的对象,久而久之,作品的创作者就不能为其创造性劳动得到合理的回报,不对称的成本收益格局必然使版权产业规模趋于萎缩,从而阻碍了版权产业的可持续发展。

(三)产业生命周期的有限性

版权产业链的各个环节,包括生产产业链、流通产业链和消费产业链,基本囊括了版权产品的设计、开发、生产、流通、销售和消费的整个过程,由于版权产业发展容易受到文化艺术导向、科学技术创新以及消费者偏好等多重因素的影响,并且这些因素时常处于持续不断的变化之中,其所涉及到的产业链内的行为主体及版权产品的更新换代日益频繁。因此,版权产品的创作一经完成,通过生产、流通和消费环节的过程必然是一个十分迅速的过程,这决定版权产业的生命周期必然是短暂而有限的。

在版权产品的创作阶段,创作者凭借创造性劳动对产生于内心之中的每个构思、想法和创意进行加工和设计,形成各种不同的设计方案和生产流程,通过合理运用和配置版权产品所需的各种资源和要素,在极短的时间内就可以将创造性成果转化为形形色色的版权产品及服务,迅速完成版权产业生产产业链的循环过程。并且,版权产品的创作已经出现全版权模式,所涉及到的多方面的开发运用版权产品的行为主体,在不同的领域中迅速推动版权产品的产业化进程。如英国女作家 J. K. 罗琳的"哈利·波特"系列小说,包括出版图书、摄制电影、开发游戏以及以"哈利·波特"为主题建造的公园和相关的饮食、服饰、玩具、旅游等产业,所形成的全版权产业链总产值超过了 220 亿美元。全版权模式加速了版权产品的开发运用进程,同时也显著缩短了产业生命周期。

在版权产品的流通阶段，版权产品的流通销售活动借助现代基础设施和网络设施使版权产品得以迅速推广销售。版权产品的流通过程，就是将版权产品推向交易市场，进而实现版权产品的价值和使用价值的彼此让渡过程。在新媒体环境下，新兴的传播技术、传播媒介和视听工具，能够使得版权产品的复制、发行、出租、展览、表演、放映、广播、信息网络传播和摄制、改编、翻译、汇编等活动在有限的时间内迅速完成，极大地缩短了版权产品的流通过程。

在版权产品的消费阶段，版权产品一经投入市场，常常会在市场上直接被消费者所消费，免去传统意义上的新产品投入市场所需要的各级批发和零售渠道等过程，甚至不少版权产品在被开发出来之后，其制作过程与消费过程是在同一时点完成的，产业化生命周期明显缩短。例如，剧院上演一部话剧，话剧演员的表演过程就是观众的观看过程，而观众的观看过程也是消费过程。此外，版权产品的市场适应性也是影响产业生命周期的重要因素，拥有广阔市场前景的、适销对路的版权产品，会使供应商拥有更为雄厚的资本和技术力量投入新产品的研发，很短时间内就会推出新的升级换代产品，迅速替代和淘汰市场上已有的产品，使版权产品的产业周期呈现有限性的特征。

（四）产业投入要素的高禀赋性

版权产业的生产、制作、流通和消费的过程，就是一个思想、艺术、科技要素的投入过程。版权产业的发展主要依赖创作者对各种版权资源进行深度的挖掘和整合，从而持续不断地产生新的创意、构思和设计，经过不断投入高品质、高禀赋的生产要素，并依托资本、管理、市场营销等其他要素,创造出各种各样的版权产品及服务,最终完成版权产品的生产与再生产的循环过程。

版权产品及服务的生产和再生产过程,需要具有相当程度的知识储备和创新能力的创作者对各种版权资源进行认知、挖掘、开发和运用,这些高品质、高禀赋的生产要素是版权产业发展的重要支撑,即版权产业自身具有高端产业的内涵和属性。伟大的发明创造主要源于伟大的思想和先进的理念。例如,一部彪炳史册的巨作,写作者在创作过程中必然投入了大量的心血和精力,是综合脑力劳动的集成。创作阶段结束后,又需要具有现代出版编辑经验和市场营销管理理念的出版工作者在统稿编辑、印刷出版、流通销售等各个环节中努力工作,最终著作才能成功面世。又例如,一部喜闻乐见、家喻户晓、脍炙人口的影视作品,必然有一支实力雄厚、技艺精湛、勇于创新的合作支撑团队,这些工作者精通艺术表演、形象设计、拍摄录制、编辑剪辑、财务管理、人力资源等技术,对产业链中的培训、包装、宣传、推广、策划及营销等活动轻车熟路。这一系列过程的完成,都需要高品质、高禀赋的生产要素的投入。离开这些生产要素,版权产品的竞争力和市场前景只能在低档次、低阶段、低水平徘徊不前。

因此说,版权产业是一种高度依靠高品质、高禀赋生产要素投入的产业,其中的各个环节的参与者所付出的创造性劳动,是高水平的劳动力、智慧、创意、资金、技术、设备、管理等生产要素综合发挥作用的结果。以高品质、高禀赋的生产要素为重要支撑,促进版权产业的快速、健康、可持续发展,也是版权产业的重要特征之一。

(五)产业投资运营的高风险性

版权产业是典型的高风险的产业。版权产业的产业链本身就蕴含着较大的风险,产业链的两端是两个完全不同的群体,一个是具有较强创新能力的版权产品开发和制造群体,另一个是需要多样、偏好各异、诉求强烈的消费群体。版权产业的生产和再生产过程的实现,需要将两个群体进行有效衔接和沟通,然而,处于两个群体中的是各不相同的人群,能否通过版权产品或者产品销售市场实现双方顺畅连接,形成完整的版权产业链条,尚面临着诸多不确定性的因素。版权产品并非社会大众日常消费的一般物质产品,而是文化性、艺术性、娱乐性、体验性的产品及服务,消费者对每种版权产品,例如图书、文艺演出、影视剧、网络游戏、计算机软件等的需求具有很强的不确定性。每种版权产品对于消费群体都存在着私人偏好、文化差异、艺术品位、社会潮流、区域特点、风俗习惯等不确定因素,这在无形之中放大了版权产品的生产、制作、推广、流通和消费风险。此外,版权产业本身具有弱质性特征,在缺乏版权保护的市场环境下,版权产业极易受到侵权盗版行为的危害,产业成长和发展的动力会受到削弱,与其他行业相比,版权产业具有鲜明的"轻、薄、短、小、弱"等特点。

版权产业的高风险性又意味着其是一个高回报率的产业。版权产业的高回报率可以用"一次投资,多次受益"来描述,这也是版权产业链条的价值创造多阶段性所带来的超额价值。版权产业所包含的新闻和文学作品、音乐、戏剧作品、歌剧、电影和影带(视频)、广播和电视、摄影、软件和数据库、视觉和绘画艺术、广告等行业,需要依靠高品质、高禀赋、高智力生产要素的投入才能得以发展,进而在整个市场进行快速传播和流通。但任何一种版权产品在得到消费者认可之后,将会衍生出各种各样的产品形式,如数字传媒、图书报纸、影视剧等,从而延伸至整个消费市场,激起一种新兴的、广泛的消费浪潮,这种大规模、大批量、大手笔的开发运营活动,会形成显著的规模经济效应,使得版权产业成为高回报率的产业。据相关调查资料显示,对版权产品投资一元钱,由此引起的产业链延伸和拓展的新领域及相关的衍生品可以带来五元钱的投资回报。例如迪斯尼公司,其主营业务包括娱乐节目制作、主题公园、玩具、图书、电子游戏和传媒网络等,几乎涵盖了全部的文化消费行业。在经过前期的设计、生产制作、经营管理、推广、流通等大量投入之后,无论是图书、日常用品、装饰品、服装、外观包装、绘画、文具、室外装裱、玩具等任何一种产品,只要印上迪斯尼标记,其价值立马会翻上数倍。

四、版权产业与相关产业的关系

目前,世界主要国家(地区)对版权产业采用各不相同的称谓,主要有文化产业、创意产业、内容产业等。除美国、加拿大、澳大利亚、俄罗斯、乌克兰、荷兰、匈牙利、新加坡等国家采用"版权产业"称谓之外,德国、西班牙等国家多使用"文化产业"的称谓,"版权产业"在英国、新西兰等国家也被称为"创意产业"。在欧盟部分成员国、日本、韩国等国家,版权产业又被称为"内容产业"。这些产业都是在对深化知识经济研究的基础上提出来的,为了研究的深入开展,还需要从各种产业的具体内涵方面加以阐述。

(一) 文化产业

德国法兰克福学派的著名学者霍克海默和阿道尔诺出版的

《启蒙辩证法》首次提出"文化产业"(cultural industry)①的概念,但关于文化产业的具体内涵,迄今还没有一个相对统一、共同的说法。当前,理论界在涉及"文化产业"这一概念时,也普遍认同"文化产业"具有多种定义,不同的研究者基于研究初衷和预期目的的差异,也从不同的角度去理解和诠释文化产业的内涵。据统计,关于"文化产业"的定义存在上百种的说法,从理论界对文化产业开展研究之始,"文化产业"在不同的语义环境下也被表达出多种提法,如"文化工业"、"创意产业"、"文化创意产业"、"内容产业"和"版权产业"等。

不同国家、国际组织和研究机构对"文化产业"提出不同的定义。联合国教育、科学及文化组织(UNESCO)对"文化产业"提出一个定义,认为文化产业是按照标准化流程来生产、存储、流通以及分配文化产品及服务的系列经济活动,其最终目的是追求文化经济效益而非是为促进文化自身发展。欧盟组织将"文化产业"称为"内容产业",认为内容产业是生产、开发、包装、制作、流通、推广和销售信息类产品及服务的产业集群。英国政府将"文化产业"称为"创意产业",英国创意产业特别工作小组经过深入研究并提出创意产业的涵义,认为源自个人创意、技巧及才华,通过知识产权的开发和运用,具有创造财富和就业潜力的行业。在美国,"文化产业"一词是由culture industry翻译得来,美国对于"文化产业"定义是指通过工业化、标准化、商品化和信息化的方式对文化产品及

---

① [德]马克斯·霍克海默、西奥多·阿道尔诺:《启蒙辩证法》,渠敬东、曹卫东译,上海人民出版社2006年版,第36页。

服务进行的生产、交换、流通、传播和消费活动①。

　　国内对"文化产业"内涵的研究和探讨也取得了许多成果。21世纪初,文化部曾组成文化产业调查组,对国内的部分省市文化产业发展状况开展调研活动。2003年9月,文化部在发布的《关于支持和促进文化产业发展的若干意见》中,认为"文化产业"是指从事文化生产和提供文化服务的经营性行业。2004年,国家统计局公布关于文化产业的统计指标体系,与此同时,文化部关于文化产业统计指标体系的课题工作组对"文化产业"进行再次界定,即文化产业是从事文化产品的生产、流通和提供文化服务的经营性活动的行业总称。此后,国家统计局《文化及相关产业分类》指出,文化产业是指文化产品、文化传播服务和休闲娱乐以及与此相关的生产与销售活动的集合。并且,《文化及相关产业分类》对文化产业各个门类划分了三个层次,即核心层、外围层和相关层②。

　　根据《文化及相关产业分类(2012)》新标准,我国国家统计局将文化及相关产业界定为社会公众提供文化产品和文化相关产品

---

　　① 在"文化产业"这一概念产生之后,国内外对其内涵的认识与界定的过程,在不同的历史时期也不尽相同。学术界对文化产业内涵的界定基本包含三个层面:一是文化产业是以标准化生产方式向社会提供文化产品或与文化有关联的服务的行业;二是文化产业的生产、消费过程,是通过向社会提供文化产品和服务的方式,满足消费者精神文化生活需求的过程;三是文化产业从生产到消费的整个运行过程,是以市场化方式进行资源配置,实现文化产业经济目标的经营性活动。

　　② 核心层包括新闻、书报刊、音像制品、电子出版物、广播、电视、电影、文艺表演、文化演出场馆、文物及文化保护、博物馆、图书馆、档案馆、群众文化服务、文化研究、文化社团、其他文化等。外围层包括互联网、旅行社服务、游览景区文化服务、室内服务、游乐园、休闲健身娱乐、网吧、文化中介代理、文化产业租赁和拍卖、广告会展服务等。相关层包括文具、照相器材、乐器、玩具、游艺器材、纸张、胶片胶卷、磁带、光盘、印刷设备、广播电视设备、电影设备、家用视听设备、工艺品的生产和销售等。

的生产活动的集合。根据以上定义,国家统计局将文化产业的范围界定为以下四种范畴:(1)以文化为核心内容,为直接满足人们的精神需要而进行的创作、制造、传播、展示等文化产品(包括货物和服务)的生产活动;(2)为实现文化产品生产所必需的辅助生产活动;(3)作为文化产品实物载体或制作(使用、传播、展示)工具的文化用品的生产活动(包括制造和销售);(4)为实现文化产品生产所需专用设备的生产活动(包括制造和销售)。

本分类依据上述分类原则,将文化及相关产业分为五层。

第一层包括文化产品的生产、文化相关产品的生产两部分,用"第一部分"、"第二部分"表示;

第二层根据管理需要和文化生产活动的自身特点分为10个大类,用"一"、"二"……"十"表示;

第三层依照文化生产活动的相近性分为50个中类,在每个大类下分别用"(一)"、"(二)"、"(三)"……表示;

第四层共有120个小类,是文化及相关产业的具体活动类别,直接用《国民经济行业分类》(GB/T4754—2011)相对应行业小类的名称和代码表示。对于含有部分文化生产活动的小类,在其名称后用"*"标出。

第五层为带"*"小类下设置的延伸层。通过在类别名称前加"—"表示,不设代码和顺序号,其包含的活动内容在表2中加以说明[①]。

[①] 鉴于研究的需要,本分类方法省略了国家统计局对文化产业的第四、第五层界定内容。

表11：文化及相关产业的类别名称

第一层	第二层	第三层
文化产品的生产	新闻出版发行服务	新闻服务
		出版服务
		发行服务
	广播电视电影服务	广播电视服务
		电影和影视录音服务
	文化艺术服务	文艺创作与表演服务
		图书馆与档案馆服务
		文化遗产保护服务
		群众文化服务
		文化研究和社团服务
		文化艺术培训服务
		其他文化艺术服务
	文化信息传输服务	互联网信息服务
		增值电信服务（文化部分）
		广播电视传输服务
	文化创意和设计服务	广告服务
		文化软件服务
		建筑设计服务
		专业设计服务
	文化休闲娱乐服务	景区游览服务
		娱乐休闲服务
		摄影扩印服务
	工艺美术品的生产	工艺美术品的制造
		园林陈设艺术及其他陶瓷制品的制造
		工艺美术品的销售

续表

第一层	第二层	第三层
文化相关产品的生产	文化产品生产的辅助生产	版权服务
		印刷复制服务
		文化经纪代理服务
		文化贸易代理与拍卖服务
		文化出租服务
		会展服务
		其他文化辅助生产
	文化用品的生产	办公用品的制造
		乐器的制造
		玩具的制造
		游艺器材及娱乐用品的制造
		视听设备的制造
		焰火、鞭炮产品的制造
		文化用纸的制造
		文化用油墨颜料的制造
	文化用品的生产	文化用化学品的制造
		其他文化用品的制造
		文具乐器照相器材的销售
		文化用家电的销售
		其他文化用品批发
	文化专用设备的生产	印刷专用设备的制造
		广播电视电影专用设备的制造
		其他文化专用设备的制造
		广播电视电影专用设备的批发
		舞台照明设备的批发

(二) 创意产业

创意产业(creative industries)包括了较宽广的范围,除文化产业外,还包含了所有文化和艺术的生产和表演,当然创意产业也包含了大量的艺术要素或创意贡献①。创意产业在过去十多年时间里,实现了由专业术语到理论研究和发展实践的转变。作为高成长性、高知识性、高附加值、高融合性和高收益性的产业,创意产业对国家(地区)的经济增长、促进就业、城市发展建设及对外贸易等方面具有突出的贡献。近些年来,为数众多的国家(地区)开始将创意产业作为促进国民经济发展的战略性支柱产业,通过制定必要的政策措施、管理方案、发展规划等方式支持和推进创意产业发展。

当前,英国、加拿大、澳大利亚、美国、法国、日本、新加坡、韩国,中国的香港、台湾、上海等地区的创意产业发展居于世界领先水平。这些国家及地区的创意产业具有鲜明的地区特色和突出的地区优势。在英国、澳大利亚等国家,创意产业与文化资源的联系程度较为紧密,呈现出文化和创意的双重特色。在美国、加拿大等国家,创意产业主要表现为与版权紧密联系的"版权产业"。日本的创意产业主要是以动漫、游戏软件开发行业为主的产业等。新加坡和韩国的创意产业被称作文化产业。新加坡的创意产业划分为三大类别:文化艺术业、设计业及媒体行业。韩国将创意产业明确为国家层面的发展政策,推行"文化立国"方针,政府通过发展文化产业促进国民经济持续发展。在韩国,广播、电视、电影、游戏、软件开发、动漫、艺术表演、文物古董、美术设计、广告装潢、出版印刷发行等行业均划分为文化产业。我国台湾地区将创意产业划分

---

① World Intellectual Property Organization, Guide on Surveying the Economic Contribution of the Copyright-Based Industries, WIPO Publication No. 893(E), ISBN 92-805-1225-7.

为十三个类别,包括:出版印刷、视觉艺术、音乐与表演艺术、文化展演设施、工艺、电影、广播电视、广告设计、品牌时尚设计、建筑设计、创意生活和数字休闲娱乐等。我国香港地区在2003年的创意产业发展研究报告中将创意产业划分三个大类,11个具体行业。其中,三个大类主要是内容创造、基建支援和再生产及发行。11个行业包括:广告、建筑、设计、出版、数码娱乐、电影、古董与工艺品、音乐、表演艺术、软件与资讯服务、电视与电台等[1]。

最具代表性的是,1998年英国创意产业特别工作组(Creative Industries Task Force)在《英国创意产业路径文件1998》(Creative Industries Mapping Document 1998)中首次正式提出"创意产业",认为创意产业是"源自个人创意、技巧及才华,通过知识产权的开发和运用,具有创造财富和就业潜力的行业"[2]。就产业范围来看,英国创意产业小组列举了创意产业所包括的13项产业类别:广告推销、建筑设计、艺术品和文物销售、工艺品、产品设计、时装、电影、互动娱乐软件、音乐、表演艺术、出版、电脑软件以及电视电台广播节目的制作等。可以看出,上述这些产业类别大多属于通常的文化产业范围。约翰·霍金斯在《创意经济:人们如何从思想中创造金钱》中,将创意产业划分为:版权、专利、商标和设计四类[3]。这种划分方法扩展了创意产业的内涵,包含众多以科学研究、工程建设、技术开发为基础的部门,尤其是将自然科学的专利研发活动也归入到创意产业范畴,旨在解决经济体系中的文化艺术和科学

---

[1] 第二届中国管理创新大会资料.2002:3—7。
[2] Creative London Commission, Creative Industries Mapping Document. 1998:12—16.
[3] John Howkins. Creative Economy: How People Make Money from Idea, London: Penguin Books, 2002.

技术分离的问题。

　　2006年,由中国创造学会和国际管理学会主办的中国创意产业大会上,发布了《中国创意产业发展报告》。报告提出了创意产业的具体定义,即创意产业是指那些具有一定文化内涵的、源于人的创造力和聪明智慧,并通过科技的支撑作用和市场化运作可以被产业化的活动的总和。并指出,创意产业具体包括数字软件产业、设计产业、广告公关与咨询策划产业、创意地产与建筑产业、品牌时尚产业、广播影视产业、新闻出版产业、文化艺术产业、工艺品产业、创意生活产业等。创作者从事科学和工程学、建筑与设计、教育、艺术、媒体、音乐和娱乐以及相关的经营管理,他们的工作是创造、传播以及经营新观念、新技术和新的创造性内容。

表12:创意产业分类[①]

项次	产业分类	产业内容
1	数字软件产业	商务软件、多媒体互动软件、手机游戏与数字内容、网络游戏、网络服务、数字动画、数字漫画、数字杂志等。
2	设计产业	平面视觉设计、包装设计、工业设计、产品研发设计、产品外观设计、网页媒体设计、造型设计、舞台灯光设计等。
3	广告公关与咨询策划产业	市场研究、营销咨询、广告代理、广告策划、广告设计、广告制作、广告发布、公共关系、管理咨询、投资策划、体育赛事、婚庆、会展等。
4	创意地产与建筑产业	建筑物设计、室内空间设计、展场设计、商场设计、庭园设计、景观设计、装饰设计、都市计划、创意楼盘等。

---

① 该分类源于中国创意产业大会对创意产业的分类。

续表

项次	产业分类	产业内容
5	品牌时尚产业	时装设计、服饰设计、时尚杂志、时尚摄影、发型及化妆造型、配件设计、珠宝首饰、香水设计、个人形象、时装模特等。
6	广播影视产业	广播节目、电台、电视剧、电视台、电视网、电影等。
7	新闻出版产业	书报刊、唱片、录音带、光盘、数字内容出版等。
8	文化艺术产业	文学、绘画、书法、摄影、雕塑、艺术陶瓷、篆刻及其它艺术品、音乐、戏剧、舞蹈、曲艺等。
9	工艺品产业	工艺品、民间艺术品、工艺礼品、艺术纪念品、旅游纪念品等。
10	创意生活产业	以创新的体验式方式提供的衣、食、住、行、育、乐各领域的商品或服务,例如新颖服装、特色菜式、茶艺室、艺术酒吧、人文小区管理和活动、互动教学、体验式学习、卡拉OK歌舞厅、休闲旅游、酒店服务、主题公园、台球、高尔夫球、保龄球、游艺场等。

(三) 内容产业

内容产业(contentin industries)的概念最早是在1995年的西方七国信息会议正式提出的。就内容产业的内涵而言,其与文化产业相类似,体现出其价值在于产业所涉及的内容,而并不是外在的介质载体。在日本,内容产业与休闲产业、时尚产业并列,其中,最具代表性的内容产业是动漫产业、游戏开发和时装设计业,这些行业在日本的社会经济中占据相当重要的地位。内容也就是文化,因此,韩国也使用一个复合型的概念——文化内容产业,并于2001年专门设立文化内容产业振兴院(KOCCA)。该院对文化内容产业进行了界定,文化内容产业是与内容相关的经济活动的集合(例如创作、生产、制作文化内容产品等）。产业类别涉及动漫、电影电视、音乐传媒、数字出版、移动通讯、互联网内容、游艺娱乐内容等。韩国政府认为，文化内容产业是典型的高附加值和高成长潜力的新兴行业。

单就内容产业而言，内容产业曾被欧盟定义为制造、开发、包装和销售信息产品及服务的产业①，其产品范围包括各种媒介的印刷品（书报杂志等）、电子出版物（联机数据库、音像产品、光盘服务、游戏软件等）和音像传播（影视录像和广播等）。经济合作与发展组织（Organization for Economic Co-operation and Development，简称OECD）在《作为新增长产业的内容》中对内容产业也进行界定，内容产业主要包括媒体内容及其服务产业和计算机内容及其服务产业两个板块。从知识型产业的具体内涵看，内容产业主要是由信息技术应用所引发的，运用高新技术、互联网络与数字化技术而产生的传媒产业。中国台湾地区将内容产业划分为内容软件、数字影音、电脑动画、数字游戏、网络服务、移动内容、数字出版典藏、数字学习等八大类别。

综合上述内容产业的定义，可以认为，内容产业是信息技术与文化创意高度融合的产业形式，涵盖数字游戏、互动娱乐、影视动漫、立体影像、数字学习、数字出版、数字典藏、数字表演、网络服务、内容软件等。

---

① 1996 年欧盟在《信息社会 2000 计划》（European Commission，In2000）中明确的数字内容产业涉及移动内容、互联网服务、游戏、动画、影音、数字出版和数字化教育培训等领域。

表13：内容产业的类别①

具体类别	具体内容
内容软件	制作、管理、组织与传递数字内容的相关软件、工具或平台。
数字影音	数字化拍摄、传送、播放的数字影视及音频内容。包括数字电视、数字电影、数字音乐等。
电脑动画	运用计算机生成或协助制作的影响，广泛应用于娱乐与工商用途。
数字游戏	以信息平台提供声光娱乐给一般消费大众，包括网络游戏、手机游戏、PC单机游戏、电视游戏和掌机游戏等。
网络服务	提供网络内容、连线、储存、传递、播放等相关服务。包括内容服务、应用服务、平台服务及通讯/网络增值服务等。
移动内容	运用移动通信网络为移动终端用户提供的信息、数据及服务。
数字出版典藏	数字出版、数字典藏、电子数据库等。
数字学习	将学习内容数字化后，以计算机等终端设备为辅助工具进行的学习活动。包括数字学习内容制作、工具软件、建置服务、课程服务等。

（表格最左侧合并列：内容产业）

---

① 该分类方法采用的中国台湾地区发布的《2004数字内容产业白皮书》中的分类。

（四）版权产业与相关产业的比较

版权产业与相关的其他产业，尽管称谓和命名各不相同，但是产业的内涵和外延方面却存在着众多的相同、近似、交叉、包含或覆盖的关系。一般说来，称谓的不同源自于研究分析角度的差异。对于文化产业、内容产业和创意产业，不管采用哪种称谓方式，其产业活动的结果都是对思想、艺术、创意、科技等资源进行开发和利用所产生的创新性成果，其核心价值则表现为版权这种财产性权利。因此，版权产业、文化产业、内容产业和创意产业，无疑属于知识密集型和技术密集型的新兴产业，都是转变经济发展方式和提升经济增长质量的引擎和动力，这是上述各种产业的共性。

以文化、艺术、创意以及科学技术为主要构成要素的相关产业，版权产业、文化产业、内容产业和创意产业在不同国家内有着不同的具体语境和发展理念。美国和澳大利亚等国通常采用"版权产业"的称谓，强调产业运作的核心要素和支撑力量；英国、新西兰等国采用"创意产业"的称谓，强调独特性、新颖性、创新性的成果在产业发展中的作用；德国、西班牙等国采用为"文化产业"的称谓，强调文化、艺术资源的开发和运用对经济发展的渗透和贡献；日本则采用"内容产业"的称谓，主要突出数字内容要素在产业发展中的重要性和基础作用。此外，从版权产业、文化产业、内容产业和创意产业所涉及的具体领域看，版权产业向上述各个产业领域渗透和融合的趋势日益显著。

表 14：不同国家和组织的文化产业分类与内容[①]

联合国教科文组织 （文化产业）	文化遗产、出版印刷业和著作文献、音乐、表演艺术、视觉艺术、音频媒体、视听媒体、社会文化活动、体育和游戏、环境和自然等 10 类。
国际标准产业分类 （第三版） （文化产业）	(1) 文化内容发源（书籍、音乐、报刊和其他相关资料的出版、软件咨询和供应、广告业、摄影活动、广播电视、戏剧艺术、音乐和其他艺术活动）；(2) 文化产品的制造（电子元件制造、电视广播发射器和电话机装置的制造、电视广播接收器、磁带、录像机装备和附件的制造、光学仪器和摄影仪器的制造、乐器的制造）；(3) 文化内容的翻印和传播（印刷业、录制媒体的再生产、电影和录像的制造与发行、电影放映）；(4) 文化交流（其他娱乐业、图书馆与档案活动、博物馆活动、历史遗迹和建筑物的保护）。
加拿大 （文化产业）	(1) 信息和文化产业（出版业、电影和录音业、电视广播、因特网、电信业、信息服务业）；(2) 艺术、娱乐和消遣（演艺、体育、古迹遗产机构、游乐、博彩和娱乐业）。
澳大利亚	(1) 文化遗产和古迹，如博物馆、自然遗产和保护、图书和档案馆等；(2) 艺术活动，如文学作品的创作、出版和印刷，表演艺术，音乐创作和出版，广播、电视和电影等；(3) 体育和健身娱乐活动；(4) 文化产品的制造和销售；(5) 其他文化娱乐类。
美国 （版权产业）	(1) 文化艺术业（含表演艺术、艺术博物馆）；(2) 影视业；(3) 图书业；(4) 音乐唱片业。
英国（创意产业）	广告、建筑、艺术和古董市场、手工艺、设计、时尚设计、电影、互动休闲软件、音乐、电视广播、表演艺术、出版和软件等 13 个部门。

[①] 欧阳坚：《文化产业政策与文化产业发展研究》，中国经济出版社 2011 年版，第 44 页。

续表

欧盟（内容产业）	制造、开发、包装和销售信息产品及服务的产业，包括各种媒介上所传播的印刷品内容（报纸、杂志、书籍等），音像电子出版物（联机数据库、音像制品服务、电子游戏等），音像传播内容（电视、录像、广播和影视），用做消费的各种数字化软件等。
日本	内容产业是指电影、电视、影像、音响、书籍、音乐、艺术等。
韩国（文化产业）	与文化商品的生产、流通、消费有关的产业：影视、广播、音像、游戏、动画、卡通形象、演出、文物、美术、广告、出版印刷、创意性设计、传统工艺品、传统服装、传统食品、多媒体影像软件、网络及其相关的产业。

结合上述各个产业的分类和内容，应该说，文化产业、内容产业、创意产业中的几乎全部内容都可以划入到"核心版权产业"之中，而其他三个类别的版权产业是与文化、艺术、科学技术方面关系不甚紧密的产业。"相互依存的版权产业"主要属于生产版权产品相关硬件设备产业，如电视机、收音机、录像机以及计算机设备等行业。"部分版权产业"中只有为数不多的构成部分属于文化、艺术方面的内容，如玩具和游艺用品、家具、装饰物、博物馆等。"非专用支持产业"是为文化产业、内容产业和创意产业提供支持的传播、发行或销售活动，其中的电话和互联网行业与信息产业存在交叉和重叠。但是无论如何，这些产业的成长与发展要获得强劲而持续的动力，以法律形式确立的产权制度则对各产业具有决定性的意义，而这种产权制度就是众所周知的版权制度。因此，结合上述有关文化产业、内容产业和创意产业的论述，就各类产业内涵与版权产业的关系而言，都可划入版权产业。

表 15：版权产业与相关产业的具体对象比较[1]

产业名称	核心思想	产业构成	相互关系
版权产业	高度关注版权权利的归属及版权财产权的核心价值。		与美国等版权大国的国家利益有密切关系，更侧重创意产业的知识内容和市场权益。
文化产业	以文化的工业化复制和商业化营销为中心，强调文化与经济双向互容。	向消费者提供精神产品或服务的行业，包括文学艺术业、广播影视业、新闻出版业、音像制品业、旅游娱乐业、教育信息业、策划展览业、体育竞技业等。具体包括印刷、出版与多媒体、视听、录音与录影制作，以及工艺与设计；对有些国家，还包括建筑、视觉与表演艺术、运动、音乐器材制作、广告与文化旅游。	是一个总括型、包容型的综合概念。适用于那些以无形、文化为本质内容，经过创造、生产与商品化结合的产业。其内容受到版权保护，并可以采用产品和服务形式来表现。
内容产业	以创意为动力，将各种"文化资源"与最新数字技术相结合，融会重铸，主导产业是数字传媒、游戏、出版、影视等。	包括8类，即内容软件、数字影音、电脑动画、数字游戏、网络服务、移动内容、数字出版典藏、数字学习等，包括各种媒介上所传播的印刷品内容（报纸、书籍、杂志等）音像电子出版物内容、音像传播内容，以及用作消费的各种软件。	以数字技术为载体，引领当代文化产业新趋势。

---

[1] 张志林等：《北京版权贸易与版权产业发展研究》，印刷工业出版社2011年版，第78页。

续表

产业名称	核心思想	产业构成	相互关系
创意产业	拥有知识产权保护的以"创造、设计"为中心,强调人的创造力资源为主要特征的产品设计和生产。	包括13个类别,即广告、建筑艺术、艺术与古董市场、手工艺品、时尚设计、电影与录像、交互式互动软件、音乐、表演艺术、出版业、软件及计算机服务、电视和广播等。	创意产业是涵盖文化产业核心价值的产业;重点以文化产业为关联产业,是文化产业发展到一定阶段的产物。它运用知识产权进行自主开发,成为文化产业的源头,也是基础与主干。

第二节 版权产业的价值形成基础

一、经济基础

经济基础是影响版权产业及其价值创造能力的关键因素。从版权产业在国民经济中的地位和发展阶段来看,版权产业是在后工业化时期经济发展水平提升和产业结构转型升级的背景下,为满足社会公众对精神文化的个性化、多样化和差异化的需求而发展起来的新兴产业形态。因此,雄厚的经济基础必然成为版权产业发展和价值创造的前提条件。

经济基础决定了版权产业发展所需要的物质、技术条件,并且,版权产业偏爱在经济基础雄厚的国家和地区实现快速发展,这体现了版权产业对经济基础的依赖和选择性。首先,在经济基础较好的地区,社会公众有更多的精力和激情投身到精神文化和艺术创造活动,进而可以大规模、大批量、大手笔创造版权产品和提供完善、周到、精细的版权服务,从而带动版权产业形成全新的产业实体。其次,在经济基础较好的地区,居民的收入水平、消费能力和精神文化追求较经济发展落后地区处于领先水平,为包括生产、流通和销售环节在内的版权产业价值链循环提供了可靠的消费支出。

由于地缘因素和经济发展政策等多方面的原因,区域经济发展的不平衡性和梯度性是经济社会的一个鲜明特征。地区间经济发展水平的差异也形成了不同形态的经济结构。在一些经济发达的地区已实现工业化的背景下,这些地区经济发展的主导因素开始从常规性的资源要素逐渐转向现代服务业和科技创新活动,为版权产业创造了优越的经济基础条件。而从版权产业的实际发展结果看,版权产业也偏爱于交通便利、通讯通畅、环境良好和公共设施完善的经济发达地区。例如,美国产业经济学家的研究成果表明,不同的产业形态与不同经济发展水平的地区存在着较高的相关性,加工制造业集中在底特律、匹兹堡、布法罗等传统工业城市,服务业主要集中在迈阿密和拉斯维加斯等城市,而以文化艺术、影视传播等为主要内容的版权产业集中在西雅图、好莱坞、芝加哥等经济发达城市。

二、文化基础

文化基础是版权产业的价值形成基础的重要组成部分。

第一,从本质上看,版权经济实际上就是一种知识经济,其发挥主导作用的组成要素是具有较高创造价值能力的思想、创意、知识、才能和技术,而文化资源是思想、创意、知识、才能和技术的源泉。文化资源,是指一定区域范围内的传统习俗、风土人情、生活方式、历史地理、文学艺术、新闻出版、思维方式和价值观念等。版权产业是从事这些文化产品生产和提供相关文化服务的经营性行业,通过开发和运用文化资源,使文化资源作为一种投入要素融入版权产业的价值创造领域,为版权产业的发展提供可靠的文化资源基础。

第二,文化资源的特点决定了版权产业在不同区域范围内具有鲜明的独特性和差异性。促进版权产业发展,每个区域需要立足于本地区的实际情况,考虑如何有效开发和利用具有区域特色的文化资源,藉此打造和创新具有区域特色的版权产业发展模式和路径。立足于区域文化资源的实际情况,高质量、高效益和高水平地挖掘和探索区域文化资源,把开发的力度、发展的速度和区域社会可承受的程度有机结合,制定和实施完善的区域版权产业发展战略,使版权产业能够得到源源不断的发展动力和文化资源保障。

第三,在版权产业价值的形成过程中,文化氛围是吸引创新人群汇集、增强版权产业从业人员创新能力和文化艺术消费者的重要力量,创新人群、版权从业人员以及文化艺术的消费者也偏爱汇集于文化氛围浓郁、厚重的地区,并且,任何参与主体都需要在文化大环境中从事与版权产业相关的价值创造活动。

第四,文化程度和教育水平也是影响版权产业价值创造能力的重要因素。实践证明,文化、教育组织的聚集地能够为版权产业提供更多的创新性的人力资源,使版权产业发展能够获得源源不断的人力资源保障,并且,文化教育机构聚集地的创新能力也较其他地区更为突出。

三、政策基础

政策环境是版权产业价值创造的重要促进因素。

首先,从版权产业发展的实际情况看,版权产业的产生、成长到壮大的过程始终离不开政府相关政策的支持。世界上版权产业发展状况较好的国家(地区)均相继制定和实施过版权产业的振兴政策,如美国、欧盟、澳大利亚、日本、韩国等。基于政府对版权产业发展的调控和管理,版权产业能够获得一个健康、优越、有利的政策发展环境,进而吸引大量的版权企业和创意人才聚集到具备版权产业优越发展条件的区域,并利用产业政策的影响力和推动力,更加有效地整合和配置的各种版权资源。

其次,对于版权产业来说,政府部门通过实施扶持和激励政策,鼓励社会资本大规模投入到版权产业领域,使版权产业的发展能够得到源源不断的资金支持,为版权产业价值的创造和运用提供可靠的资金保障。一方面,政府可以对文化产业进行直接投资,有效缓解高成长性的版权企业创业初期存在的资金需求;另一方面,也可以有效引导社会资本投资方向,调整投资结构,有效解决版权产业发展过程中存在的文化投资短期效益与长远回报之间的矛盾,促进政府的公共投资与文化企业的商业投资协调配合、有效衔接。此外,政府资金政策的扶持方式多种多样,除了上述的直接投资外,还可以通过多种政策杠杆对符合条件的文化企业给予贷款贴息、保费补贴、税收优惠以及对优秀的文化企业或项目给予无偿资助和奖励等。

再次，产业政策能够为版权产业提供健全、完善的公共服务。版权公共服务主要是指为了满足社会公众的公共需要，由版权行政管理机关或者非营利性组织提供的版权公共产品和服务。推进版权产业发展，需要通过政策制度进一步明确版权公共服务的地位和作用，强化由公共部门所承担的版权公共服务体系的建设力度，在多种版权保护模式的融合和分类管理方面，着力打造跨领域、多层次、综合化的版权公共服务体系，为版权产品的登记确权、交易、流通、推广、质押、取证、维权、执法等提供全方位的支持。

四、制度基础

法律制度是版权产业实现健康发展和维系价值创造能力的至关重要的因素。对于版权产业而言，完善的版权保护制度是版权产业得以健康发展的重要保障。只有依靠版权法律制度的捍卫和保护，版权作品的相关权利才能防止侵权行为的侵害，进而有效增强版权产业的价值创造能力，使版权权利能够真正转化成为创作者所拥有的财富。当前，版权法律制度因素已渗透到了版权产业链条中的生产、流通和消费等各个环节，版权产业链条的循环过程能否顺利完成，直接关系到版权产业能否实现成长壮大和快速发展。因此，版权产业必须是以版权法律制度为基础构筑其产业链条的，挖掘版权产业特有的产业内涵、发展潜力和价值增值能力，需要不断增强版权法律制度在版权产业发展过程中的作用，进而推动版权产业成为国民经济的新增长点和支柱性产业。

首先，按照版权法律制度的规定，处于版权产业链条生产环节的版权权利,遵循自动取得的原则。按照版权法的相关规定,只要创作的对象满足法定的作品构成条件[①],即可拥有作品的版权及邻接权[②]。版权法律制度对版权产品的保护,一般是以排他性权利的取得为起点,包括了版权产品在生产环节的诸项财产权利和人身权利,通过对作品私权的确立以保护创作者的合法利益,激励创作者创造更多的优秀作品。强化法律制度对版权产业生产环节的版权保护,维持版权产品的生产和再生产过程,进一步明确版权产品在生产环节的权利归属关系,可以为版权产业链条流通环节中的版权授权、版权交易和消费环节的维权工作奠定基础。

其次,在版权产业链条的流通环节,就是将产品推向交易市场,进而实现版权产品所拥有的相关权利的授权过程,即版权法律制度所规定的转让或许可使用[③]过程。创作者经过具体的创作活动,将思想创意转化成为智力成果形态的版权产品,并通过市场交易实现版权产品的流通,这个过程就是版权的转让或许可使用过程,主要表现为版权的财产权利的转移,包括复制、发行、出租、展览、表演、放映、广播、信息网络传播和摄制、改编、翻译、汇编等权利。在流通环节中,实现规模化、产业化地授权交易版权产品的权

[①] 构成作品的三个条件:第一,具有某种精神方面内容,即作品要具有某种思想或美学方面的精神内容;第二,上述精神内容需要通过一定的表达形式表达出来,停留在大脑里的构想还不能称作作品,必须要有具体的表达;第三,要具有独创性,即通过个体的智力劳动完成的作品。

[②] 版权是针对原创作品的作者而言的,而邻接权是针对表演或者协助传播作品载体的有关产业的参加者而言的,比如表演者、录音录像制品制作者等。

[③] 版权的转让是版权人将作品的全部或部分专有权利有偿或无偿移交他人的行为,而版权的授权使用与转让不同,它不转移作品专有权利的所有权,其转移的只是使用权。

利，需要具有针对性的、专门的版权法律制度作为保障，进一步整合和理顺版权产品流通中的各种利益关系，为版权产品的流通、推广和交易开拓更广泛的流通渠道。

再次，在版权产业链条的消费环节中，版权法律制度发挥着保护产业主体合法权益的作用，尤其是互联网环境下的数字版权侵权案件，极大地打击了版权产品的创作者的主动性和积极性，盗版问题已经成为了阻碍版权产业快速健康发展的头等顽疾。版权产品只有受到版权法律制度的强有力保护，才可能在产业链条中实现其经济价值，失去版权法律制度保护的版权产品必然会被任意复制和使用，创作者的智力成果被无偿使用，将使版权产业丧失持续发展的动力。

五、技术基础

技术水平是版权产业价值创造的重要助推力。尤其信息技术的迅速发展和更新换代有力地推动新兴产业形式的发展，版权产业就是其中之一。版权产业领域中的信息技术，是指通过互联网、电信网、卫星网、广播电视网等网络以及电脑、移动电话或移动显示装置来提供版权产品传播及服务的技术。信息技术极大地改变了版权产品的传递方式，在跨越时间和空间的领域中实现了版权产品的开发和利用，进而使信息服务在质和量的方面均达到了现有条件下的极致。

从版权产业与新兴信息技术的关系看，信息技术极大地促进了版权产业的发展和价值创造能力的增强。新兴的版权产业形态，如电子书、网络游戏、网络音乐、软件开发设计、数字电影电视等,都是借助信息技术的创新得以实现的。并且,在新媒体缔造的信息网络环境中,版权产品及服务的供给者、传播者和需求者之间的利益博弈关系更加明朗,信息技术也在很大程度上促进版权利益在不同参与主体之间的分享和配置。

此外,信息保护技术还包括对各类数字内容的版权产品进行保护的一系列软硬件技术。版权保护技术通过对产品进行技术标识来实现产品的控制使用,旨在保证数字版权产品在整个生命周期内不被盗版侵权,平衡数字版权产业价值链中各个参与者的利益和需求,促进整个数字版权产品市场的发展和信息的传播。版权保护技术在数字化版权领域的应用,贯穿于从产生到分发、从销售到使用的整个版权内容流通的过程,覆盖了版权确权、交易结算、监测取证等各个环节,为整个版权产业链的循环和畅通提供保障。

第三节　产业层次的版权价值——版权产业经济贡献

一、版权产业经济贡献的形式

版权产业经济贡献是产业层次版权价值的表现形式。版权产业不仅直接促进了国民经济的发展和国民财富的增加,而且还通过产业链中的产业关联关系和技术联系间接地实现促进国民经济发展的功能。在产业层次,版权产业创造了多少增加值、促进了多少求职者就业和拉动了多大规模的对外贸易,需要通过版权产业的经济贡献得以体现。版权产业经济贡献的形式,是指版权产业的直接经济贡献、间接经济贡献和消费经济贡献,这构成了版权产业经济贡献的主要内容。

(一)版权产业的直接经济贡献

版权产业就是将人类的思想、创意、科学技术与社会经济进行有机结合的产业形式,其作为一种新兴的产业形态,对社会经济发展发挥着培育新的经济增长点的重要作用。版权产业的经济拉动效应,具有渗透性、广延性和辐射性等特征,这使版权产业成为社会经济发展的引擎和动力源,并日益成为增强国家(地区)经济实力和转变经济发展方式的关键因素,显著地提升版权产业的直接经济贡献。

所谓版权产业的直接经济贡献,是指由版权产业自身的经济活动所发挥的对国内(地区)生产总值、就业总量以及对外贸易规模的促进作用,其中,主要包括版权产业中的核心版权产业、相互依存版权产业、部分版权产业和非专用产业对国内生产总值、就业和对外贸易的直接经济贡献。版权产业的直接经济贡献又可以划分为两大组成部分。第一部分经济贡献是由版权产业的核心生产经营活动所产生的经济贡献,这部分经济贡献包括新闻和文学作品,音乐、戏剧作品、歌剧,电影和影带(视频),广播和电视,摄影,软件和数据库,视觉和绘画艺术,广告,版权集体管理协会等核心版权行业创造的经济贡献。第二部分经济贡献是指从事生产与版权相关的工具设备、部分依赖于版权而存在的产品及服务和版权相关产品的销售服务等活动的产值,主要是由相互依存版权产业、部分版权产业和非专用支持产业等非核心版权产业创造的经济贡献。

首先,版权产业对国内生产总值的直接贡献。版权产业对国内生产总值的贡献,直接体现为版权产业的增加值对国内生产总值增长的促进作用。通常情况下,国内生产总值是衡量国家(地区)经济发展水平的重要指标,因此,分析版权产业的直接经济贡献,可以通过测算版权产业对国内生产总值的贡献水平来测算版权产业的直接经济贡献,进而可以全面深入地认识版权产业在国民经济中的地位及其对经济增长发挥的作用。

其次,版权产业对社会就业的直接贡献。版权产业对社会就业的贡献,就是版权产业所带来的就业人口的增量对社会总就业的作用。社会就业水平是衡量一个国家(地区)吸纳就业人口和解决就业问题的指标,更是体现一个国家(地区)的人力资源的开发和实际使用情况的重要指标。因此,通过分析版权产业对社会就业的经济贡献,可以充分了解版权产业对国家(地区)就业的拉动作用和版权产业从业人员的实际状况。

再次,版权产业对对外贸易的直接经济贡献。版权产业的对外贸易贡献,对输出者而言,将为本国带来经常项目的收入增加,促进本国国民财富的增加;就版权贸易而言,版权产业对对外贸易的经济贡献,主要通过分析版权产业对出口贸易的贡献,体现版权的输出将促进国内权利人作品的出口创汇能力和国际竞争力,进而实现传播和输出本国版权产品的目的,使国际市场更加深入了解国内的智力成果。

(二)版权产业的间接经济贡献

版权产业的间接经济贡献,是指与版权产业相关的各项生产经营活动向各个国民（地区）经济部门购买必要的产品及服务或通过技术联系而创造的经济贡献。版权产业的间接经济贡献是由版权产业的核心经济活动所产生的间接影响，版权产业的核心经济活动通过技术经济联系和购买采购活动（产品或服务），与其他的国民（地区）经济部门产生紧密的联系，这些相关的经济扩张活动就会产生间接的经济贡献。版权产业的间接经济贡献反映的是版权产业与国民（地区）经济各部门之间的技术联系或购买采购关系，这种间接经济贡献包括后向波及效果和前向波及效果。

1. 后向波及效果

后向波及效果是指版权产业与为自身生产经营活动提供所需要的各种资源要素的部门之间产生的影响效果。由于版权产业在生产经营过程中需要投入大量的原材料、劳动力和资本等要素，并且，在版权产业的推广、销售和流通过程中也需要耗费大量资源，因此，版权产业自身就会持续增加对上述中间投入品的需求数量，推动这些中间投入品的生产企业不断扩大生产规模和改善生产工艺流程，从而间接地促进国民经济规模的增长和扩张。版权产业与这些提供生产经营活动中所需要的中间投入品的部门具有紧密的联系，这些联系所产生的经济贡献就被称作后向波及效果。

2. 前向波及效果

前向波及效果是指版权产业对那些以版权产品为中间要素投入品的生产经营部门所间接产生的影响效果。版权产业的发展，不仅能够将更多的版权产品推向广阔的消费市场，同时对以版权产业为上游产业的经济部门提供更多的维持生产和再生产的中间投入品，为这些与版权产业相关联的生产部门扩大生产经营规模创造优越的条件，使这些生产部门能够产生更大的经济效益。对版权产业的下游产业部门来说,版权产业所生产的产品是一种不可缺少的中间投入品,版权产业的健康快速发展,促进这些以版权产品为中间投入品的部门具备了更为优越雄厚的要素资源,保障这些部门扩大再生产活动的开展和进行,从而创造更多的经济贡献。版权产业与这些以版权产品为中间投入品的生产经营部门之间的关系,就是版权产业的前向波及关系,并且,版权产品成为其他生产经营部门的中间投入品而产生的经济贡献,就是前向波及效果。

(三) 版权产业的消费经济贡献

版权产业作为国民(地区)经济活动的重要组成部分,其生产经营活动可以对整个国民经济体系产生直接或间接的影响,即版权产业对整个国民(地区)经济发展具有显著的直接经济贡献和间接经济贡献。然而,在版权产业的核心经济活动以及间接经济活动部门从事工作的广大就业者,在取得相应的劳动报酬之后,会将很大比例的劳动报酬用于购买其他经济部门生产的产品及服务,这种购买行为通过"乘数效应"[1]对国民(地区)经济发展产生叠加和放大效应,会使国内(地区)生产总值实现一轮接一轮的循环增长,这就是版权产业的消费经济贡献。

版权产业的消费经济贡献是将版权产业创造的直接经济贡献、后向波及效果和前向波及效果等所形成的国民收入用于消费活动所产生的国内(地区)生产总值增量。也就是说,消费经济贡献是版权产业的核心活动、相关的支持及延伸活动直接创造产值或间接为其它产业部门提供产品及服务(中间投入品),从而增加

---

[1] 乘数效应(Multiplier Effect)是一种宏观的经济效应,也是一种宏观经济控制手段,是指经济活动中某一变量的增减所引起的经济总量变化的连锁反应程度。

所有版权相关产业从业者的实际收入,通过广大从业者的消费行为对国民(地区)经济产生循环交替作用而产生的经济贡献。

具体说来,国民(地区)经济的发展和科学技术的日新月异使不同产业之间关系日趋紧密,产业间和产业内分工合作持续细化,版权产业作为国民(地区)经济体系的组成部分,其任何子产业的生产经营活动都会为从业者带来实实在在的收入。这些从业者收入水平的提高必然会极大刺激社会消费规模的增长,进而促进社会总需求的增加,这又刺激了各个产业部门进一步扩大生产规模和优化生产流程,进而通过提升其从业者收入的方式进一步扩大了社会总需求。这种持续循环的影响作用,不仅直接为整个经济体系发展产生经济贡献,而且又会因为引致需求①和引致投资②对整个经济体系创造出新的经济贡献,源自于消费活动的影响作用会持续循环至产生的经济贡献趋于零。这种由于消费活动的作用而产生的、由各个国民经济部门所创造的经济贡献,即是消费经济贡献。

二、版权产业经济贡献的构成

版权产业的相关经济活动具有强大的产值增值、就业促进和外贸拉动作用,并且通过购买关系、技术联系和消费活动不断创造

---

① 经济学上称厂商对生产资料的需求为引致需求,又叫派生需求,因为它是厂商为了生产产品满足消费者的需求而产生的对生产资料的需求,这种需求不是为了本身自己的消费。

② 引致投资是与自发投资相对而言,是指由经济中的内生变量引起的投资,即为适应某些现有产品或整个经济的开支的实际或预期增加而发生的投资。

新的经济贡献。尽管版权产业的经济贡献有直接经济贡献、间接经济贡献和消费经济贡献三种形式,但经借鉴《版权产业的经济贡献调研指南》,并考虑已有的研究成果和版权产业统计数据的可得性,版权产业经济贡献的研究主要针对版权产业的直接经济贡献,即主要围绕版权产业的增加值、就业和对外贸易活动展开。由此决定,版权产业经济贡献的构成也主要限于版权产业对增加值、就业和对外贸易的经济贡献。

(一)版权产业的经济增长贡献

版权产业是国民经济中的高端化与综合性的产业类别,可以有效满足国民经济发展和人民生产生活的多样化的精神文化需求,对推进国民经济增长和可持续发展具有突出的贡献。版权产业对经济增长的贡献是研究版权产业经济贡献需要关注的首要方面,也是各国(地区)政府最为关注的版权产业研究对象。通常情况下,各国(地区)政府十分重视考察版权产业每年的产出在国内生产总值中的比重,以此作为制定产业政策的决策依据。

衡量一个产业的经济增长贡献,主要通过增加值这一指标来分析和评价其对国民经济所产生的贡献。因为增加值指标可以反映出不同产业的绝对规模以及与国内(地区)生产总值的对比情况,从而显示出这一产业对经济增长的贡献水平。关于版权产业对经济增长的贡献,现有的大多数研究也倾向于使用版权产业增加值占国内生产总值的比重作为衡量版权产业对经济增长的贡献的指标,进而反映版权产业在国民经济中的重要性。本书将版权产业的经济增长贡献划分为两个组成部分,即版权产业对经济增长的贡献和贡献率。版权产业对经济增长的贡献是指版权产业的增加值占同期国内（地区）生产总值的比重；版权产业对经济增长贡献率是指版权产业增加值的增量占同期国内（地区）生产总值增量的比重。前者是以版权产业的增加值及其变化情况反映四类版权产业及总体版权产业在整个国民经济中的地位；后者是通过测算版权产业增加值的增量占同期国内（地区）生产总值增量的比重，来反映版权产业对经济增长的作用程度。

需要指出的是，版权产业对经济增长的贡献是版权产业经济贡献的最直观的体现。作为国民经济体系的重要组成部分，版权产业对经济增长的贡献需要以版权产业自身的成长水平和成长状态作为研究的前提。因此，衡量版权产业的经济贡献水平，不仅要分析和研究版权产业自身的经济贡献及贡献率，而且还要首先评估版权产业自身的发展水平，这需要设计相应的指标加以描述，主要包括版权产业的规模、内部结构及发展速度等。

（二）版权产业的就业贡献

在任何一个经济体内，就业都是国民经济中的一个重要方面，它关系到劳动力要素的合理流动和配置。随着科技进步和产业结构调整步伐的加快，劳动力要素逐渐由劳动密集型产业开始向知识密集型和技术密集型产业转移，版权产业由此成为吸纳社会就业的重要产业。版权产业以智力成果为支撑、以知识创新为驱动力的产业，具备显著的高成长性、高科技性、高收益性和高附加值等特征，具有较强的促进和带动就业能力。并且，版权产业与其他产业具有较为紧密的关联性，能够带动大量相关产业的迅速发展，为经济社会创造了更多的就业机会，对增加社会就业数量、缓解就业压力及引导就业人口流向具有重要作用。

从发达国家(地区)的研究成果来看,就业量和薪酬水平是研究就业问题所普遍关注的两大方面。因此,分析研究版权产业的就业贡献问题,不仅要关注版权产业从业人员的数量,也要重视其薪酬水平和工作效率。版权产业就业贡献的研究,对于就业者而言,有助于把握版权产业吸纳就业的情况,增强版权产业吸纳就业人口的能力;对企业而言,这有助于帮助版权相关企业建立科学有效的管理体制、人事制度、绩效考核指标和薪酬体系等;对版权产业自身而言,这有助于国家制定相应的产业促进政策扩大就业,提高人力资源的配置效率。

版权产业对就业的贡献,主要表现为版权产业吸纳的就业人数对社会总就业人数的促进作用。与版权产业的经济增长贡献相类似,版权产业的就业贡献也可以分为两个部分,即版权产业对就业的贡献和贡献率。版权产业的就业贡献,是指版权产业的就业人数占同期社会总就业人数的比重;版权产业的就业贡献率是指版权产业就业人数的增量对同期社会总就业人数增量的比重。版权产业的就业贡献是以版权产业的就业人数及其变化情况反映版权产业对解决社会就业问题的作用;版权产业的就业贡献率是通过测算版权产业就业人数的增量占同期社会总就业人数增量的比重,用以反映版权产业对拉动社会总就业增长的影响程度。

(三)版权产业的对外贸易贡献

随着对外贸易的深化和发展,版权产品及服务的对外输出已经成为版权产业价值实现的重要方式,版权贸易也是国家对外贸易的重要组成部分。版权产业在很大程度上体现着一国国民的创造力和文化取向,当其以产品或服务的方式与其他国家进行贸易时，不仅实现产品自身所包含的经济功能，还实现着特定的文化功能。在对外贸易方面，版权产业是实现国家文化"走出去"战略的承担者和重要载体，可以说，版权产品对外贸易的竞争力也在很大程度上体现了一个国家的综合国力和文化软实力。

从版权贸易的发展趋势看，多数发达国家都在不断加强版权产业参与国际贸易的力度，极力推进版权产品的输出和对外贸易，尽可能多地占领国际版权贸易市场的份额。在经济全球化的浪潮中，发达国家借助于雄厚的经济实力，通过控制国际版权贸易规则标准的制定权和话语权，推动版权贸易逐步向科技化、规模化、智能化和垄断化方向发展，进而巩固其版权产品在国际贸易市场中的优势地位。国际版权贸易活动体现出文化因素在国际经济和综合国力竞争中的重要功能。因此，加快实施文化"走出去"战略，促进版权贸易健康持续发展，对我国广泛参与国际版权贸易市场竞争和提升国家文化软实力具有不容忽视的重大意义。

随着国际版权贸易规模的持续扩张，版权贸易的范围和种类也在逐步增长，当前的版权贸易已基本涵盖了核心版权产业中的全部行业。分析版权产业对对外贸易的贡献，有必要明晰版权贸易和版权作品贸易的概念范畴。狭义的版权贸易可以理解为版权权利的交易，版权权利的交易属于许可证贸易范畴，是一种在版权经济权利的许可或转让过程中发生的贸易行为。[1] 而广义的版权贸易则可以理解为包含了版权作品贸易在内的权利、商品和服务的许可、转让或交易。从经济贡献来看，由于版权作品的贸易对国

---

[1] 参见 http://www.crs1992.org。

家或地区经济贡献的效果较为显著,所以更受重视。① 根据现有的研究成果来看,更受关注的是版权作品的国际贸易,各国研究成果均以"版权作品"、"版权产品"等作为研究对象,因此测算版权产业对对外贸易的贡献基本上也是将版权产品的贸易作为重中之重。版权产品贸易的品种丰富、包罗万象,包含了图书、期刊、录音制品、电影、电视等,可以说,所有包含版权的产品都不同程度地对对外贸易产生贡献。

版权产业对对外贸易的经济贡献,是指通过版权产业的成长和发展促进版权对外贸易的发展,进而有效发挥版权产业对促进对外贸易规模增长的作用。对外版权贸易包括版权输出贸易和版权引进贸易两个组成部分。依据世界知识产权组织的研究结果,版权产业对对外贸易的经济贡献主要是指版权产业对出口贸易的贡献。具体说来,版权产业的对外贸易贡献是版权产业的出口贸易额占同期国家出口贸易总额的比重。

---

① 经济权利的许可或转让主要影响微观经济主体。

第九章 产业层次的版权价值计量方式

第一节 版权产业经济贡献测算

版权产业经济贡献测算是产业层次的版权价值计量方式。测算版权产业经济贡献，是通过设计与版权产业相关联的指标体系，就版权产业对经济增长、就业、对外贸易的贡献程度进行计量和评估的方式方法。版权产业经济贡献的测算是计量和评估版权产业在国民经济发展中的地位和作用的有效途径，通过测算版权产业的经济贡献，可以对版权产业的经济贡献水平有一个较为清晰的了解和认识，进而准确把握版权产业发展的具体特点和趋势，为制定和实施版权产业相关的政策措施提供参考资料和决策依据。

一、版权产业经济贡献测算范畴

（一）版权产业发展状况

立足于计量产业层次版权价值的需要，测算版权产业经济贡献可以综合衡量和说明国民经济在一定时期内新创造的产品和服务中的版权产业贡献情况，通过准确量化版权产业所产生的经济效益,分析研究版权产业在整个国民经济中的地位,进而科学评估其对国民经济的影响能力和促进作用。但是,测算版权产业经济贡献不只是要准确评估版权产业的经济贡献水平,而且还要对版权产业的自身发展状况进行分析和研究,进一步描述版权产业的发展状况和分析版权产业的内部结构,进而为测算版权产业经济贡献提供可靠的数据信息。

版权产业发展状况主要通过版权产业的规模增长和版权产业内部结构来体现。版权产业的自身发展状况是版权产业经济贡献指标体系的重要组成部分,用以反映版权产业规模、发展速度、成长状态和构成情况方面的概念。因此,分析版权产业自身发展状况是测算版权产业经济贡献的前提和基础。版权产业自身的发展状况是其在国民经济体系中的发育和活跃程度的最直观、最明显的体现。从动态视角来看,版权产业在时间序列上的变化将可以反映出版权产业的发展水平、具体特征以及未来的发展趋势;从静态视角来看,版权产业的发展状况既可以在某一时点上独立评价版权产业所处的发展阶段,又可以将之与其他产业的发展水平进行横向比较,确定版权产业在整个国民经济中的地位。

(二)版权产业加权经济贡献

依据《版权产业的经济贡献调研指南》,世界知识产权组织按照相关行业与版权因素的密切程度以及该行业在版权价值实现中的作用,将版权产业划分为核心版权产业、相互依存版权产业、部分版权产业和非专用支持产业等产业部门。在四类版权产业中,除了核心版权产业是完全意义上的版权产业,其他类别的版权产业的经济贡献都并非完全归因于版权因素。由于各个类别版权产业包含版权因素的程度是不同的，故需要确定版权因素在不同类别的版权产业中所占的比重，即版权因子。依据版权因子的具体数值，就不同种类的版权产业对经济增长、就业和对外贸易的贡献进行计算，由此而得出的版权产业经济贡献形式，就是版权产业的加权经济贡献。

按照《版权产业的经济贡献调研指南》的定义，版权因子是用百分比形式表示的某一特定活动或产业可以归因于版权活动的比例数值。由于不同种类的版权产业所包含的版权因素是不同的，在核心版权产业之外的相互依存版权产业、部分版权产业和非专用支持产业中，产业的发展并不能完全归因于版权因素的贡献，因此，需要对这些产业的版权因子赋予一个系数[1]。由于版权因子是通过专家调查法得出的一个经验数值，其合理性和适用性还是一个需要进一步探讨的问题。基于研究的需要，暂采用世界知识产权组织《版权产业的经济贡献调研指南》所发布的版权因子数据。

通过对版权因子进行赋值，版权产业的经济贡献将按照一定的比例被计入测算模型。从计量角度看，这相当于为各个行业的增加值、就业水平和对外贸易赋予一定的权重，进而通过加权计算方法测算出版权产业的经济贡献。因此，版权因子本质上就是估算某一个行业中版权因素所占的比例。版权产业的加权经济贡献，能够准确地测算版权产业在经济增长、就业和对外贸易方面对国民经济发展的贡献水平，反映版权产业促进国民经济发展的重要作用，成为转变经济发展方式和提升经济发展质量的重要因素。

---

[1] 该系数是一个 0 到 1 之间的小数。

表 16：WIPO 发布的版权因子数值

产业类别	产业组	版权因子
核心版权产业	新闻和文学作品	100.00%
	音乐、戏剧作品、歌剧	100.00%
	电影和影带（视频）	100.00%
	广播和电视	100.00%
	摄影	100.00%
	软件和数据库	100.00%
	视觉和绘画艺术	100.00%
	广告	100.00%
	版权集体管理协会	100.00%
相互依存版权产业	电视机、收音机、录像机、CD 播放机、DVD 播放机、磁带播放机、电子游戏设备及其他类似设备	100.00%
	计算机及设备	100.00%
	乐器	100.00%
	照相及摄影器材	35.00%
	复印机	30.00%
	空白录音介质	25.00%
	纸张	25.00%
部分版权产业	服装、纺织、制鞋	1.00%
	珠宝、钱币	8.00%
	其他手工艺品	40.00%
	家具	6.00%
	家居用品、陶瓷、玻璃	0.50%
	墙纸、地毯	2.00%
	玩具、游艺	40.00%
	建筑、工程、调查	6.00%
	内部装饰	6.00%
	博物馆	0.50%
非专用支持产业	综合批发和零售	6.00%
	综合运输	6.00%
	电话与互联网	6.00%

二、版权产业经济贡献测算原则

（一）专业性

版权产业经济贡献测算是以专业的视角和采取专业的方法而开展的调研分析工作。这项研究属于跨学科、多门类的综合性研究，并且包含了跨学科的专业技术分析。因此，这项工作既需要研究者掌握专业的技能和方法，又需要具备跨学科的综合学术背景和视野，这样才可以保证整个调研活动的专业性。

首先，在法律制度方面，版权产业经济贡献研究是以中国现行的版权相关法律和中国参与的国际协议为框架，这意味着版权产业经济贡献测算是基于现实的版权法律制度，而非脱离于现实的、抽象的理论研究。版权产业经济贡献所关注的版权产业及其相关的产品，均是以《中华人民共和国著作权法》与相关条例定义为测算基础，并参考借鉴了各项国际协议和公约的建议，一方面保证研究工作能够在现行的法律框架下展开，另一方面保证在相关术语和概念界定上的准确性。

其次，在经济方面，版权产业经济贡献问题可以归结到产业经济学的范畴，需要运用产业经济学方面的理论知识。特别是针对版权产业经济贡献的研究中，需要运用专业的产业经济学方法分析版权产业的发展状况及外部经济环境，因而版权产业经济贡献研究需要以产业经济理论为指导，这既是版权产业经济贡献研究工作的前提，也是形成科学、合理、有效的研究结论的基础。

再次，在统计方面，测算版权产业经济贡献与两项重点工作具有紧密联系。其一是统计调研，即采取统计调查和研究的方法获取研究中所需要的重要资料和统计数据;其二是统计分析,需要运用到统计和经济计量等方法挖掘数据资料所反映的规律性结论。

(二) 权威性

首先,版权产业经济贡献测算的指导理论的权威性。世界知识产权组织借助自身在版权产业研究领域中的传统优势和特殊地位,对版权产业经济贡献测算做了大量的调查研究工作,吸纳了国际版权研究领域中的前沿理论成果,形成指导理论界研究版权产业经济贡献问题的范本——《版权产业的经济贡献调研指南》。依据世界知识产权组织《版权产业的经济贡献调研指南》,版权产业经济贡献测算具有较为充分有力的理论基础和依据,保障了版权产业经济贡献研究的权威性。

其次,版权产业经济贡献测算的科研力量的权威性。由于版权产业经济贡献测算属于一种跨学科、跨领域的研究课题,特别是针对版权产业经济贡献测算的研究更需要较强阵容的科研力量予以保障。因此,版权产业经济贡献测算的科研力量至少包含两个主要方面,一方面,从事版权产业经济贡献测算工作的科研人员是擅长经济、法律、统计等方面的专业技术人员;另一方面,版权产业经济贡献测算要广泛吸取、采纳和参考相关咨询专家的建议和意见,这是提升研究成果的解释力、权威性和有效性的重要保证。

再次,版权产业经济贡献测算的数据资料的权威性。依托官方或专业组织的权威数据资源,利用较为准确的经济普查数据对版权产业经济贡献水平进行测算,极大地提升研究成果的针对性和准确性。

(三) 可比性

版权产业经济贡献测算的可比性原则,是指测算版权产业经济贡献将采用世界知识产权组织的标准化思路和方法,促进版权产业经济贡献研究延伸到不同区域和不同时间段的研究工作中,这有助于在特定区域和特定时间段内对版权产业经济贡献进行持续的计量和评估,进而实现对特定区域和特定时间段内的版权产业经济贡献水平进行比较。因此,突出版权产业经济贡献测算的可比性,从横向角度看,可以建立一个具备可比性的调查研究方法,有助于以相同的标准考察不同区域的版权产业经济贡献,从而对版权产业的经济贡献水平进行比较分析和排序;从纵向角度看,使用统一的版权产业经济贡献调查研究方法,有助于在时间序列上对不同时期的版权产业经济贡献进行比较,进而了解和掌握版权产业的发展进程和动态。

第二节 版权产业经济贡献测算对象

一、对经济增长贡献的测算

测算版权产业对经济增长贡献,需要率先测算版权产业的增加值。版权产业的增加值可以反映版权产业的规模和产出水平。现有的研究中,大多以版权产业增加值在国内生产总值中所占的比重作为衡量版权产业经济贡献的指标,但版权产业增加值是形成版权产业经济贡献的基础,即测算版权产业自身的增加值与测算版权产业经济贡献之间是紧密的因果联系。因此,应该把版权产业的增加值和版权产业对国民经济的贡献及贡献率区别对待。

这主要基于如下原因:首先,就版权产业增加值而言,分析和测算版权产业自身的规模和发展速度是分析和测算版权产业对GDP贡献的前提,本质上版权产业的自身发展与版权产业的经济贡献属于两个不同的问题,所以应该分别测算。其次,就版权产业经济贡献而言,在当前的经济发展任务和阶段性发展目标中,经济增长显然是最重要的经济指标,是稳增长、调结构、扩内需、促就业等经济发展目标的首要环节。至于版权产业是如何促进经济增长的问题,这就需要对版权产业的经济贡献进行专门研究。

(一)测算版权产业增加值

版权产业增加值是指版权产业中的各个产业部门在一定时期内所提供的产品和服务的市场价值的总和,主要包括核心版权产业、相互依存版权产业、部分版权产业、非专用支持产业的增加值:

将上述四类版权产业的增加值进行汇总,则可以得出总体版权产业的增加值,而将国民经济中的所有产业的增加值汇总,则可以得出国内生产总值。这里,国内生产总值被定义为按市场价格计算的一个国家(或地区)所有常住单位在一定时期内(通常是一年)生产活动的最终成果,是各个产业增加值的总和。

测算版权产业的增加值(Added value),我们选择如下一些技术指标:C为核心版权产业(core)的增加值;I为相互依存版权产业(independent)的增加值;P为部分版权产业(partial)的增加值;N为非专用支持产业(non-dedicated)的增加值,α、β和γ分别代表相互依存版权产业、部分版权产业和非专用支持产业的版权因子。

测算版权产业增加值,就是将如下指标纳入到版权产业增加值的核算范畴:

（1）版权产业的各个子产业增加值的测算[①]：

核心版权产业的增加值：$C = \sum C_i$；

相互依存版权产业的增加值：$I = \sum \alpha_j I_j$；

部分版权产业的增加值：$P = \sum \beta_k P_k$；

非专用产业的增加值：$N = \sum \gamma_l N_l$

其中，除核心版权产业以外，其他三个版权产业的子产业的增加值都应被赋予一个版权因子α、β和γ。

（2）总体版权产业的增加值：$T = C + I + P + N$

（3）版权产业的各个子产业增加值的年增长率测算：

核心版权产业的增加值的增长率：$c = \dfrac{\Delta C}{C}$；

相互依存版权产业增加值的增长率：$i = \dfrac{\Delta I}{I}$；

部分版权产业增加值的增长率：$p = \dfrac{\Delta P}{P}$；

非专用支持产业增加值的增长率：$n = \dfrac{\Delta N}{N}$

（4）总体版权产业增加值的年增长率：$t = \dfrac{\Delta T}{T}$

（二）测算版权产业的经济增长贡献

现有的研究往往侧重于版权产业增加值在GDP中的比重，较

[①] 在下面的分析中，为了表述渐变，调研分析系统均以 Σ 表示某类版权产业中各行业相关数值（已经嵌入了版权因子因素）的总和。

少关注版权产业对经济增长①的贡献率②。基于上述原因,将版权产业对经济增长的贡献和贡献率同时置于版权产业经济贡献的测算范畴是合理的,二者处于同等重要的地位。

1. 版权产业对经济增长的贡献

版权产业对经济增长的贡献,主要是测算版权产业增加值占国内生产总值的百分比,进而衡量版权产业在一定时期内(通常是一年)新创造的产品和服务对国民经济的贡献情况。版权产业对经济增长的贡献主要关注如下一些指标:

$$核心版权产业的经济增长贡献:\frac{C}{GDP}$$

$$相互依存版权产业的经济增长贡献:\frac{I}{GDP}$$

$$部分版权产业的经济增长贡献:\frac{P}{GDP}$$

$$非专用支持产业的经济增长贡献:\frac{N}{GDP}$$

$$总体版权产业的经济增长贡献:\frac{T}{GDP}$$

2. 版权产业对经济增长的贡献率

如上文所述,研究版权产业的经济贡献时,不仅需要测算版权产业增加值对国内生产总值(GDP)的经济贡献,更要测算版权产业对国内生产总值的经济贡献率。

贡献率是分析经济贡献或经济效益的一个指标,版权产业的

---

① 即 GDP,详见前述。
② 美国方面相关研究自"2006 年报告"才开始将版权产业增加值对 GDP 年度增长的贡献纳入到版权产业增加值部分的分析中。

经济贡献率是反映版权产业增加值在 GDP 中的作用程度。从测算角度看，产业的经济贡献率一般使用该产业增加值的增量与国内生产总值增量之比，因此，版权产业的经济贡献率也是版权产业增加值的增量与国内生产总值增量之比。具体测算方法如下：

核心版权产业的贡献率：$\dfrac{\Delta C}{\Delta GDP}$

相互依存版权产业的贡献率：$\dfrac{\Delta I}{\Delta GDP}$

部分版权产业的贡献率：$\dfrac{\Delta P}{\Delta GDP}$

非专用支持产业的贡献率：$\dfrac{\Delta C}{\Delta GDP}$

总体版权产业的贡献率：$\dfrac{\Delta T}{\Delta GDP}$

根据美国国际知识产权联盟的相关研究，版权产业对经济增长的贡献率也可以被表述为另一种形式：

（上年版权产业增加值的 GDP 占比）*（本年度版权产业实际增长率）/（本年度 GDP 的增长率）

以核心版权产业为例，核心版权产业的经济贡献率公式表示为：

$$\left(\dfrac{C_{-1}}{GDP_{-1}}\right) \times \left(\dfrac{C - C_{-1}}{C_{-1}}\right) \Big/ \left(\dfrac{GDP - GDP_{-1}}{GDP_{-1}}\right)$$

该公式与 $\dfrac{\Delta C}{\Delta GDP}$ 是等效的，并且这个公式有利于根据初步估算的数值直接求解贡献率。

同样，也可以运用相同的办法计算总体版权产业的经济贡献率：

$$\left(\frac{T_{-1}}{GDP_{-1}}\right) \times \left(\frac{T - T_{-1}}{T_{-1}}\right) \Big/ \left(\frac{GDP - GDP_{-1}}{GDP_{-1}}\right)$$

可见,版权产业对经济增长的贡献率是前述版权产业的经济增长贡献的延伸。通过公式的变形,版权产业对经济增长的贡献率可以转化为版权产业在 GDP 中的比重、版权产业增加值的增长率和 GDP 增长率之间特定的数量关系,由于新公式包含了三组具有特定含义的指标,所以,可以直接通过之前求解的数据直接计算出相应的结果。

二、对就业贡献的测算

版权产业对就业贡献的测算,是指测算版权产业直接或间接对社会总就业数量以及劳动收入的影响程度。测算版权产业的就业贡献,主要包括对社会总就业的贡献、薪酬水平和人均的版权产业增加值等内容。版权产业自身的发展,不仅产生了巨大的就业需求,而且还带动了与版权产业前向相关和后向相关的产业发展,进而进一步扩大就业需求的规模。也就是说,版权产业吸纳的劳动就业人数,不只是指版权产业所吸纳的直接从事版权工作的就业人员,而且还包括与版权产业相关的其它上游和下游部门所间接吸纳的就业人数。测算版权产业的就业贡献,主要就是测算这些从业人员对社会总就业人数的贡献,进而真正反映出版权产业在创造劳动就业机会和吸纳劳动者方面的重要作用。

(一)测算版权产业从业人员的就业贡献

版权产业对就业的贡献,主要是指测算版权产业的从业人数占同期社会总就业人数的百分比,进而衡量版权产业在一定时期内(通常是一年)吸引和容纳的就业人数对促进社会就业的贡献情况。

O 代表就业的缩写(Obtain employment), C^O 为核心版权产业(core)的就业量; I^O 为相互依存版权产业(independent)的就业量; P^O 为部分版权产业(partial)的就业量; N^O 为非专用支持产业(non-dedicated)的就业量, α、β 和 γ 分别代表相互依存版权产业、部分版权产业和非专用支持产业的版权因子。

1. 版权产业就业人数的核算:

核心版权产业的就业人数: $C^O = \sum_{i=1}^{\infty} C_i^o$;

相互依存版权产业的就业人数: $I^O = \sum_{j=1}^{\infty} I_j^o$;

部分版权产业的就业人数: $P^O = \sum_{k=1}^{\infty} P_k^o$;

非专用支持产业的就业人数: $N^O = \sum_{l=1}^{\infty} N_l^o$;

总体版权产业的就业人数: $T^O = C^O + I^O + P^O + N^O$。

2. 版权产业的就业贡献主要包括如下指标:

核心版权产业对就业的贡献: $\dfrac{C^O}{社会就业总量}$;

相互依存版权产业对就业的贡献: $\dfrac{I^O}{社会就业总量}$;

部分版权产业对就业的贡献: $\dfrac{P^O}{社会就业总量}$;

非专用支持产业对就业的贡献: $\dfrac{N^O}{社会就业总量}$;

总体版权产业对就业的贡献: $\dfrac{T^O}{社会就业总量}$。

(二) 测算版权产业从业人员的薪酬水平

版权产业从业人员的薪酬水平,是指版权从业者工资收入的额度以及增补工资的积累[1],其中,增补工资包括"雇佣者提供被雇佣者的津贴、保险基金及代替被雇佣者上交政府的社会保险。测算版权产业从业人员的薪酬,可以有效反映版权产业从业人员的薪酬水平和版权产业与国民经济其他生产部门之间的相对薪酬关系,能够反映出版权产业在劳动力市场上对就业者的吸引力,进而进一步解决经济体系中的就业问题。

在版权产业的薪酬水平方面,将重点考察如下指标:

全社会平均工资报酬;

核心版权产业平均工资报酬;

总体版权产业平均工资报酬;

核心版权产业的平均报酬比

$$= \frac{核心版权产业从业人员的平均工资报酬}{全社会平均工资报酬};$$

总体版权产业的平均报酬比

$$= \frac{总体版权产业从业人员的平均工资报酬}{全社会平均工资报酬}。$$

三、对对外贸易贡献的测算

(一) 版权产业对外贸易贡献测算的借鉴

版权产业对对外贸易贡献的测算,可以有效衡量版权产业对

---

[1] 此定义来源于美国经济分析局。

对外贸易额的贡献水平,描述版权产业在改善对外贸易质量方面的重要作用。在版权产业对外贸易贡献测算的借鉴方面,主要参考世界知识产权组织和美国国际知识产权联盟的做法,并进一步强调我国测算版权产业的对外贸易贡献的注意事项。

1. 世界知识产权组织的做法

世界知识产权组织建议采取三个步骤来测算版权产业的对外贸易贡献:

首先,识别版权部门中的产品和服务的贸易量(例如剔除不属于产品或服务的版税);

其次,识别版税的交易量(不包含在产品或服务的价格内),在版税和许可费贸易的年度报告中搜集数据;

再次,汇总产品及服务的交易量与版税的交易量,进而确定版权贸易额。显然,这里选取了广义上的版权贸易概念,这种做法也被多数研究版权对外贸易的专业人员所采纳。

2. 美国国际知识产权联盟的做法

在汇总版权贸易数据方面,有时需要选取代表性行业来反映版权产业的国际贸易,如美国国际知识产权联盟的做法。由于对外贸易的官方统计数据相对匮乏,而部分重点行业的相关数据却比较丰富,因此,选取部分有代表性的行业有利于收集外贸统计数据。《美国经济中的版权产业(2003—2007)》的报告中就是以录音业、电影业、软件业和非软件出版业(包括报纸、图书、期刊)这四种具有代表性的版权行业来研究美国版权产业的海外销售和出口情况。

因此,如果缺乏全面的版权对外贸易的数据支持,可以借鉴美国国际知识产权联盟的研究经验,对版权的对外贸易进行具有针对性的分析和研究。

第一,在贸易额方面,主要关注两个重要指标,一个是版权产品和服务进出口销售额,另一个是版税交易金额。由于后者的数据相对不易采集,需要通过观察行业报告和调查问卷的方式才能获得,因此,在统计数据条件有限的情况,只采用贸易额数据进行分析。

第二,在贸易种类方面,主要关注于版权产品和服务贸易以及版权权利交易的品种,主要搜集具有代表性的行业和产品的贸易数据。

第三,在贸易结构方面,主要关注版权贸易的输出结构。在条件允许的情况下,通过测算出口贸易额来测算版权对外贸易的贡献,进而描述版权对外贸易的基本状况。

3. 我国测算版权贸易贡献的注意事项

与世界知识产权组织和美国国际知识产权联盟相比较,结合我国版权对外贸易方面的数据资源状况,测算版权对外贸易贡献也要选择适合我国版权对外贸易情况的方法,以期较为准确地衡量我国的版权对外贸易水平。

第一,兼顾贸易特点。不同国家的版权对外贸易状况是存在巨大差异的,有些国家的核心版权产业的对外贸易贡献较为突出(比如软件业),有些国家的部分版权产业贸易处于较为领先的地位(比如花布、服装、陶瓷等)。因此,测算我国的版权对外贸易,需要突出我国所擅长的版权产业或行业,显示出我国版权对外贸易的特点。

第二,兼顾产业类别。研究版权对外贸易贡献,在突出总体版权贸易特点的同时,也要综合考虑核心版权产业、相互依存版权产业、部分版权产业和非专用支持产业的外贸贡献,尽量将视野拓宽,更全面地考察版权产业在对外贸易方面的贡献。

第三,兼顾行业分布。研究版权对外贸易贡献,既要突出版权贸易特点,又要全面考虑受到普遍关注的版权行业,比如图书、报纸、期刊、软件、电影、电视、录音制品等,尽可能全面地分析和研究版权产业子产业的对外贸易贡献。

(二) 版权产业对外贸易贡献的测算方法

版权产业的对外贸易贡献是测算版权产业的出口贸易额占同期国家出口贸易总额的百分比,进而衡量版权产业在一定时期内(通常是一年)对国家整个出口贸易的贡献情况。

T代表贸易的缩写(Trade),C^T为核心版权产业(core)的对外贸易额;I^T为相互依存版权产业(independent)的对外贸易额;P^T为部分版权产业(partial)的对外贸易额;N^T为非专用支持产业(non-dedicated)的对外贸易额,α、β和γ分别代表相互依存版权产业、部分版权产业和非专用支持产业的版权因子。

各类别版权产业对外贸易额的核算:

核心版权产业的对外贸易额:$C^T = \sum_{i=1}^{\infty} C_i^T$;

相互依存版权产业的对外贸易额:$I^T = \sum_{j=1}^{\infty} I_j^T$;

部分版权产业的对外贸易额:$P^T = \sum_{k=1}^{\infty} P_k^T$;

非专用支持产业的对外贸易额:$N^T = \sum_{l=1}^{\infty} N_l^T$;

总体版权产业的对外贸易额:$T^T = C^T + I^T + P^T + N^T$。

各类别版权产业的对外贸易贡献：

核心版权产业对对外贸易的贡献：$\dfrac{C^T}{对外贸易总量}$；

相互依存版权产业对对外贸易的贡献：$\dfrac{I^T}{对外贸易总量}$；

部分版权产业对对外贸易的贡献：$\dfrac{P^T}{对外贸易总量}$；

非专用支持产业对对外贸易的贡献：$\dfrac{N^T}{对外贸易总量}$；

总体版权产业对对外贸易的贡献：$\dfrac{T^T}{对外贸易总量}$。

第三节 版权产业经济贡献研究的实践情况

一、世界知识产权组织的实践情况

世界知识产权组织（World Intellectual Property Organization，简称 WIPO），是世界范围内的关于知识产权政策、服务、合作交流与信息发布的全球性论坛，是一个自筹资金的联合国机构，是以促进创造、流通、使用和保护人类智力成果为主要任务的国际性组织。作为致力于保护知识产权（版权、专利、商标、设计等）和激励创新创造的联合国机构，世界知识产权组织与世界贸易组织、联合国教科文组织构成当今世界最主要的三个知识产权国际组织（后两个国际组织不是关于知识产权保护的专门机构）。世界知识产权组织的主要职能,是负责通过国家间的合作和交流,加强对全球范围内的知识产权的创造和保护,在多边条约的基础上,促进关于版权、专利和商标方面的23个联盟的行政工作。该组织的相当比重的财力是用于与发展中国家进行知识产权的开发和合作,尽可能地促进发达国家向发展中国家转让和出售科学技术,推动发展中国家的知识产权创造和文艺创作活动,从而有利于发展中国家的文化、经济和科技的快速发展。

　　基于世界知识产权组织所具有的重要职能,长期以来,世界知识产权组织在指导和帮助世界各个国家尤其是发展中国家在优化和利用版权制度,通过培育和发展版权产业促进经济增长方面,付出了众多富有成效的努力,并发挥了举足轻重的作用。其中,开展版权产业的经济贡献调查研究,就是一项具有十分重要意义的工作。近些年来,世界上主要的发达国家和学者也对版权产业的经济贡献进行深入研究,这些研究的成果提供和反映出的大量证据,进一步证明版权产业对国民经济的长远发展具有突出贡献。此外,不少发展中国家对开展版权产业经济贡献研究也表现出浓厚的兴趣,但由于主客观条件的限制,调研工作一直未能实现,主要原因是调研工作需要规范、可行的方法论进行指导和详实、准确的统计数据作为支撑。

　　正因为如此,WIPO的总干事在2002年的年度致辞中,详细地阐述对知识产权(IP)的经济重要性的认识和理解:"在21世纪中,知识产权(IP)是推动经济向前发展的强大动力。知识产权一旦与人力资源开发结合起来,可以培养出有知识、懂技术、积极性高的人员。这种结合充满活力,可以刺激创造与创新,带来收入,促进投资,增强文化,防止'人才外流',并为确保整个经济的健康发展提供保障。"①近些年来,WIPO已经在不同的项目实施和活动场合中开展知识产权的经济学分析,但是,为回应众多WIPO成员国的强烈意愿和呼声,WIPO秘书处认识到需要尽快设计一种实用可行的调查研究方法,以帮助WIPO成员国进行版权产业相关调研,分析其对国民经济的贡献水平。在这样的情况下,WIPO编制出版用于分析版权产业经济贡献的《版权产业的经济贡献调研指南》。

2003年,《版权产业的经济贡献调研指南》(以下简称《指南》)由WIPO首次出版发行,其在经济增长、就业和对外贸易等方面阐述版权相关产业对经济发展贡献的调查研究方法。这种方法已经在WIPO的很多成员国得到应用和实践,并已充分证明版权产业所具有的促进经济发展的巨大潜力。《版权产业的经济贡献研究指南》在内容方面共分为五个组成部分。首先是导言部分(包括第1章至第3章的内容),主要阐述有关版权产业经济贡献研究的经验和成果,界定有关版权产业的基本概念,并对版权产业相关的经济学原理加以说明。第二部分(第4章和第5章)主要阐述版权产业及其类别的划分(第4章)和版权产业经济贡献的研究框架(第5章)。第三部分主要阐述版权产业经济贡献研究所采用的计量方法和工具(第6章)。第四部分主要阐述如何搜集和整理有关版权产业经济贡献研究的信息资源(第7章)。最后,术语表列出了版权产业经济贡献研究所使用的项目清单和术语表。

《版权产业的经济贡献调研指南》在介绍和分析有关国家(地区)的版权产业经济贡献调研成果的基础上,从经济角度提出了衡量和测算版权产业经济贡献的基本方法,目的是为希望进行调查

---

① http://www.wipo.int/about-wipo/dgo/dgk-2002.

和测算版权产业经济贡献的国家提供指导建议。《版权产业的经济贡献调研指南》所涉及的范围仅限于对版权产业的经济贡献进行调研并提供量化分析，提出了计量版权产业经济贡献的三个指标，即版权产业的增加值、版权产业的就业份额以及版权出口贸易。其中的许多信息和建议，可以为从事这一富有挑战性的课题的研究团队和专业人员提供参考，旨在使《版权产业的经济贡献调研指南》成为促进国家和地区性版权产业调研的指导性资料。总之，《版权产业的经济贡献调研指南》有利于在国家（地区）层面上开展相关研究并进行深入比较，使研究工作提高到一个新的水平和阶段，同时也可以在经济方面提升大众对版权保护重要性的认识和理解，帮助世界各国政府制定适当的版权产业发展策略，通过创造良好的制度环境和外部条件支持版权产业的发展。

二、美国国家版权局的实践情况

20 世纪 90 年代以来，美国政府及相关的组织部门就已经开始版权产业经济贡献的调查和研究，是迄今为止开展版权产业经济贡献调研活动最全面、最深入、最积极和最有效的国家之一。美国政府的调研方法和实践经验为不少国家开展相关的调研活动提供参照和借鉴。美国版权产业经济贡献的调研活动，是经美国国家版权局直接授权给美国的国际知识产权联盟负责开展的。国际知识产权联盟（International Intellectual Property Alliance，简称 IIPA）成立于 1984 年，是美国版权产业领域内的一个非政府组织，其主要职责是促进版权相关事务的国际性保护。自成立以来，国际知识产权联盟及其成员单位（包括以书报刊出版、音乐录制、电影摄制、游戏制作、软件开发为主要业务的版权生产商)就开始与美国政府展开合作,进而提升联盟及成员单位自身在国际版权市场进行版权营销和贸易的能力。这些做法有助于在世界范围内促进版权保护制度的贯彻和实施,尽量减少版权行业壁垒及营造竞争性的国家版权市场环境。多年以来,美国国际知识产权联盟持续测算版权产业对美国国民经济的贡献水平,包括增加值、就业、薪酬以及对外出口贸易等领域。

为准确量化美国的版权产业经济贡献,美国国际知识产权联盟陆续发布一系列的《美国经济中的版权产业》研究报告。这些研究报告主要分为两种类型:一种报告是年度性报告,另一种是包括多个年度的综合性报告。《美国经济中的版权产业》年度报告主要是描述每一年度的美国版权产业发展的最新动态,综合性报告则是对较长时间内(一般为几年)的版权产业发展态势进行分析和研究,这两个种类的研究报告有助于综合、深入地分析研究美国版权产业的发展状况。自 1990 年开始,美国国家版权局发布第一份《美国经济中的版权产业》研究报告,美国国家版权局于 1992 年发布《美国经济中的版权产业(1977—1990 年)》的综合性报告,并且,美国国家版权局于 1993 年发布了本年度的研究报告以及 1977—1993 年的综合性报告。在此以后,美国所发布的调研报告大多是年度性的报告,已经发布的研究报告覆盖 1996 年、1998 年、1999 年、2000 年、2002 年、2004 年、2006 年、2007 年、2011 年、2013 年和 2014 年等年份。迄今为止,《美国经济中的版权产业:2014 年度报告》[1]是最新发布的一份报告,同时也是美国国际知识产权联

---

① Copyright Industries in the U. S. Economy: The 2014 Report, by Stephen E. Siwek of Economists Incorporated, Prepared for the International Intellectual Property Alliance (IIPA), November 2013, available at www. iipa. com.

盟所发布的第 15 份研究报告,该份报告研究的时间区间为 2009 年至 2013 年,是由斯蒂芬 E. 西维克(Stephen E. Siwek)的经济学家公司完成的。

以 2004 年为分界线,《美国经济中的版权产业》研究报告对版权产业采用不同的分类方法。之前的 9 个研究报告将版权产业划分为四个类别,即核心版权产业、部分版权产业、分配性版权产业和相关性的版权产业;之后的 6 个报告按照世界知识产权组织发布的《版权产业的经济贡献调研指南》中的分类方法,将版权产业划分为核心版权产业、相互依存版权产业、部分版权产业和非专用支持产业。[①] 在《美国经济中的版权产业》研究报告中,版权产业对美国经济发展的贡献主要是通过三项指标来测算的,即版权产业对美国国内生产总值、就业总量和美国出口贸易额的贡献。在近些年的报告中,为进一步表明版权产业促进美国经济发展的重要功能,增加两个新的测算版权产业经济贡献的指标,即版权产业的增长率和版权产业的人均薪酬水平。

三、中国版权产业经济贡献测算的实践情况

(一) 中国国家版权局的实践情况

近些年来,随着国内知识经济的兴起和科学技术的迅猛发展,包括版权在内的知识产权已成为增强国家经济实力和核心竞争力

[①] World Intellectual Property Organization, Guide on Surveying the Economic Contribution of the Copyright-Based Industries, WIPO Publication No. 893(E), ISBN 92-805-1225-7.

的重要资源。我国从版权产业发展的实际需要出发,进一步突出版权产业对国民经济发展的重要性,完善版权制度和增强版权保护力度,进而提升版权的创造、管理、保护和运用的能力,中国国家版权局以各种形式做了大量的工作。顺应这种需要,2007年,国家版权局与世界知识产权组织合作展开了"中国版权相关产业的经济贡献调研"研究项目。该项目的主要内容是依照世界知识产权组织在《版权产业的经济贡献调研指南》中所提供的研究方法,对中国版权产业的经济贡献水平展开调研并进行测算分析,进而把握中国版权产业对国民经济发展的贡献水平。

2007—2014年,"中国版权相关产业的经济贡献调研"研究项目已陆续开展六次调研。通过运用世界知识产权组织提供的分析方法,对中国版权产业的经济贡献进行精确测算,具体包括版权产业的增加值、就业总数、出口贸易额等指标。在首次调研成果发布后,该成果得到国内外的版权、经济、产业、统计等方面的专家的高度评价。在首次调研(主要针对2004年和2006年)的基础上,后续调研活动对各年度的版权产业经济贡献又进行了测算与分析,并与首次调研成果进行比较,进而说明版权产业在国民经济发展中的重要作用。中国开展的版权产业经济贡献调研项目,在准确、细致的数据分析和测算的基础上,在版权产业的发展现状、外部环境及其与国民经济的紧密关系方面得出重要的研究结论,具有较强的系统性、科学性、专业性和准确性,对认识和把握版权产业发展的实际情况及对国民经济的贡献水平具有重要的指导作用。

中国国家版权局开展的版权相关产业经济贡献的调研活动,具有突出的理论意义和实践意义。首先,对于研究工作而言,这项调研项目采用数量化的、多学科综合性的研究方法,对版权产业的经济贡献进行测算和分析，开创了国内版权产业经济贡献问题研究的先河，为此后的版权产业经济贡献的研究工作提供了研究经验，在版权产业的相关研究领域中具有较高的理论价值。其次，通过版权产业的经济贡献调研活动，可以准确地认识和把握中国版权产业的产业规模、发展趋势及其在国民经济体系中的重要地位，进而增强政府部门乃至社会大众对版权产业的重视程度。再次，连续的版权产业经济贡献调研活动，有利于加强版权管理部门对版权产业发展规律的认识和把握，为引导、鼓励和支持中国版权产业发展提供有益的政策建议和指导意见，也为制定、修订和完善版权产业相关的法律法规提供重要的参考资料。

现阶段，我国的国民经济正在朝着规模更庞大、结构更优化、层次更高级和分工更合理的阶段快速发展，经济发展方式正由侧重规模速度的粗放型方式转向更加侧重质量效率的集约型方式转变，经济发展将更多依靠科学技术、人力资源和资本质量等高端生产要素。因此，在这一重要的战略机遇期，深入开展版权产业的经济贡献调研活动，既突出了版权产业在我国国民经济发展中的重要地位和作用，以及以版权制度和版权资源为基础支撑的产业活动对国民经济发展的重要意义，又增强了全社会对版权保护工作和版权产业发展的认识和支持，与此同时，版权产业的经济贡献水平也是描述和衡量我国国民经济发展质量和产业结构优化升级的重要指标之一。

（二）中国版权保护中心的实践情况

理论与实践表明，版权产业在经济增长、就业和外贸等方面均表现出优于其他产业的经济绩效，因其卓尔不群的经济贡献，版权产业正受到各国政府的高度重视。通过已有的这些研究,一方面,版权产业界发出了加强版权保护、提升版权经济价值的呼声,拥有游说有关职能部门的依据;另一方面,政府的产业政策制定和调整也找到了相应的决策依据。

在现有的研究成果中,版权产业对区域经济贡献的调研工作尚未受到充分重视。在以国家为对象的调研分析中,较少关注经济结构转型和多元化发展的区域版权产业问题,而我国幅员辽阔,经济发展不平衡,经济结构呈多元化特征,地区间的经济差异显著。因此,在区域层面开展版权产业经济贡献的调研工作十分必要。中国版权保护中心科研团队经过广泛深入的调查研究,在借鉴世界知识产权组织、各主要国家以及中国国家版权局研究成果的基础上,自主开发设计了《区域版权产业经济贡献调研分析系统》(以下称《调研分析系统》),该系统是国内首次提出分析和研究区域版权产业经济贡献问题的开创性成果,填补了国内相关研究领域的空白。

《区域版权产业经济贡献调研分析系统》主要包括三个研究目的。首先,服务于国家知识产权战略,保护和提升区域经济的创造力。《国家知识产权战略纲要》明确指出,到2020年要把我国建设成为知识产权创造、运用、保护和管理水平较高的国家,5年内自主知识产权的水平大幅度提高,运用知识产权的效果要明显增强,知识产权保护状况要明显改善,全社会知识产权意识要普遍提高。创新活动的大爆发依赖于版权产业的大发展,产业振兴与发展需要完善的知识产权保护体系,而制定有效的知识产权战略需要坚实的基础研究作为决策依据。因此,《调研分析系统》以区域版权产业研究为突破口,为促进国家知识产权战略,保护和提升国民的创造力做出应有的贡献。其次,服务于地方政府的版权产业政策。政策制定需要一定的参考依据,《调研分析系统》将有助于评估现有政策的成效,并为进一步的政策制定和调整提供决策依据。由于版权产业对国民经济的卓越贡献,该项研究将有助于地方政府制定恰当的版权产业政策,转变经济增长方式,提升版权产业对区域经济发展的贡献水平。再次,服务于版权相关企业的成长和发展。企业发展需要掌握产业和行业的发展态势,《调研分析系统》所提供的结果,将有助于版权相关企业了解行业发展状况,合理制定企业的发展战略。特别是在版权产业大发展大繁荣的背景下,此项研究将帮助版权相关企业找准正确的突围之路,拓展业务范围和经营领域,进而促进版权相关企业的成长和发展。

《调研分析系统》主要遵循如下基本方法。首先,流程化。区域版权产业经济贡献调研分析工作将执行严格的工作流程,按模块、分步骤地开展基础研究和调研分析工作,以严格的流程控制提高调研工作的效率,降低相应的调研成本。其次,标准化。区域版权产业经济贡献调研将采用标准化的方法开展工作,以统一、稳定的标准化思路,推进《调研分析系统》的建设以及后续的跟进和调整工作。再次,组织化。《调研分析系统》建设是团队创新的成果,研究团队要拥有具备经济、法律、统计专业背景的研究人员,更需要相关人员的支持和帮助。

《调研分析系统》包括七个组成部分。(1)范畴的界定。这部分将界定调研分析系统所涉及的主要概念、范畴;(2)梳理国外研究的成果。这部分通过对国外现有研究成果的梳理,发掘出对系统建设有价值的信息;(3)建立指导原则和技术路线。这部分将确定调研分析系统的指导原则和技术处理的方式方法;(4)进行产业分类。这部分根据世界知识产权组织和其他一些国家的研究成果,对版权产业进行分类;(5)广泛收集数据。这部分将关注于采用恰当的方法尽可能采集到全面而准确的数据信息;(6)开展计量和评估。这部分利用特定的研究方法对收集到的信息开展计量和评估工作;(7)形成调研分析报告。这部分在以上模块的基础上,形成对区域经济具有针对性的、标准化的调研分析报告。

第四节 版权产业经济贡献的数据分析

一、美国版权产业的经济贡献

(一)美国版权产业发展的概况

1. 美国版权产业的增加值

从增加值来看,美国核心版权产业在2003年达到7000.5亿美元,总体版权产业2003年达到12119亿美元,总体版权产业增加值已突破万亿美元大关,同期的美国国内生产总值为109608亿美元。2008年美国核心版权产业增加值达到9138.7亿美元,总体版权产业增加值达到15930.1亿美元,同期的美国国内生产总值达到143691亿美元。2011年,美国核心版权产业的增加值首次突破万亿美元,达到10300.2亿美元,总体版权产业的增加值达到18626.9亿美元,接近2万亿增加值规模,同期的美国国内生产总值为162445.9亿美元。2012年,美国最新的版权产业数据显示,核心版权产业的增加值为10921.7亿美元,总体版权产业的增加值为18626.9亿美元,同期的美国国内生产总值已达到162445.9亿美元。

表17:核心版权产业、总体版权产业增加值、美国GDP及增长率①

(单位:10亿美元)

年份	核心版权产业		总体版权产业		GDP	
	增加值	增长率	增加值	增长率	产值	增长率
2003	700.05	——	1211.9	——	10960.8	——
2004	757.65	8.23%	1305.95	7.76%	11685.9	6.62%
2005	790.48	4.33%	1368.73	4.81%	12421.9	6.30%
2006	837.28	5.92%	1454.27	6.25%	13178.4	6.09%
2007	889.13	6.19%	1525.11	4.87%	13807.5	4.77%
2008	913.87	2.78%	1593.01	4.45%	14369.1	4.07%
2009	954.37	4.43%	1640.13	2.96%	14417.94	0.34%
2010	988.76	3.60%	1708.33	4.16%	14958.26	3.75%
2011	1030.02	4.17%	1769.88	3.60%	15533.84	3.85%
2012	1092.17	6.03%	1862.69	5.24%	16244.59	4.58%

经过比较不同年度的版权产业增加值,2012年核心版权产业的增加值较2003年的水平,增加了3920.2亿美元,较2008年的水平增加了1728.3亿美元,核心版权产业增加值的两次增长额分别接近4000亿美元和2000亿美元。2012年总体版权产业的增加值较2003年增加了6507.9亿美元,较2008年增加了2696.8亿美元,总体版权产业增加值分别实现6500亿美元和2500亿美元左右的增加额。在2003—2012年的十年期间,美国

---

① 2007年、2011年、2014年《美国经济中的版权产业》报告。

版权产业获得了迅速发展。

```
           2004    2005    2006    2007    2008    2009    2010    2011    2012
核心版权产业增加值  757.65  790.48  837.28  889.13  913.87  954.37  988.76  1030.02 1092.17
总体版权产业增加值  1305.95 1368.73 1454.27 1525.11 1593.01 1640.13 1708.33 1769.88 1862.69
GDP               11685.9 12421.9 13178.4 13807.5 14369.1 14417.94 14958.26 15533.84 16244.59
```

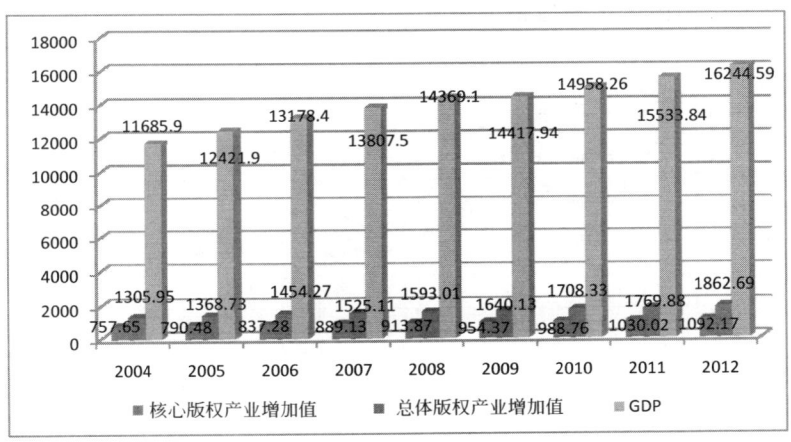

图15：美国版权产业的增加值

在2003—2012年期间，尽管美国版权产业的增加值在绝对规模方面实现了大幅度增长，但是美国版权产业增加值的增长率却出现了起伏跌宕的情况。2004年核心版权产业和总体版权产业的增加值增长率均达到峰值，分别为8.23%和7.76%，显著高于同期美国国内生产总值的增长率6.62%的水平。2008年，美国核心版权产业增加值的增长率处于历史性低位的2.78%，而2009年的美国总体版权产业增加值增长率和国内生产总值增长率也分别处于历史性低位的2.96%和0.34%，这主要源于美国经济危机对美国核心版权产业、总体版权产业和国内生产总值增长的消极影响。美国版权产业和国民经济经过几年的恢复发展，2012年，核心版权产业、总体版权产业和国内生产总值的增长率又重新回到一个较高的水平，分别为6.03%、5.24%和4.58%。美国核心版权产业和总体版权产业增加值的增长率在多数年份均高于同期的美国国内生产总值的增长率。

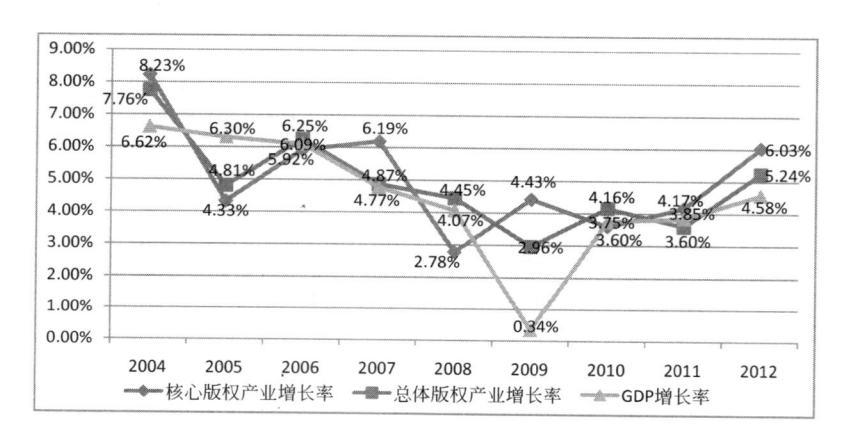

图16:美国版权产业增加值增长率

2. 美国版权产业的就业

从美国版权产业的就业指标看,2003年,美国核心版权产业的就业人数为535.66万人,总体版权产业1120.57万人,同期美国的全国就业总人数为12999.9万人。2008年,美国核心版权产业、总体版权产业和美国总就业人数出现了首次负增长状况,分别为547.48万人、1147.38万人和13679万人,较上年的就业人数都有不同程度的下降,经济危机导致美国核心版权产业、总体版权产业和总就业规模趋于萎缩。2012年,美国核心版权产业的就业人数逐渐恢复上升至537.17万人,总体版权产业就业人数升至1098.13万人,同期的美国总就业人数上升至13373.62万人。

第九章 产业层次的版权价值计量方式

表18：美国核心、总体版权产业、美国全国就业人数及增长率①

（单位：千人，%）

年份	核心版权产业 就业人数	增长率	总体版权产业 就业人数	增长率	美国全国就业人数 就业人数	增长率
2003	5356.6	—	11205.7	—	129999	—
2004	5386.1	0.55	11284.5	0.70	131435	1.10
2005	5446.9	1.13	11436.4	1.35	133703	1.73
2006	5511.2	1.18	11578.9	1.25	136086	1.78
2007	5577.9	1.21	11710.6	1.14	137623	1.13
2008	5474.8	-1.85	11473.8	-2.02	136790	-0.61
2009	5126.3	-6.37	10731.5	-6.47	130859.3	-4.34
2010	5180.3	1.05	10591.6	-1.30	129911.1	-0.72
2011	5272.8	1.79	10803.5	2.00	131499.8	1.22
2012	5371.7	1.88	10981.3	1.65	133736.2	1.70

比较不同年份的美国版权产业就业人数，2007年，美国核心版权产业、总体版权产业和美国全国总就业人数达到峰值，分别为557.79万人、1171.06万人和13762.3万人。比较2007年和2003年就业水平，核心版权产业的就业人数增加了221.3万人，总体版权产业的就业人数增加了494.9万人，美国全国总就业人数增加了762.4万人。由于经济危机的影响，自2008年始，核心版权产业、总体版权产业和美国全国就业总人数开始下降。2012年，核心版权产业、总体版权产业和美国全国总就业人数仍然没有达到2007年的水平。经过对比2007年与2012年的就业水平，核心版权产业就业人数减少20.62万人，总体版权产业就业人数减少72.93万人，美国全国就业总人数减少388.68万人。2003—2012

---

① 2007年、2011年、2014年《美国经济中的版权产业》报告。

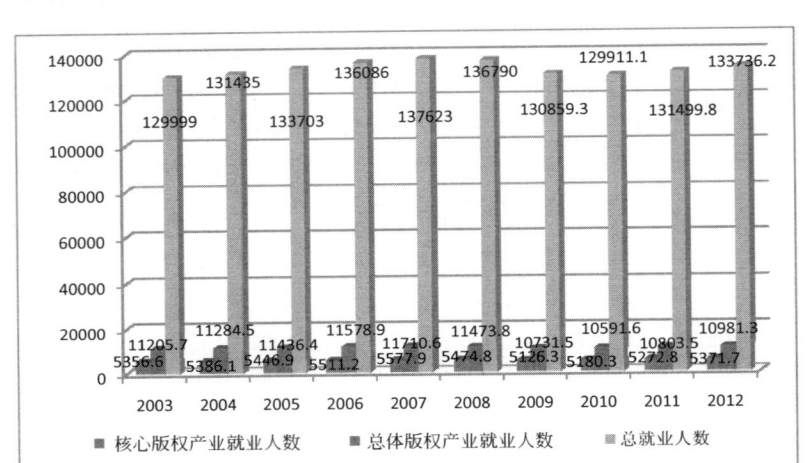

年期间,美国版权产业的就业人数呈现中间高、两头低的情况。

年份	核心版权产业就业人数	总体版权产业就业人数	总就业人数
2003	5356.6	11205.7	129999
2004	5386.1	11284.5	131435
2005	5446.9	11436.4	133703
2006	5511.2	11578.9	136086
2007	5577.9	11710.6	137623
2008	5474.8	11473.8	136790
2009	5126.3	10731.5	130859.3
2010	5180.3	10591.6	129911.1
2011	5272.8	10803.5	131499.8
2012	5371.7	10981.3	133736.2

图17:美国核心、总体版权产业以及美国总就业的人数(千人)

2003—2012年期间,美国版权产业就业人数的增长率出现剧烈波动的情况,呈现"V"字形变化趋势。2004年,美国核心版权产业、总体版权产业和美国全国总就业人数的增长率分别为0.55%、0.70%和1.10%,版权产业就业人数的增长率显著低于同期美国全国就业人数的增长率,这一趋势持续保持到2006年。自2008年起,美国核心版权产业、总体版权产业和美国全国总就业人数的增长率首次出现负增长的情况,分别为-1.85%、-2.02和-0.61%。2009年的核心版权产业、总体版权产业和美国总就业人数的增长率更是达到了历史的最低值,分别为-6.37%、-6.47%和-4.34%。可见,经济危机对美国版权产业就业和美国全国总就业情况的冲击较为剧烈。随着美国国民经济逐渐从经济危机中逐步得以恢复,2012年,美国核心版权产业、总体版权产业和美国总就业的增长率也逐步升高,分别达到了1.88%、1.65%和1.70%。美国版权产业就业人数的增长率,在2009年之前的多数年份中,普遍低于同期的美国全国总就业人数的增长率。而在2009年之后的多数年份中,美国版权产业尤其是核心版权产业的就业人数,绝对高于同期的美国全国总就业人数的增长率。

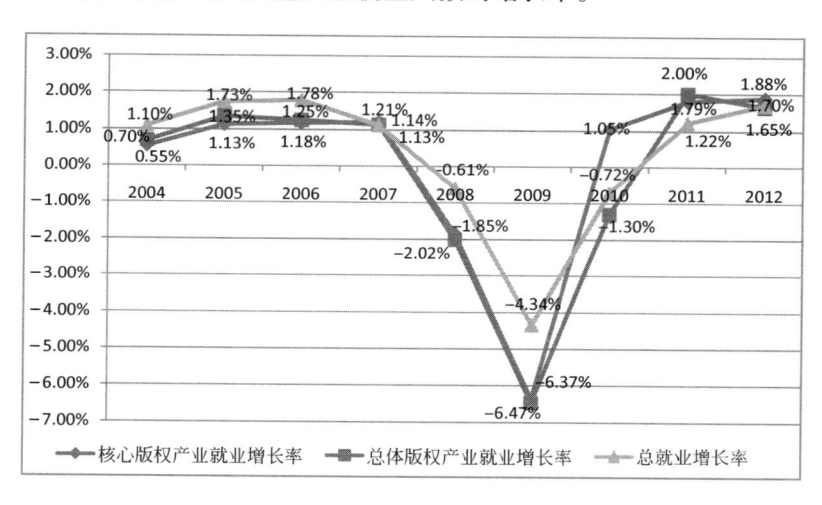

图18:美国核心版权产业、总体版权产业、总就业增长率

3. 美国版权产业的薪酬

从美国版权产业的薪酬水平看,2003年核心版权产业的薪酬水平达到63496美元/人,总体版权产业的薪酬水平达到57679.1美元/人,同期的美国全国人均薪酬为48701美元/人。2008年,美国核心版权产业的薪酬为75852.89美元/人,总体版权产业的薪酬为68534美元/人,同期的美国全国人均薪酬为58983.2美元/人。直至2012年,美国版权产业的薪酬上升到一个新的水平,此时,核心版权产业的薪酬达到86255.34美元/人,总

体版权产业的薪酬达到 76502 美元/人,而美国全国人均薪酬为 64455.12 美元/人。

表 19:美国版权产业的薪酬(美元/人)①

年份	核心版权产业薪酬	总体版权产业薪酬	美国全国人均薪酬	核心版权产业薪酬与美国全国人均薪酬的比率	总体版权产业薪酬与美国全国人均薪酬的比率
2003	63496.4	57679.1	48701.0	1.30	1.18
2004	65553.1	59559.1	50690.8	1.29	1.17
2005	68090.3	61798.2	52633.0	1.29	1.17
2006	70923.3	64233.8	54674.5	1.3	1.17
2007	73554.1	66498.8	56817.3	1.29	1.17
2008	75852.89	68534.3	58983.2	1.29	1.16
2009	78199.8	69692.68	59572.93	1.31	1.17
2010	80444.01	71941.43	61390.8	1.31	1.17
2011	83515.77	74383.2	63016.27	1.33	1.18
2012	86255.34	76502.33	64455.12	1.34	1.19

不同年份的美国版权产业从业人员的薪酬水平存在很大差异。2012 年核心版权产业薪酬水平较 2003 年增加了 22759.34 美元,较 2008 年增加了 10402.45 美元。美国核心版权产业薪酬的两次增加额分别超过 20000 美元和 10000 美元。2012 年总体版权产业的薪酬较 2003 年增加了 18823.23 美元,较 2008 年增加了 7968.03,总体版权产业薪酬的两次增加额分别接近 20000 美元和 10000 美元。从同期的美国全国人均薪酬看,2012 年美国全国人均薪酬较 2003 年增加了 15754.12 美元,2012 年美国全国人均薪酬较 2008 年增加了 5471.92 美元,美国全国人均薪酬的两次增加

---

① 2007 年、2011 年、2014 年《美国经济中的版权产业》报告。

额分别超过 15000 美元和 5000 美元。由此可见,美国核心版权产业和总体版权产业薪酬水平的增加幅度明显高于同期的美国全国人均薪酬的增加幅度。

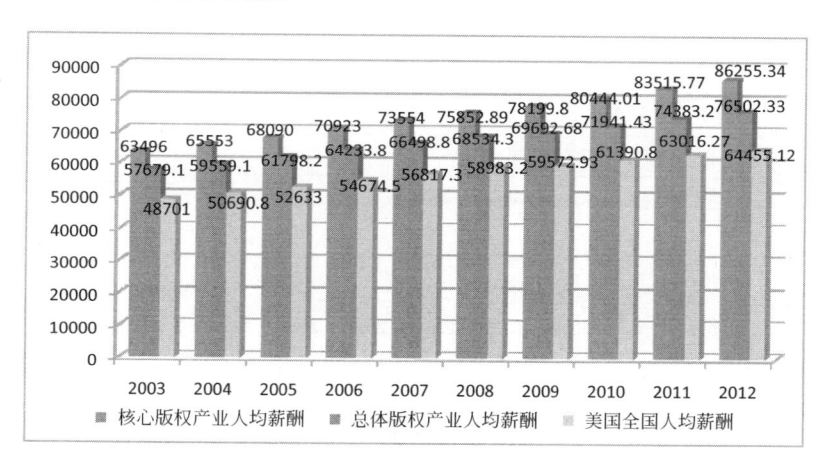

图 19:美国核心版权产业、总体版权产业、美国全国就业的人均薪酬

从美国核心版权产业和总体版权产业的薪酬与美国全国人均薪酬的比值看,2003—2012 年期间,核心版权产业和总体版权产业的薪酬始终处于美国全国人均薪酬水平之上。核心版权产业的薪酬基本稳定在美国全国人均薪酬的 1.3 倍,总体版权产业的薪酬基本稳定在美国全国人均薪酬的 1.17 倍。美国核心版权产业薪酬与美国全国人均薪酬的比值呈现出"中间低、两头高"的变化趋势,2003 年的二者比值为 1.3,2004 年、2005 年、2007 年、2008 年的二者比值处于最低位的 1.29,这一比值在 2009 年之后逐渐上升,2012 年二者的比值上升为 1.34。美国总体版权产业薪酬与美国全国人均薪酬的比值也呈现出类似的"中间低、两头高"的变化趋势,2003 年二者的比值为 1.18,2008 年二者比值处于最低位的

1.16，2009年开始，总体版权产业薪酬与美国全国人均薪酬的比值逐渐上升，这一比值在2012年上升到1.19。

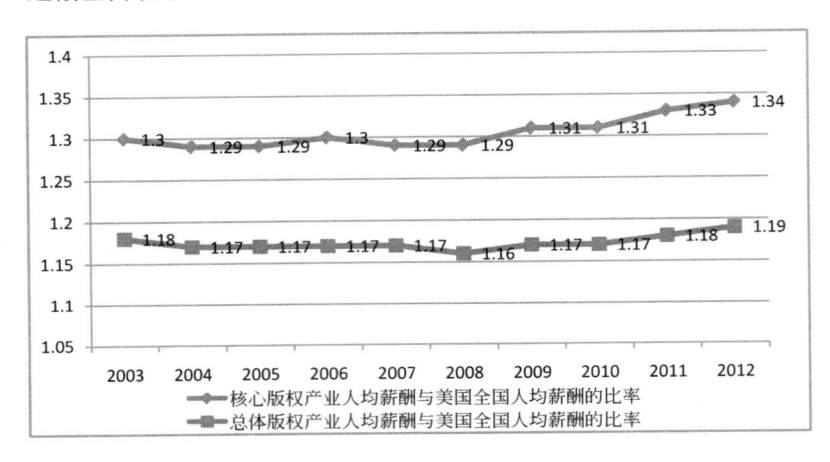

图20：核心版权产业、总体版权产业与美国全国的人均薪酬的比率

4. 美国版权产业的出口贸易

依据美国国际知识产权联盟公布的历年《美国经济中的版权产业》报告，美国版权产业的出口贸易主要集中在录音磁带、电影电视视频、计算机软件和报纸图书期刊等核心版权产业。2004年，美国录音磁带行业的出口贸易额为85亿美元，2010年的出口贸易额跌破70亿美元，为66亿美元，而2012年的录音磁带行业出口贸易额下降为64.3亿美元。2004年，美国电影电视视频行业的出口贸易额为158.7亿美元，2007年突破200亿美元，达到203.8亿美元，2012年电影电视视频的出口贸易额为247.8亿美元。2004年，美国计算机软件出口额为668.2亿美元，2011年突破1000亿美元，达到1064.1亿美元，2012年美国计算机软件出口额为1097亿美元。2004年，美国书报刊出口贸易额为40.5亿美元，2008年

突破60亿美元,达到最高值的61.4亿美元,此后,书报刊的出口贸易额开始下降,2012年的美国书报刊出口额下降到44.2亿美元。

表20:核心版权产业中部分行业海外销售和出口所创造的收入①

(单位:10亿美元)

年份	录音、磁带	电影、电视、视频	计算机软件	报纸、图书、期刊	美国出口贸易总额
2003	8.5	15.87	66.82	4.05	724.77
2004	8.83	18.52	73.66	4.00	814.88
2005	8.22	17.84	79.1	4.38	901.08
2006	7.92	18.54	84.55	4.92	1025.98
2007	7.62	20.38	91.86	5.78	1148.20
2008	7.52	23.24	96.57	6.14	1287.44
2009	7.07	23.25	94.3	4.91	1056.04
2010	6.6	23.89	98.7	4.82	1278.50
2011	6.41	24.56	106.41	4.68	1480.29
2012	6.43	24.78	109.7	4.42	1545.71

经过比较不同年度的美国版权产业出口贸易额,美国录音磁带出口贸易额近年来一直呈现下降趋势,在2004年达到最高值88.3亿美元后,到2012年下降到64.3亿美元,下降额度达24亿美元。美国电影电视视频的出口额贸易额呈现上升态势,2003年的出口贸易额为158.7亿美元,2012年为247.8亿美元,上升额度为89.1亿美元。2003年美国计算机软件的出口贸易额668.2亿美元,2012年的出口额为1097亿美元,上升额度为428.8亿美元。美国书报刊的出口贸易额经历"先上升,后下降"的变化趋势,2008

---

① 2007年、2011年、2014年《美国经济中的版权产业》报告。

年的书报刊出口额达到峰值 61.4 亿美元,2012 年的出口额为 44.2 亿美元,下降额度为 17.2 亿美元。

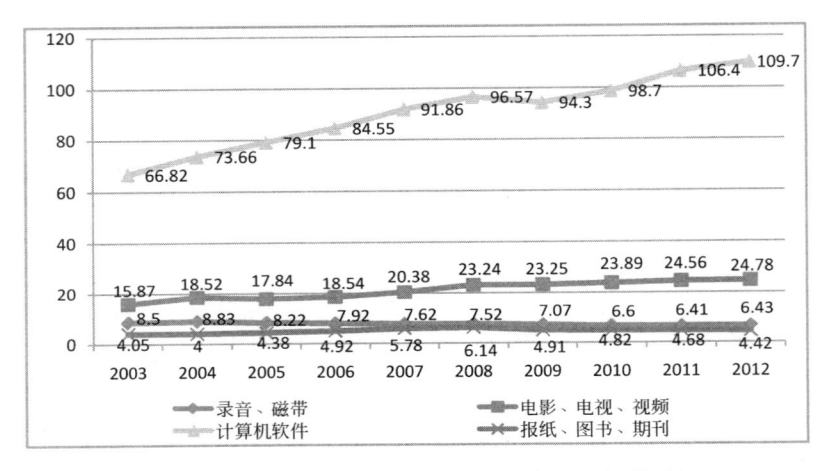

图 21:美国若干核心版权产业的出口额(10 亿美元)

在 2004—2012 年期间,美国版权产业的出口贸易增长率也出现剧烈波动的情况。2004 年,美国录音磁带行业的出口贸易增长率为 3.88%,此后年份均为负增长。2004 年,美国电影电视视频行业的出口贸易增长率为 16.70%,此后,除了 2005 年为 -3.67% 之外,其余年份都保持了增长势头。美国的计算机软件出口贸易在 2004 年为 10.24%,除 2009 年外,其余年份都保持了较高的增长势头。美国的书报刊出口贸易与其他行业的出口贸易增长情况不同,2007 年时达到峰值,为 17.48%,在 2009 年之后,美国书报刊出口贸易一直处于负增长状态。并且,经济危机对美国版权产业出口贸易的影响十分剧烈,2009 年,除电影电视视频行业实现 0.04% 的微弱增长之外,其他行业的出口贸易均出现负增长,尤其是书报刊的出口贸易增长率竟达到 -20.03% 的最低水平。

第九章 产业层次的版权价值计量方式

表21：核心版权产业中部分行业海外销售和出口所创造的收入的增长率[①]

(%)

	录音、磁带等	电影、电视、视频	计算机软件	报纸、图书、期刊	美国出口总额
2004	3.88	16.70	10.24	-1.23	12.43
2005	-6.91	-3.67	7.39	9.50	10.58
2006	-3.65	3.92	6.89	12.33	13.86
2007	-3.79	9.92	8.65	17.48	11.91
2008	-1.31	14.03	5.13	6.23	12.13
2009	-5.98	0.04	-2.35	-20.03	-17.97
2010	-6.65	2.75	4.67	-1.83	21.06
2011	-2.88	2.80	7.80	-2.90	15.78
2012	0.31	0.90	3.10	-5.56	4.42

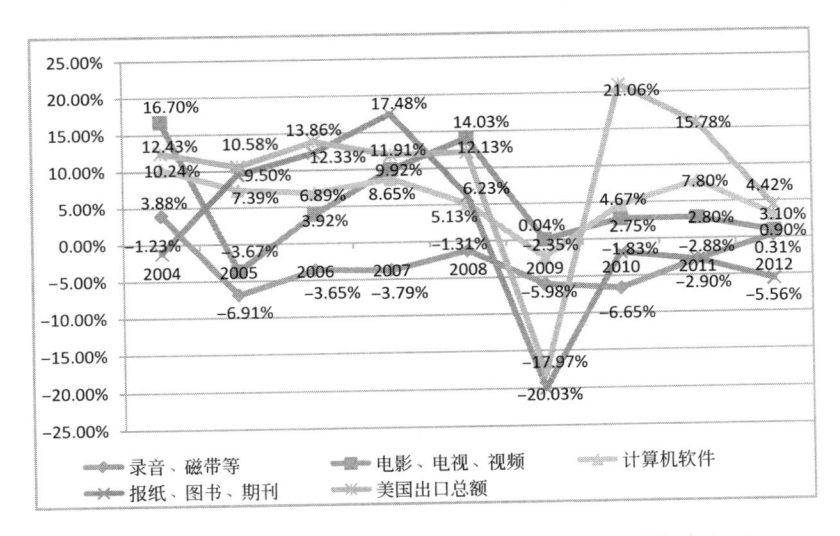

图22：部分版权行业海外销售额和美国出口总额的增长率(%)

---

① 2007年、2011年、2014年《美国经济中的版权产业》报告。

361

（二）美国版权产业的经济贡献

1. 美国版权产业的经济增长贡献

衡量版权产业对国民经济贡献的最合适方法，就是测算版权产业增加值对国内生产总值增长的贡献和贡献率，进而反映版权产业发展对美国经济增长的重要作用。经过测算美国版权产业占国内生产总值的比重，结果显示，2003年，核心版权产业的经济贡献水平为6.39%，2008年的经济贡献水平为6.36%，2012年核心版权产业的经济贡献水平为6.72%。相比之下，2003年，美国总体版权产业的经济贡献水平为11.06%，2008年的经济贡献水平为11.09%，而2012年总体版权产业的经济贡献水平为11.46%。

表22：核心、总体版权产业增加值及其对美国GDP增长的贡献①

（单位：10亿美元，%）

	核心版权产业	总体版权产业	GDP	核心版权产业的贡献	总体版权产业的贡献
2003	700.05	1211.9	10960.8	6.39	11.06
2004	757.65	1305.95	11685.9	6.48	11.18
2005	790.48	1368.73	12421.9	6.36	11.02
2006	837.28	1454.27	13178.4	6.35	11.04
2007	889.13	1525.11	13807.5	6.44	11.05
2008	913.87	1593.01	14369.1	6.36	11.09
2009	954.37	1640.13	14417.94	6.62	11.38
2010	988.76	1708.33	14958.26	6.61	11.42
2011	1030.02	1769.88	15533.84	6.63	11.39
2012	1092.17	1862.69	16244.59	6.72	11.46

---

① 2007年、2011年、2014年《美国经济中的版权产业》报告。

经过对比不同年份的核心版权产业和总体版权产业的经济贡献水平,2006年时的核心版权产业的经济贡献水平最低,为6.35%,2012年的核心版权产业经济贡献水平达到最高值,为6.72%,相差达到0.37个百分点。2005年,总体版权产业的经济贡献水平最低,为11.02%,2012年的总体版权产业的经济贡献水平达到最高值,为11.46%,相差达到0.44个百分点。从美国核心版权产业和总体版权产业经济贡献的变化趋势看,2003—2012年期间,两类产业的经济贡献水平都保持了较为平稳的态势,核心版权产业的经济贡献水平基本稳定在6%至7%之间,总体版权产业的经济贡献水平基本稳定在11%至12%之间。

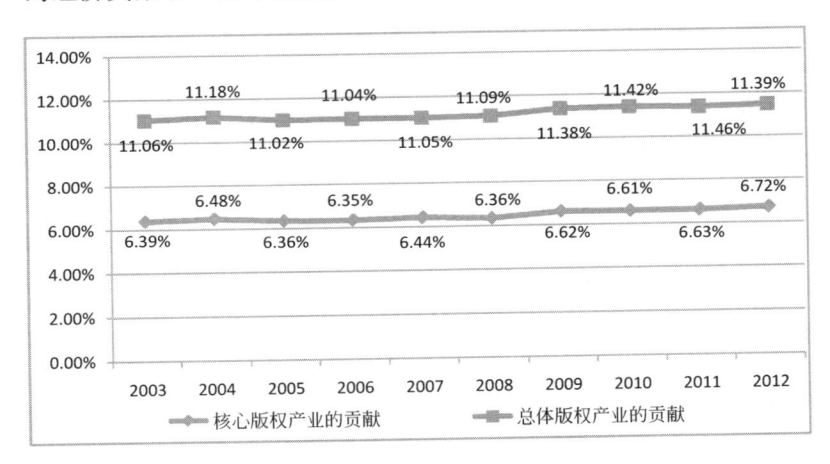

图23:美国版权产业的贡献

分析美国版权产业的经济贡献,在测算版权产业增加值占美国国内生产总值的比重之后,还需要衡量版权产业对美国经济增长的贡献率。经过测算,2004年美国核心版权产业的经济贡献率为7.94%,2008年的经济贡献率为4.41%,2012年美国核心版产业的经济贡献率为 8.74%。相比之下,2004 年,美国总体版权产业的经济贡献率为 12.97%,2008 年的经济贡献率为 12.09%,2012 年的美国总体版权产业的经济贡献率为 13.06%。

表 23:核心、总体版权产业增加值及其对美国 GDP 增长的贡献率①

(单位:10 亿美元,%)

年份	核心版权产业	总体版权产业	GDP	核心版权产业的贡献率	总体版权产业的贡献率
2003	700.05	1211.9	10960.8	——	——
2004	757.65	1305.95	11685.9	7.94	12.97
2005	790.48	1368.73	12421.9	4.46	8.53
2006	837.28	1454.27	13178.4	6.19	11.31
2007	889.13	1525.11	13807.5	8.24	11.26
2008	913.87	1593.01	14369.1	4.41	12.09
2009	954.37	1640.13	14417.94	82.92	96.48
2010	988.76	1708.33	14958.26	6.36	12.62
2011	1030.02	1769.88	15533.84	7.17	10.69
2012	1092.17	1862.69	16244.59	8.74	13.06

在 2003—2012 年期间,2008 年的美国核心版权产业经济贡献率处于最低水平,仅为 4.41%,而接下来的 2009 年的美国核心版权产业的经济贡献率迅速上升到最高水平,高达 82.92%,相差 78.51 个百分点。2005 年,美国总体版权产业的经济贡献率处于最低水平,为 8.53%,而 2009 年的美国总体版权产业的经济贡献率达到最高值,高达 96.48%,相差 87.95 个百分点。

---

① 2007 年、2011 年、2014 年《美国经济中的版权产业》报告。

这充分说明,美国整体经济在受到 2009 年经济危机严重冲击之时,核心版权产业和总体版权产业对美国经济发展发挥了重要作用。

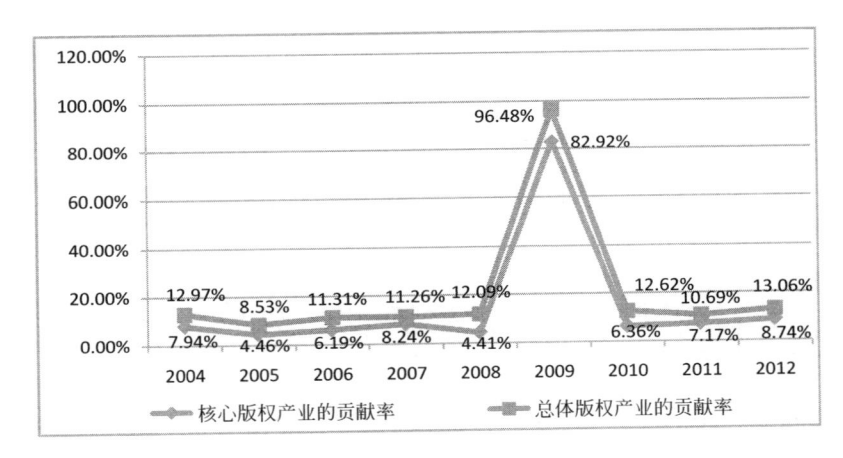

图 24:美国版权产业的经济贡献率

2. 美国版权产业就业的贡献

美国版权产业的就业贡献,是美国版权产业经济贡献的重要组成部分。依照美国国际知识产权联盟的研究方法,美国版权产业的就业贡献指标,仅限于分析就业贡献指标本身,并不涉及就业贡献率指标。从美国版权产业的就业贡献角度看,2003 年,美国核心版权产业的就业贡献为 4.12%,2008 年为 4.00%,2012 年的美国核心版权产业就业贡献略微上升为 4.02%。2003 年的美国总体版权产业就业贡献为 8.62%,2008 年为 8.39%,2012 年的总体版权产业就业贡献相对 2008 年略微下降到 8.23%。

表24：美国版权产业就业的贡献[①]

（单位:千人,%）

年份	核心版权产业就业数量	总体版权产业就业数量	美国全国就业数量	核心版权产业的就业贡献	总体版权产业的就业贡献
2003	5356.6	11205.7	129999	4.12	8.62
2004	5386.1	11284.5	131435	4.10	8.59
2005	5446.9	11436.4	133703	4.07	8.55
2006	5511.2	11578.9	136086	4.05	8.51
2007	5577.9	11710.6	137623	4.05	8.51
2008	5474.8	11473.8	136790	4.00	8.39
2009	5126.3	10731.5	130859.3	3.92	8.20
2010	5180.3	10591.6	129911.1	3.99	8.15
2011	5272.8	10803.5	131499.8	4.01	8.22
2012	5371.7	10981.3	133736.2	4.02	8.23

从美国版权产业就业贡献的变化趋势看，呈现出"先下降、后上升"的态势。2003年，美国核心版权产业的就业贡献处于最高水平的4.12%，此后一直处于下降趋势，至2009年处于最低水平的3.92%，相差达到0.2个百分点，2009年起，就业贡献开始缓慢回升。2003年，美国总体版权产业的就业贡献也处于最高水平的8.62%，此后，总体版权产业就业贡献开始下降，2010年处于最低水平的8.15%，自2010年起，美国总体版权产业的就业贡献开始逐渐回升。

[①] 2007年、2011年、2014年《美国经济中的版权产业》报告。

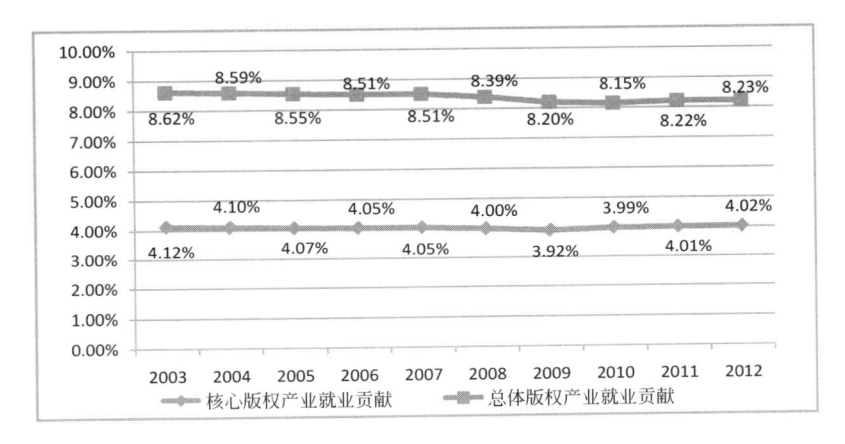

图25:美国版权产业的就业贡献

3. 美国版权产业的对外贸易贡献

经过分析美国版权产业的对外贸易数据,2003年,美国的录音磁带行业的外贸贡献为1.17%,2008年为0.58%,2012年的美国录音磁带行业的对外贸易贡献仅为0.42%。2003年,美国的电影电视视频行业的外贸贡献为2.19%,2008年为1.81%,2012年的美国电影电视视频行业的外贸贡献为1.60%。2003年,美国的计算机软件行业的外贸贡献为9.22%,2008年为7.50%,2012年的美国计算机软件行业的外贸贡献为7.10%。2003年,美国的书报刊行业的外贸贡献为0.56%,2008年为0.48%,2012年的美国书报刊行业的外贸贡献为0.29%。

表25：美国版权产业的对外贸易贡献① （%）

年份	录音、磁带等	电影、电视、视频	计算机软件	报纸、图书、期刊
2003	1.17	2.19	9.22	0.56
2004	1.08	2.27	9.04	0.49
2005	0.91	1.98	8.78	0.49
2006	0.77	1.81	8.24	0.48
2007	0.66	1.77	8.00	0.50
2008	0.58	1.81	7.50	0.48
2009	0.67	2.20	8.93	0.46
2010	0.52	1.87	7.72	0.38
2011	0.43	1.66	7.19	0.32
2012	0.42	1.60	7.10	0.29

从美国版权产业外贸贡献的变化趋势看，除个别年份之外，总体上呈现持续下降态势。2003年，美国录音磁带行业的外贸贡献处于最高水平的1.17%，2012年的录音磁带行业的外贸贡献为最低水平0.42%，相差0.75个百分点。2004年，美国的电影电视视频行业的外贸贡献处于最高水平的2.27%，2012年的美国电影电视视频行业的外贸贡献为最低水平1.60%，相差0.67个百分点。2003年，美国的计算机软件行业的外贸贡献处于最高水平的9.22%，2012年的美国计算机软件行业的外贸贡献为最低水平7.10%，相差2.12个百分点。2003年，美国的书报刊行业的外贸贡献为最高水平的0.56%，2012年的美国书报刊行业的外贸贡献为最低水平0.29%，相差0.27个百分点。美国核心版权产业的四个行业，除书报刊行业之外，2009年的外贸贡献出现短暂的回升现象，这说明，在美国对外贸易遭受经济危机严重冲击的情况下，版

---

① 2007年、2011年、2014年《美国经济中的版权产业》报告。

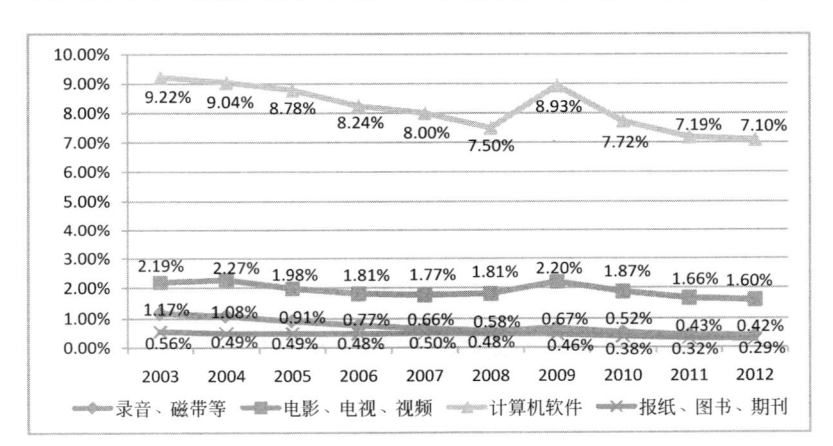

权产业的对外贸易对美国国家出口贸易发挥了重要的支持作用。

图26：美国版权产业的对外贸易贡献

二、中国版权产业的经济贡献

（一）中国版权产业发展的概况

1. 中国版权产业的增加值

从中国版权产业的增加值来看，核心版权产业增加值在2004年达到3188.67亿元，2008年的核心版权产业增加值首次突破10000亿元，达到10240.42亿元，2012年的核心版权产业增加值又首次突破20000亿元，达到20598.19亿元。相互依存版权产业在2004年达到2593.04亿元，2008年时达到4705.23亿元，2012年的相互依存版权产业的增加值达到6919.89亿元。部分版权产业增加值在2004年为763.84亿元，2008年时为1889.74亿元，2008年的部分版权产业的增加值达到3421.78亿元。非专用支持

表26：中国版权产业的增加值及其增长率① （单位：亿元人民币，%）

年度	核心版权产业 增加值	核心版权产业 增长率	相互依存版权产业 增加值	相互依存版权产业 增长率	部分版权产业 增加值	部分版权产业 增长率	非专用支持产业 增加值	非专用支持产业 增长率	总体版权产业 增加值	总体版权产业 增长率
2004	3188.67	—	2593.04	—	763.84	—	1338.63	—	7884.18	—
2006	6471.56	—	4068.96	—	1014.2	—	1934.61	—	13489.33	—
2007	8879.21	37.20	3998.6	-1.73	1587.19	56.50	2325.41	20.20	16790.41	24.47
2008	10240.42	15.33	4705.23	17.67	1889.74	19.06	2733	17.53	19568.4	16.55
2009	11928.04	16.48	4921.46	4.60	2187.06	15.73	3261.42	19.33	22297.98	13.95
2010	14141.04	18.55	5764.68	17.13	2620.25	19.81	3844.28	17.87	26370.26	18.26
2011	17161.81	21.36	6642.33	15.22	3107.34	18.59	4617.5	20.11	31528.98	19.56
2012	20598.19	20.02	6919.89	4.18	3421.78	10.12	4734.29	2.53	35674.15	13.15

① 历年《中国版权相关产业的经济贡献》报告。

产业增加值在2003年为1338.63亿元,2008年时为2733亿元,2008年的非专用支持产业增加值达到4734.29亿元。总体版权产业增加值在2004年为7884.18亿元,2008年时为19568.4亿元,2009年总体版权产业增加值突破20000亿元,达到22297.98亿元,2011年的总体版权产业增加值突破30000亿元,达到31528.98亿元,2012年的总体版权产业增加值为35674.15亿元(见图27)。

中国各类版权产业增加值都保持了较快的增长势头。核心版权产业增加值的增长率在2007年达到37.20%,其余年份的增长率基本都处于15%以上的水平。相互依存版权产业增加值的增长率,除了2007年出现负增长情况之外,最高增长率也达到17.67%。部分版权产业增加值的增长率在2007年高达56.50%,是所有类别版权产业增加值的最高增长率,部分版权产业增加值的增长率也都处于10%以上的水平。非专用支持产业增加值的增长率在2007年达到峰值20.20%。总体版权产业增加值的增长率在2007年也达到峰值24.47%,其余年份的增长率都处于13%以上的水平。总的来看,中国各类别版权产业都发展得比较迅速,基本上都维持了两位数以上的增长速度,为提高版权产业的经济贡献水平奠定了坚实基础。

2. 中国版权产业的就业

从中国版权产业的就业指标看,核心版权产业就业量在2004年达到300.9万人,2008年为476万人,2012年的核心版权产业就业人数达到616.06万人。相互依存版权产业就业量在2004年达到161.68万人,2008年为269.89万人,2012年的相互依存版权产业就业人数为339.61万人。部分版权产业就业量在2004年为86.57万人,2008年为105.3万人,2012年的部分版权产业就业量

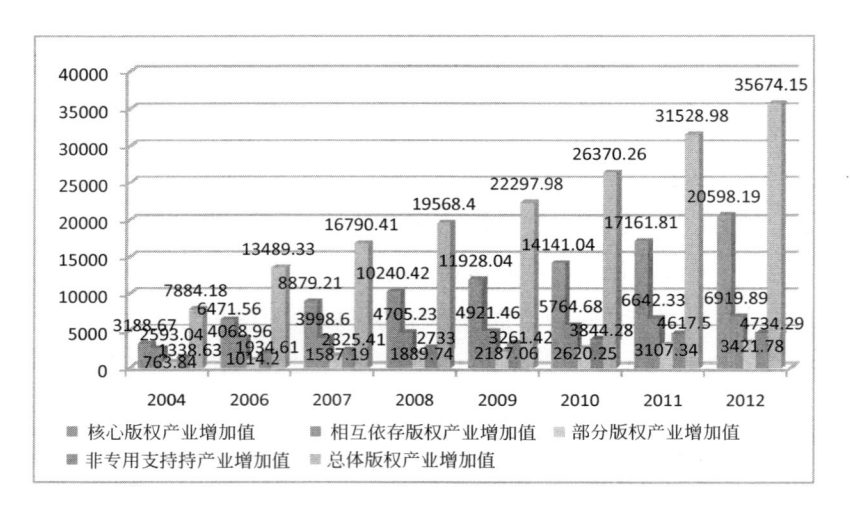

图27：中国版权产业的增加值（亿元）

为174.24万人。非专用支持产业就业量在2004年为66.76万人，2008年为95.38万人，2012年的非专用支持产业就业量达到116.57万人。总体版权产业就业量在2004年为615.91万人，2008年为946.57万人，2010年的总体版权产业就业量首次突破1000万人，为1041.54万人，2012年的总体版权产业就业量达到1246.48万人。

中国各类别版权产业就业量的增长速度总体上低于增加值的增长速度。中国核心版权产业就业量的增长率在2007年达到23.86%，其余年份均未超过10%的水平。相互依存版权产业就业量的增长率在2007年达到21.98%，2008年出现-0.40%的负增长情况，除2011年曾达到13.06%的增长水平之外，其余年份的就业量增长率均处于5%以下的水平。部分版权产业就业量的增长率在2011年达到28.48%，2012年达到13.11%，其余年份也保持

表27：中国版权产业的就业量及其增长率[1]

（单位：万人，%）

年度	核心版权产业 就业量	核心版权产业 增长率	相互依存版权产业 就业量	相互依存版权产业 增长率	部分版权产业 就业量	部分版权产业 增长率	非专用支持产业 就业量	非专用支持产业 增长率	总体版权产业 就业量	总体版权产业 增长率
2004	300.9	——	161.68	——	86.57	——	66.76	——	615.91	——
2006	367.91	23.86	222.15	21.98	99.26	4.99	73.59	-1.10	762.92	18.45
2007	455.7	4.45	270.97	-0.40	104.21	1.05	72.78	31.05	903.67	4.75
2008	476	6.35	269.89	2.02	105.3	6.94	95.38	1.92	946.57	4.74
2009	506.23	5.64	275.35	4.20	112.61	6.47	97.21	2.81	991.4	5.06
2010	534.79	9.77	286.91	13.06	119.9	28.48	99.94	13.25	1041.54	13.16
2011	587.03	4.95	324.37	4.70	154.05	13.11	113.18	3.00	1178.63	5.76
2012	616.06		339.61		174.24		116.57		1246.48	

[1] 历年《中国版权相关产业的经济贡献》报告。

了较快增长。非专用支持产业就业量的增长率在 2008 年达到 31.05% 的最高水平,2011 年为 13.25%,其余年份的增长率在 5% 以下的水平,其中,2007 年出现 -1.10% 的负增长情况。总体版权产业就业量的增长率在 2007 年达到 18.45%,2011 年也达到 13.26%,其余年份的增长率维持在 5% 左右。

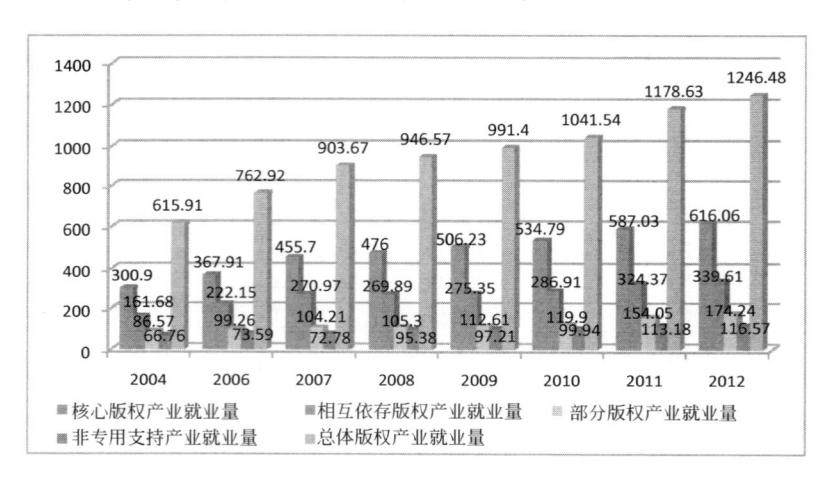

图 28:中国版权产业的就业量(万人)

3. 中国版权产业的对外贸易

从中国版权产业的对外贸易指标看,核心版权产业的对外贸易额在 2004 年达到 15.55 亿元,2008 年为 42.35 亿元,2012 年的核心版权产业对外贸易额为 41.10 亿元。2004 年,相互依存版权产业的对外贸易额为 838.03 亿元,2006 年相互依存版权产业的对外贸易额首次突破 1000 亿元,达到 1363.82 亿元。2008 年相互依存版权产业的对外贸易额突破 2000 亿元,达到 2064.55 亿元,2012 年的相互依存版权产业的对外贸易额为 2676.66 亿元。部分版权产业的对外贸易额在 2004 年达到 68.28 亿元,2008 年为

176.87亿元,2012年部分版权产业的对外贸易额达到242.27亿元。总体版权产业的对外贸易额在2004年为921.86亿元,2006年首次突破1000亿元,达到1492.62亿元,2007年的总体版权产业的对外贸易额首次突破2000亿元,达到2157.34亿元,2012年的总体版权产业对外贸易额达到2960.03亿元。

表28:中国版权产业的对外贸易量及其增长率[①]

(单位:亿元,%)

年度	核心版权产业		相互依存版权产业		部分版权产业		总体版权产业	
	出口额	增长率	出口额	增长率	出口额	增长率	出口额	增长率
2004	15.55	——	838.03	——	68.28	——	921.86	——
2006	24.94	——	1363.82	——	103.86	——	1492.62	——
2007	33.72	35.22	1973.94	44.74	149.67	44.11	2157.34	44.53
2008	42.35	25.58	2064.55	4.59	176.87	18.17	2283.76	5.86
2009	41.16	-2.81	1917.90	-7.10	144.11	-18.52	2103.17	-7.91
2010	41.9	1.80	2450.77	27.78	170.28	18.16	2662.96	26.62
2011	53.27	27.14	2586.41	5.53	219.93	29.16	2859.61	7.38
2012	41.10	-22.85	2676.66	3.49	242.27	10.16	2960.03	3.51

中国各类别版权产业对外贸易的增长速度总体上也低于增加值的增长速度。2007年的核心版权产业对外贸易增长率达到35.22%,2008年和2011年分别达到25.58%和27.14%,其中2009年和2012年出现负增长情况。2007年,相互依存版权产业的对外贸易增长率达到了44.74%,2010年也达到了27.78%,2009年相互依存版权产业对外贸易额出现负增长。部分版权产业的对外贸易增长率在2007年达到44.11%,除2009年为-18.52%的负增长之外,其余年份都保持了10%以上的增长速度。总体版

---

① 历年《中国版权相关产业的经济贡献》报告。

权产业的对外贸易额在 2007 年达到 44.53%,2010 年时为 26.62%,除 2009 年为 -7.91% 的负增长之外,其余年份的增长情况比较平稳。

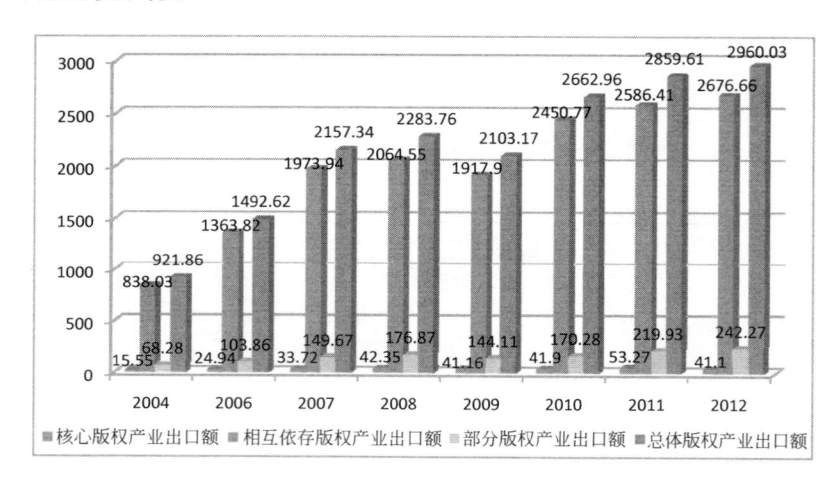

图29:中国版权产业的对外贸易量(亿元)

(二) 中国版权产业的经济贡献

1. 中国版权产业对经济增长的贡献

与美国版权产业经济贡献的测算相类似,中国版权产业的经济贡献也分为版权产业对经济增长的贡献和贡献率。经过测算版权产业增加值占中国国内生产总值的比重,结果显示,2004 年,核心版权产业的经济贡献水平为 1.99%,2008 年的经济贡献水平为 3.26%,2012 年核心版权产业的经济贡献水平为 3.97%。2004 年,相互依存版权产业的经济贡献水平为 1.62%,2008 年时为 1.50%,2012 年相互依存版权产业的经济贡献为 1.33%。部分版权产业经济贡献在 2004 年为 0.48%,2008 年时为 0.60%,2012 年部分版权产业的经济贡献为 0.66%。2004 年,非专用支持产业的经济贡献为 0.84%,2008 年时为 0.87%,2012 年非专用支持产业的经济贡献为 0.91%。与各类别版权产业经济贡献相比,2004 年,总体版权产业的经济贡献为 4.93%,2008 年时为 6.23%,2012 年的总体版权产业经济贡献为 6.87%。

表 29:中国各类版权产业占 GDP 比重的计算①

(%)

年度	核心版权产业	相互依存版权产业	部分版权产业	非专用支持产业	总体版权产业
2004	1.99	1.62	0.48	0.84	4.93
2006	2.99	1.88	0.47	0.89	6.24
2007	3.34	1.50	0.60	0.87	6.32
2008	3.26	1.50	0.60	0.87	6.23
2009	3.50	1.44	0.64	0.96	6.54
2010	3.52	1.44	0.65	0.96	6.57
2011	3.63	1.40	0.66	0.98	6.66
2012	3.97	1.33	0.66	0.91	6.87

对比不同种类版权产业的经济贡献水平,可以看出,核心版权产业的经济贡献显著高于相互依存版权产业、部分版权产业和非专用支持产业的经济贡献。2004 年,核心版权产业的经济贡献处于最低水平 1.99%,除 2008 年出现短暂下降之外,2012 年核心版权产业的经济贡献已经上升到 3.97%,较 2004 年上升额度达到 1.88 个百分点。相互依存版权产业的经济贡献在 2006 年达到最高水平 1.88% 之后,基本呈现持续下降趋势,2012 年相互依存版

---

① 历年《中国版权相关产业的经济贡献》报告。

权产业经济贡献为 1.33%,下降 0.55 个百分点。部分版权产业的经济贡献在 2004 年处于最低水平 0.48%,此后保持稳定上升趋势,2012 年部分版权产业经济贡献上升到 0.66%,较 2004 年上升 0.18 个百分点。2004 年总体版权产业的经济贡献处于最低水平 4.93%,除 2008 年出现稍微下降之外,基本保持持续上升趋势,2012 年的总体版权产业经济贡献上升为 6.87%,较 2004 年上升 1.94 个百分点。

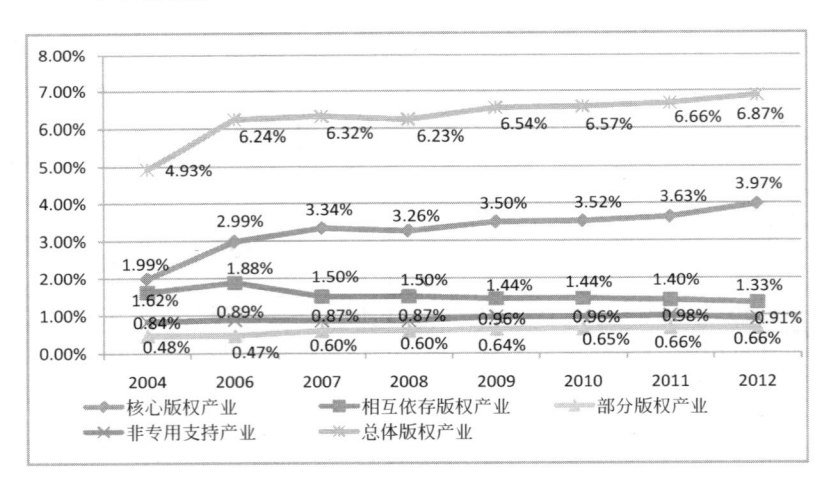

图 30:中国各类版权产业占 GDP 的比重

在测算版权产业占国内生产总值比重的基础上,测算版权产业的经济贡献率也是版权产业经济贡献研究的重要内容。2007 年,核心版权产业的经济贡献率为 4.86%,2010 年为 3.65%,2012 年核心版权产业的经济贡献率为 7.41%。2007 年相互依存版权产业的经济贡献率为 -0.14%,是唯一的经济贡献率为负值的情况,2010 年为 1.39%,2012 年相互依存版权产业的经济贡献率为

0.60%。2007年部分版权产业的经济贡献率为1.16%,2010年为0.71%,2012年部分版权产业的经济贡献率为0.68%。2007年非专用支持产业的经济贡献率为0.79%,2010年为0.96%,2012年非专用支持产业的经济贡献率为0.25%。总体版权产业的经济贡献率在2007年为6.67%,2010年为6.72%,2012年的总体版权产业经济贡献率为8.94%。

表30:各类别版权产业产值对GDP的贡献率[①]

(%)

年度	核心版权产业	相互依存版权产业	部分版权产业	非专用支持产业	总体版权产业
2007	4.86	−0.14	1.16	0.79	6.67
2008	2.82	1.46	0.63	0.85	5.76
2009	6.28	0.81	1.11	1.97	10.16
2010	3.65	1.39	0.71	0.96	6.72
2011	4.22	1.23	0.68	1.08	7.21
2012	7.41	0.60	0.68	0.25	8.94

对比2007—2012年期间的各类别版权产业经济贡献率的变化趋势,核心版权产业和总体版权产业的经济贡献率变化趋势较为一致,基本保持了相似的变化轨迹,其他三类版权产业的经济贡献率变化则比较平稳。2008年核心版权产业的经济贡献率处于最低水平2.82%,而2012年的核心版权产业经济贡献率上升为7.41%,上升了3.59个百分点。总体版权产业的经济贡献率同样在2008年处于最低水平5.76%,2009年总体版权产业的经济贡献

[①] 历年《中国版权相关产业的经济贡献》报告。

率为最高水平10.16%,上升了5.4个百分点。其他三类版权产业的经济贡献率基本都保持在2%以内。并且,核心版权产业的经济贡献率始终高于其他三类版权产业的经济贡献率。

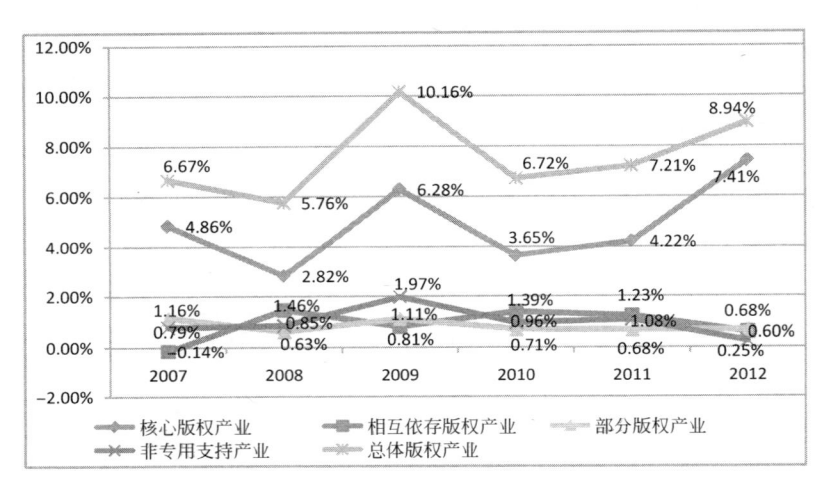

图31:各类版权产业对GDP的贡献率

2. 中国版权产业对就业的贡献

版权产业对中国就业水平的提高具有突出的贡献。借鉴美国国际知识产权联盟的研究方法,中国版权产业的就业贡献指标,仅限于分析就业贡献指标本身,也并不涉及就业贡献率指标。2004年,中国核心版权产业的就业贡献为2.71%,2008年为3.90%,2012年核心版权产业的经济贡献为4.04%。2004年相互依存版权产业的就业贡献为1.46%,2008年为2.21%,2012年相互依存版权产业的就业贡献为2.23%。2004年部分版权产业的就业贡献为0.78%,2008年为0.86%,2012年部分版权产业的就业贡献为1.14%。2004年非专用支持产业的就业贡献为0.60%,2008年为0.78%,2012年的非专用支持产业的就业贡献为0.77%。2004年总体版权产业的就业贡献为5.55%,2008年为7.76%,2012年总体版权产业的就业贡献为8.18%。

表31:各类别版权产业的就业贡献率① （%）

年度	核心版权产业	相互依存版权产业	部分版权产业	非专用支持产业	总体版权产业
2004	2.71	1.46	0.78	0.60	5.55
2006	3.14	1.90	0.85	0.63	6.51
2007	3.79	2.25	0.87	0.61	7.52
2008	3.90	2.21	0.86	0.78	7.76
2009	4.03	2.19	0.90	0.77	7.89
2010	4.10	2.20	0.92	0.77	7.98
2011	4.07	2.25	1.07	0.79	8.18
2012	4.04	2.23	1.14	0.77	8.18

从中国版权产业就业贡献的变化趋势看,核心版权产业、相互依存版权产业、部分版权产业、非专用支持产业和总体版权产业的就业贡献基本上保持了平稳的上升趋势。2004年的核心版权产业就业贡献处于最低水平2.71%,2010年核心版权产业的就业贡献处于最高水平4.10%,上升1.39个百分点。2004年相互依存版权产业的就业贡献处于最低水平1.46%,2007年和2011年的相互依存版权产业处于最高水平2.25%,上升0.79个百分点。2004年部分版权产业的经济贡献为最低水平的0.78%,2012年部分版权产业的经济贡献处于最高水平的1.14%,上升0.36%。2004年非专用支持产业的就业贡献处于最低水平0.60%,2012年非专用支持

---

① 历年《中国版权相关产业的经济贡献》报告。

产业的就业贡献处于最高水平0.77%,上升0.17个百分点。2004年总体版权产业的就业贡献处于最低水平5.55%,2012年总体版权产业的就业贡献处于最高水平8.18%,上升2.63个百分点。核心版权产业和总体版权产业的就业贡献基本保持了一致的变化趋势。

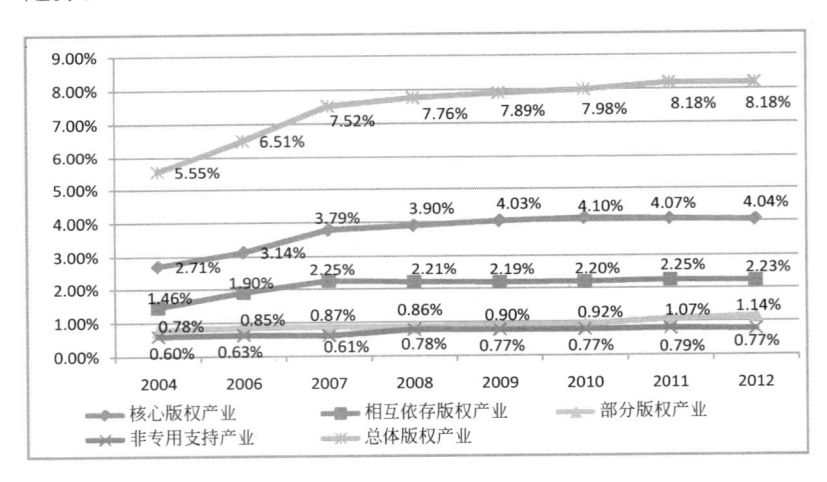

图32:各类别版权产业的就业贡献

3. 中国版权产业对对外贸易的贡献

版权产业对中国对外贸易也同样具有突出的贡献。2004年,核心版权产业的对外贸易贡献为0.26%,2008年为0.30%,2012年的核心版权产业的外贸贡献为0.20%。相互依存版权产业在2004年的外贸贡献为14.12%,2008年为14.43%,2012年相互依存版权产业的外贸贡献为13.07%。2004年部分版权产业的外贸贡献为1.15%,2008年为1.24%,2012年部分版权产业的外贸贡献为1.18%。总体版权产业的外贸贡献在2004年为15.54%,

2008年为15.96%,2012年总体版权产业的外贸贡献为14.45%。

表32：各类别版权产业的贸易贡献① （%）

年度	核心版权产业	相互依存版权产业	部分版权产业	总体版权产业
2004	0.26	14.12	1.15	15.54
2006	0.26	14.07	1.07	15.40
2007	0.28	16.17	1.23	17.68
2008	0.30	14.43	1.24	15.96
2009	0.34	15.96	1.20	17.50
2010	0.27	15.53	1.08	16.88
2011	0.28	13.62	1.16	15.06
2012	0.20	13.07	1.18	14.45

从中国版权产业对外贸易的变化趋势看,核心版权产业、相互依存版权产业、部分版权产业和总体版权产业的外贸贡献水平呈现出"两头低、中间高"的态势,2004年,核心版权产业的外贸贡献为0.26%,2009年处于最高水平的0.34%,2012年又回落到最低水平0.20%,下降0.14个百分点。2007年,相互依存版权产业的外贸贡献处于最高水平16.17%,2012年下降到最低水平13.07%,下降3.10个百分点。2006年部分版权产业的外贸贡献为最低水平1.07%,2008年处于最高水平1.24%,上升0.17个百分点。2007年总体版权产业的外贸贡献为最高水平17.68%,2012年总体版权产业的外贸贡献为最低水平14.45%,下降3.23个百分点。此外,核心版权产业和总体版权产业的外贸贡献变化趋势也较为一致。

---

① 历年《中国版权相关产业的经济贡献》报告。

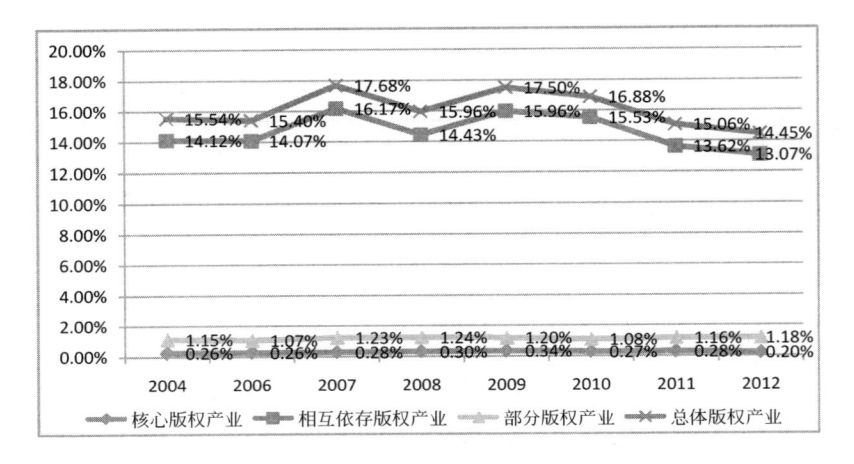

图33:各类别版权产业的贸易贡献

第十章 基本结论

第一节 版权价值具有丰富的内涵

继劳动价值论、要素价值论、均衡价值论和效用价值论所阐述的价值形式之后,版权价值作为一种新的价值形式,成为知识经济时代的价值创造、转移和实现的主要对象。版权价值理论是对劳动价值论的创新和发展,是一种在知识经济条件下阐述价值创造和计量方式的理论。在知识经济条件下,创造价值的劳动从以标准化、模式化和同质化为特征的传统形式向以独特性、个性化、差异化为特征的新形式转变。在新的价值创造方式中,需要重点阐述一种新的劳动形态——创造性劳动。创造性劳动是一种将思想、创意、构思、技术转化为无形的智力成果并将这些成果进行物化赋形的劳动,这种源于人类大脑中的最活跃、最宝贵的创造力所主导的劳动形式,相对于创造和形成价值的一般性劳动而言,是取之不尽、用之不竭的价值源泉,而创造性劳动创造的这种价值在知识经济形态下被赋予了一个新的称谓——版权价值。

按照劳动价值论的解释,价值是凝结在商品中的抽象劳动,而版权价值作为价值的一种形态,也必然具有价值的最具代表性的内涵——抽象劳动,因此,可以将版权价值称为凝结在精神文化产品中的创造性抽象劳动。这些凝结着版权价值的精神文化产品,具有满足人类的精神文化生活需求的使用价值和用以进行市场交易的交换价值,而且能够对人们的生活品质、个体欲望、感官享受和艺术追求带来独特的满足感。精神文化产品的创造、推广、流通、交易等活动本身就是版权价值的产生、传递和转移的过程,并使版权价值不断向中观层次的版权相关企业和宏观层次的版权产业渗透和扩散。

对于精神文化产品而言,包括无形的智力成果和被物化赋形的复制产品,只要其创作和制作过程耗费一定量的创造性劳动,则精神文化产品的价值就必然表现为凝结在产品中的创造性抽象劳动。这些精神文化产品的价值会以创造性抽象劳动所耗费的劳动时间为尺度,并按照对应的交换价值进行交换和销售。精神文化产品的两种形态——无形的智力成果和被物化赋形的复制产品,必须依靠版权制度才能得以存在,尤其是无形的智力成果,其本身就是具有商品属性的版权权利。因此,版权价值就是精神文化产品的价值,直接表现为凝结在精神文化产品中的创造性抽象劳动,版权价值的商品基础就是无形的智力成果和被物化赋形的复制产品。

第二节 版权价值具有显著的层次性

版权价值的层次性,是版权价值自身所具有的一种横向的、多元性的内部架构,分别在产品层次(微观层次)、企业层次(中观层次)和产业层次(宏观层次)表现出相应的价值存在形式。版权价值层次性包含四层涵义:首先,版权价值层次性具有完整的结构,是由不同层次的版权价值组成的扁平化的结构体系。其次,版权价值的每个层次都包含创作、推广、流通、销售和消费等环节,这些实践活动在不同层面上实现版权价值的动态循环。再次,版权价值的每个层次都是一个完整的版权价值的配置和利用过程。最后,在版权价值的每个层次上,都包含社会生产消费活动中的各种经济关系,如投入产出关系、供求关系、竞争关系等。这些价值存在形式既是以版权为核心的创造性劳动的成果,同时也是版权价值计量方式的主要对象,构成了激励引导版权产品创作生产、合理开发运用版权资产和促进版权产业健康快速发展的基础。

版权价值具有显著的层次性特征,这决定了版权价值的构成也具有特定的层次性内容。依据版权价值层次性的内涵,探究版权价值层次性的具体构成,是完善和发展版权价值理论的重要组成部分。因此,只有深入分析版权价值层次性的构成情况,说明不同层次上的版权价值的表现形式,准确阐述各个层次版权价值表现形式的具体内涵,进而为计量不同层次上的版权价值、理清版权价值创造机理以及版权价值的最终实现奠定基础,同时也为版权价值理论的发展以及价值链分析方式的实践应用提供新的思路和线索。

版权价值层次性的构成,主要的研究对象集中于对不同层次版权价值的表现形式方面。以版权价值层次性的内涵为基础,通过界定版权价值层次性的构成内容和每个层次的版权价值内涵,可以将各个层次的版权价值的表现形式进行分解。在产品层次、企业层次和产业层次上阐述版权价值层次性的构成内容,即产品层次(微观层次)的版权价值—版权权益、企业层次(中观层次)的版权价值—版权资产、产业层次(宏观层次)的版权价值—版权产业经济贡献。而版权价值层次性构成的相关研究,主要就是围绕版权权益、版权资产和版权产业经济贡献展开的,这三个层次的版权价值表现形式也已涵盖了版权价值的基本内容。

首先,版权价值的第一个层次是产品层次。从产品层次研究版权价值,主要就是以版权权益为研究对象,在产品层次上认识凝结在单个版权产品中的人类创造性劳动的成果。版权权益是知识、思想、创意与创造性劳动结合过程中产生的价值形式,其是由版权的财产权利所带来的利益。其次,版权价值的第二个层次是企业层次。版权资产作为企业层次的版权价值,是一种典型的企业无形资产,具有显著的非独立性、可交易性、转化性和增值性等特征,在生产和经营过程中与其他有形资产相结合,以资产组合的形式对企业的经济效益产生叠加效应和放大效应,从而提高资产运用效率和投资回报率。再次,版权价值的第三个层次是产业层次。版权价值在产业层次上主要表现为版权产业对国民经济发展的贡献。研究产业层次的版权价值,进一步突出版权产业在"创新投入高、创新能力强、创新产出高、创新贡献高"等方面的特点,需要提升版权产业在经济增长、就业和对外贸易方面对国民经济的贡献水平,将版权产业作为刺激国民经济发展的动力和转变经济发展方式的引擎。

第三节 版权价值具有层次性的计量方式

由于版权价值的表现形式呈现出显著的层次性特征,对应于不同层次的版权价值表现形式,版权价值的计量方式也具有产品层次、企业层次和产业层次的层次性特征。版权价值计量方式的层次性,是对版权价值实现计量评估、配置流转、保值增值的组织架构。从版权价值层次性的角度看,如果版权价值的表现形式是对版权价值层次性的静态描述,那么版权价值的计量方式就是对版权价值层次性的动态实践。开展版权价值计量方式的层次性的研究,深入分析版权价值计量活动的具体模式,充分考虑和估计不同因素对版权价值计量活动的影响,使不同层次的计量活动能够较为准确地计量评估不同层次的版权价值,这是研究版权价值计量方式的目的所在。

版权价值计量方式的层次性,就是指对应于版权价值在产品层次、企业层次和产业层次的表现形式,继而在产品层次、企业层次、产业层次上设计的计量这些表现形式的实践活动,这种组织架构是对版权价值层次性的延伸和拓展,并进一步扩展了版权价值的创造、转移和实现活动的范围和空间。以版权价值为中心,分析版权价值计量方式的层次性,探索版权价值计量的可行方式,着力创新版权价值配置流转的体制和机制,深度挖掘版权价值保值增值的巨大潜力,是对版权价值理论的丰富和发展。

版权价值的计量方式对版权价值的创造、转移和实现具有重要意义,可以准确地计量版权价值的额度,提供可靠的版权价值的支撑数据和财务信息资料，由此持续探索并逐渐形成一整套完善的、以版权价值计量为核心的制度、规则和方法体系，进而实现促进版权产品开发、版权企业成长和版权产业创新的目的。因此，对应版权价值层次性的构成内容，版权价值的计量方式也是在产品层次、企业层次和产业层次上得以展现的，即产品层次（微观层次）的版权价值计量方式—版权权益评估、企业层次（中观层次）的版权价值计量方式—版权资产管理、产业层次（宏观层次）的版权价值计量方式—测算版权产业经济贡献。

首先，版权权益评估是产品层次（微观层次）的版权价值计量方式。在版权价值的计量活动中，版权权益评估是用于计算和衡量版权权益的公允价值的重要手段，并提供相应的财务数据信息，通过建立版权权益评估模型和方法，可以有效帮助版权权益的拥有者评估版权权益的额度，合理预测版权权益对权利人的财富和预期收益的影响程度。其次，版权资产管理是企业层次（中观层次）的版权价值计量方式。版权资产管理是根据各类版权资产的存在形式、作用途径和运营环境的实际情况，通过实务管理的方式对版权资产进行清查、核算、统计、汇总，以期依据企业自身的发展规划对版权资产进行合理开发和配置，提升版权资产的投入产出绩效。再次，测算版权产业经济贡献是产业层次（宏观层次）的版权价值计量方式。由于版权产业对国民经济乃至区域经济的发展具有突出的经济贡献，通过开展产业层次的版权价值计量方式研究，提升版权产业的经济贡献水平，充分发挥版权产业在保增长、调结构、扩内需、增加就业方面的重要作用，可以推动版权产业成为国家文化大发展大繁荣的重要引擎和国民经济的新增长点。

第四节 版权价值计量方式的应用实践

一、版权权益评估的应用实践

版权权益评估是产品层次的版权价值计量方式。众所周知，从事版权产品创作和开发的主体，其产品的核心价值就体现为版权权益。但版权权益作为由版权的财产权利所带来的一种看不见、摸不着的收益，只有经过版权权益评估才能确认其所包含的实际额度，进而为版权的交易、融资活动提供可靠的参考依据。因此，版权权益评估的应用与实践，将选取适当的版权权益评估方法作为突破口，进而对产品层次的版权价值计量活动展开分析。

在本书中，我们利用版权权益评估方法对版权权益进行评估，涉及市场比较法、成本法和收益现值法，并以 AAA 软件公司为例，对版权权益评估的实际成果进行检验，考察版权权益评估方法的可操作性。我们认为，要建立健全我国的版权权益评估体系，要从以下几个方面入手：(1) 建立和发展专业的版权评估机构，专门履行版权权益评估的义务和职责；(2) 开展版权评估相关理论研究，创新版权评估模式，制定严格的评估工作标准；(3) 重视版权评估专业人才的考核和培养，打造专业的评估人才队伍；(4) 搭建服务于版权权益评估的公共服务平台。

二、版权资产管理的应用实践

版权资产管理是企业层次的版权价值计量方式。具体而言，版权资产管理是指为了实现企业利润的最大化，针对企业拥有或控制的、能以货币计量的并能为企业带来收益的版权资产，进行清查、核算、统计、汇总以求其保值、增值的一种管理方式。版权资产管理的应用实践，首先是要管好版权资产的权利归属关系，清楚的版权权属界定是市场交易的前提，也是计量活动的基础。其次就是要解决版权的开发运用问题，在明确拥有哪些版权资产的前提下，进一步分析探讨哪些版权资产可以开发运用及哪些版权资产不可以开发运用的问题。在实践中，版权资产在版权相关企业投资中所占的比例日益增加、规模日益扩大、对企业价值的贡献度不断增加。因此，版权资产是版权相关企业经营管理活动的主要对象，充分利用版权资产可以为版权相关企业带来营业收入和发展资金，从而增加版权相关企业所拥有的资产总量，培育和增强企业的核心竞争力。

通常情况下，版权资产管理主要分为实务管理和价值管理两种形式。本书专门对版权资产实务管理的应用和实践进行了分析研究。以 AAA 公司的"人像"作品为例，通过运用版权资产管理软件进行案例分析。在版权资产管理的实务管理过程中，首先应迅速了解和熟悉包括企业性质、主营业务范围、组织架构、资产规模、市场地位等在内的对象企业的基本情况，充分做好版权资产管理的前期准备工作。其次，对该企业的现行版权资产管理机制做出客观的诊断评估，包括人员认知基础、已有的资产管理体系、组织体系、版权资产的运营流程、版权资产的管理状态等。第三,对企业版权资源进行清查,包括版权资源的权属关系是否清晰、流转链条是否完整、版权信息项是否准确、是否存在交易限制等问题。第四,以版权的财产性权利为对象,对版权资源进行资产化处置,全面梳理不同的财产性权利的信息项数据,按受赠、购买、划拨、置换、开发、融资、承租等7种典型的资源入库方式梳理版权的财产性权利,形成版权资产库。第五,对企业版权资产进行资产化处置,按照自用、出售、赠与、置换、出资、出租、清算等7种典型的出库方式对版权资产进行权利组合,对版权资产的资产化过程进行记录。最后,根据上述流程管理中梳理形成的版权相关企业资产管理真实数据,形成资产管理财务账表、运营流程合理化建议、风险管理建议和法律文书备案库等资产管理的系列咨询报告。

三、版权产业经济贡献测算的应用实践

版权产业经济贡献测算是产业层次的版权价值计量方式。测算版权产业经济贡献,是通过设计与版权产业相关联的指标体系,就版权产业对经济增长、就业、对外贸易的贡献程度进行计量和评估。测算版权产业经济贡献是评估版权产业在国民经济发展中的地位的有效方式,并可以对版权产业的经济贡献水平有一个较为清晰的了解和认识,进而准确把握版权产业发展的具体特点和趋势。立足于计量版权价值的现实需要,测算版权产业经济贡献可以综合衡量和说明国民经济在一定时期内新创造的产品和服务中的版权产业贡献情况。但是,测算版权产业经济贡献不只是要计算版权产业的经济贡献水平,而且还要对版权产业的自身发展状

况进行分析和研究，进一步描述版权产业的发展状况和版权产业的内部结构，进而为测算版权产业经济贡献提供可靠的数据资料。

版权产业经济贡献测算的应用实践，主要是依据世界知识产权组织《版权产业的经济贡献调研指南》，按照与版权因素的密切程度，将版权产业划分为核心版权产业、相互依存版权产业、部分版权产业和非专用支持产业四个产业部门。在四类版权产业中，只有核心版权产业是完全意义上的版权产业，而其他各个类别的版权产业所包含的版权因素的程度是不同的，因此，这些版权产业的经济贡献并非完全归因于版权因素。这就需要确定不同类别的版权产业中版权因素所占的比重，即版权因子。依据版权因子的具体数值，就不同种类的版权产业对经济增长、就业和对外贸易的贡献进行计算，由此而得出的版权产业经济贡献，就是版权产业的加权经济贡献。在测算版权产业经济贡献的实际水平方面，主要以美国和中国的版权产业数据为依据，计算和衡量版权产业对两国经济发展的贡献。

经过测算美国版权产业的经济贡献水平，首先，在经济增长贡献方面，美国核心版权产业的经济贡献水平由2003年的6.39%上升到2012年的6.72%，而美国总体版权产业的经济贡献水平由2003年的11.06%上升到2012年的11.46%。美国核心版权产业的经济贡献率由2004年的7.94%上升到2012年的8.74%，美国总体版权产业的经济贡献率由2004年的12.97%上升到2012年的13.06%。其次，在就业贡献方面，美国核心版权产业的就业贡献由2003年的4.12%下降到2012年的4.02%。美国总体版权产业就业贡献由2003年的8.62%下降到2012年的8.23%。再次，在对外贸易贡献方面，四个具有代表性的行业中，美国录音磁带行业的外贸贡献由2003年的1.17%下降到2012年的0.42%,美国的电影电视视频行业的外贸贡献由2003年的2.19%下降到2012年的1.60%,美国的计算机软件行业的外贸贡献由2003年的9.22%下降到2012年的7.10%,美国的书报刊行业的外贸贡献由2003年的0.56%下降到2012年的0.29%。

经过测算中国版权产业的经济贡献,首先,在经济增长贡献方面,中国核心版权产业的经济贡献水平由2004年的1.99%上升到2012年的3.97%,总体版权产业的经济贡献由2004年的4.93%上升到2012年的6.87%。核心版权产业的经济贡献率由2007年的4.86%上升到2012年的7.41%,总体版权产业的经济贡献率由2007年的6.67%上升到2012年的8.94%。其次,在就业贡献方面,核心版权产业的就业贡献由2004年的2.71%上升到2012年的4.04%,总体版权产业的就业贡献由2004年的5.55%上升到2012年的8.18%。再次,在对外贸易贡献方面,核心版权产业的对外贸易贡献由2004年的0.26%下降到2012年的0.20%,总体版权产业的外贸贡献由2004年的15.54%下降到2012年的14.45%。

第十一章　政策性建议

第一节　强化版权价值计量方式的应用研究

版权价值计量方式的应用研究,还是一个亟待深入探讨和挖掘的学术领域,理论界对版权价值计量方式的研究成果也依然较为有限,至今还没有形成一个完善的体系。目前,理论界对版权价值计量方式的应用研究主要集中于对版权价值计量方式的定义及较浅层次的应用实践,对版权价值的计量应用研究也只局限于确定版权产品的基本价值、版权资产的清查统计和版权产业的直接经济贡献方面。因此,强化版权价值计量方式的实际应用,还存在很多迫切需要解决的问题。

对于产品层次的版权价值计量活动而言,较为常用的版权权益评估方法仅限于市场比较法、成本法和收益现值法。这些传统的评估方法,从版权信息采集、计量指标选取直到评估结果分析等流程,都需要由专业性的评估人员实施完成,其中的个别环节还需要反复论证和征询意见,这使版权权益评估的周期在无形之中得以延长,时效性难以保障,进而导致评估结果滞后于版权实际价值的变化。因此,加强产品层次的版权价值计量方式的应用研究,需要在充分借鉴传统版权权益评估方法的基础上,进一步克服传统评估方法的弊端和不足,尝试建立一整套适时化、便利化、符合市场规律、具有数据支撑的评估方法,例如采用大数据技术开展版权权益评估,这将是未来需要探索的重要课题。

对于企业层次的版权价值计量活动而言,版权资产管理又分为实务管理和价值管理两个重要组成部分。当前,版权资产管理活动的基本内容是以实务管理为主的版权资产清查和统计工作,主要围绕版权资产的来源(受赠、开发、划拨、购买、资产置换、融资、承租等,简称"七进")和用途(赠与、清算、使用、出售、资产置换、出资、出租等,简称"七出")开展管理工作,进而达到对版权资产进行规范化管理和精细化运营的目的。但版权资产的实务管理是操作层面的一部分版权资产管理内容,而价值管理却是计量版权资产投入产出绩效的重要活动。但是,版权资产价值管理由于受到现行财务规范的限制,在具体的指标设置方面还面临着不少困难,因此,在版权资产价值管理的应用实践方面取得突破进展,是企业层次版权价值计量方式研究的一大任务。

对于产业层次的版权价值计量活动而言,当前的研究成果基本都是按照世界知识产权组织《版权产业的经济贡献调研指南》提供的研究方法,以测算版权产业对经济增长、就业和对外贸易的贡献为主要内容。但这只是版权产业对国民经济发展的直接贡献,版权产业经济贡献还包括间接经济贡献和消费经济贡献。由于受到统计数据和测算方法[1]的限制,版权产业的间接经济贡献和消费

---

[1] 对于版权产业的间接经济贡献,主要是采用里昂惕夫的投入产出法测算版权产业的前向波及效果和后向波及效果,通过版权产业对其他相关产业的影响进而衡量由此带来的经济增量;对于版权产业的消费经济贡献而言,主要是通过"乘数效应"测算版权产业带来的国民收入经过分配和使用过程所形成的经济增量。当前的统计资料均无法为投入产出法和乘数效应所采用。

经济贡献的测算还未能付诸于实践,但忽视这两部分经济贡献无疑是不全面的。加强产业层次的版权价值计量方式的应用研究,迫切需要在统计数据搜集和整理上下大功夫,并在投入产出法和乘数系数方面取得突破,尽可能全面地计算版权产业的经济贡献。

第二节 创造版权价值计量的外部市场条件

版权价值的计量活动受外部市场条件的显著影响。无论是哪个层次的版权价值计量活动,都需要依靠市场环境提供客观、可靠的数据信息,同时也为准确计算版权价值提供更多的经济指标支撑。通常情况下,良好的外部市场环境是一个开放的、自由的、信息完全和交易便利的市场。创造版权价值计量活动的外部市场条件,实质上就是利用市场机制配置资源的基础性功能,进一步激励引导版权作品创作生产、合理开发运用版权企业资产和促进版权产业拉动经济发展,使版权价值的计量方式,即产品层次的版权权益评估、企业层次的版权资产管理和产业层次的测算版权产业经济贡献,能够在更多的应用实践中趋于完善和成熟。

立足于版权价值的计量活动,加快培育与国民经济发展水平相适应的版权要素市场,促进版权要素在产品层次、企业层次和产业层次之间自由、充分和合理流动,针对不同层次的版权价值计量活动创造相应的市场条件。对于版权权益评估,市场机制有利于传递更多的市场交易信息,利用市场供求关系平衡买卖双方的力量对比,从而使版权产品能够获得相对客观、公允的市场价格,保障版权产品的创造者和消费者的合法利益,通过公开交易市场的方式明确版权产品的价格额度。对于版权资产管理,市场机制是版权相关企业改革发展、产权流转的重要促进力量,版权资产的开发、划拨、购买、资产置换、融资、承租、清算、使用、出售、出资、出租均需要外部市场来实现。对于版权产业经济贡献测算,健康有序的版权要素市场能够有效促进各种高品质的版权要素源源不断地进入版权产业领域,使版权产业成为拉动经济发展的新引擎和新源泉,促进国民经济实现大幅度提升和跨越式发展,持续不断提升版权产业的经济贡献水平。

第三节 突出版权价值计量的重点工作环节

只有突出版权价值计量的重点工作环节,才能促进版权价值得到更为有效的计量和评估,充分激发版权价值的重要功能和潜力。理顺版权价值计量的重点工作环节,需要在版权权益的评估机构、版权金融服务和版权基础信息库建设方面取得突破。

首先,建立权威的、具有公信力的版权权益评估机构。当前,我国的版权权益评估业务很多是由公司化的评估机构履行的,评估流程各异、评估方法多样、评估水平参差不齐,技出多门。基于版权权益评估业务的权威性、客观性和公正性,并不适合现存的评估机构都涉足版权权益评估的工作。发挥版权权益评估业务在版权价值计量中的重要作用,应该建立由政府指定、具有评估资质和实力、不以盈利为目标的公共服务机构承担的评估机构。此外,政府要强化服务意识,维护版权权益评估机构的独立性和自主性,以保障版权权益评估结果的客观、公正、权威和有效。

其次,加强支撑版权权益评估业务的版权基础信息库建设。版权作品数据信息的客观性和有效性,是版权权益评估结果具有客观性、公正性、权威性和有效性的基础。当前,众多的版权权益评估业务需要评估机构自身承担起搜集、整理和管理数据资料的任务,但这并不一定能全面整理和搜集到有关版权作品的数据资料。为确保版权基础信息的客观性、公正性、权威性和有效性,需要加强由版权公共服务机构主导的版权基础信息库建设,涵盖版权作品的登记、查询和取证等服务领域,不仅可以为版权权益评估业务提供基础性的数据资料,而且还可以根据评估业务的需要提供各种专项数据资料,保障版权权益评估工作的顺利实现。

再次,促进版权资产与金融服务对接。版权与股权、债权、物权等财产权利具有同样的价值属性,并表现出其优于其他财产权利的更大增值潜力。以版权资产为核心,加快版权资产与文化金融实现对接,充分发挥金融引导资源配置、调节经济运行、服务经济社会的重要作用,可以有针对性地对我国版权相关企业的融资活动提出切实有效的金融解决方案。在版权相关企业的融资活动中,版权资产作为版权相关企业的核心资产,可以成为版权相关企业获得金融支持的关键要素。按照"资源资产化、资产资本化、资本产权化、产权金融化"这样一条清晰的路线,设计版权资产与金融服务对接的途径,不断推进资产化、资本化、产权化、金融化进程,版权相关企业才能获得商业银行、基金公司、担保机构、小额贷款公司、信托公司等机构的金融支持,开辟更多的金融服务渠道和模式,有效化解和克服"融资饥渴症"。

第四节　推动版权价值计量的制度建设进程

首先,加强版权价值计量的法律制度建设。随着我国版权法律建设的不断推进和版权法律实务的快速发展,需要客观准确的计量评估结果以确认版权纠纷和争端过程中的作品价值额度。版权作为一种民事权利,相对于其他资产而言,具有典型的"轻、薄、短、小、弱"等特征,极易受到各种侵权行为的侵害,由此必然会对版权权益造成重大损失。而版权权益评估的重要作用就是在面临版权纠纷和争端时,可以为被侵权主体所遭受的损失和索要赔偿提供重要的参考依据。但在我国的《著作权法》中,对版权价值计量评估的作用尚没有清晰的表述和确认,版权侵权案件在很多情况下面临着侵权标的和案值不易确认的尴尬局面。因此,探讨版权权益评估的法律地位和作用,对版权法律制度建设和实务具有重要意义。推动版权价值计量的法律制度建设,就是要为版权权益评估提供重要的法律制度保障,使版权权益评估具有权威的法律依据。具体说来,解决版权权益评估的法律地位问题,需要在未来的《著作权法》修订和完善过程中,进一步强调版权权益评估在版权侵权纠纷案件和经济赔偿的司法鉴定中承担的重要角色,突出版权权益评估能够准确表达版权的真实价值和在处理版权纠纷时能够为侵犯行为的赔偿额度提供量化依据的重要功能,进而明确版权权益评估在版权法律制度中的地位。

其次,加强版权价值计量的财务制度建设。立足于我国现行的《会计准则》,需要逐步增加版权资产的核算项科目。通过细分版权资产的基本类别,明确版权资产的确认范围,对符合资产管理需要的、具有可控性和可计量性的版权资产,可以适当地加以确认和披露,进而将更多的版权资产纳入到企业资产负债表内,使版权资产能够在企业的财务账表中得到体现,以便明确企业拥有版权资产的规模以及相关的经营管理情况。

再次,加强版权价值计量的标准体系建设。版权价值计量的标准体系建设,需要加强以版权资产管理为核心的标准体系建设。对于版权权益评估而言,我国已经制定了规范的《著作权资产评估指导意见》,但在版权资产管理领域,尚没有一部行业性的、统一的版权资产管理标准,以便通过政策法规的方式实现版权资产管理的合规性和公正性。版权资产管理的标准体系应包括对版权资产的定义与分类描述、版权资产管理通用流程与方法描述以及对版权资产管理术语、表单数据项的制度规范。通过编制相应的标准体系,为企业实施版权资产工作提供统一的规范化指引。从体系结构上看,版权资产管理的标准体系涵盖版权资产管理的企业标准、行业标准和国家标准三种不同层次的标准,当前,迫切需要加强以版权资产管理的行业标准和国家标准为核心的标准体系建设。

参考文献

1. 马克思著:《资本论》第一、二、三卷,人民出版社1975年版。
2. 马克思、恩格斯著:《马克思恩格斯选集》第三卷,人民出版社1972年版。
3. [英]亚当·斯密著:《国民财富的性质和原因的研究》,郭大力等译,商务印书馆1972年版。
4. 刘永佶著:《劳动历史观》,中国经济出版社2004年版。
5. 郑成思著:《版权法》(修订本),中国人民大学出版社1997年版。
6. 厉无畏主编:《创意产业导论》,学林出版社2006年版。
7. 吴汉东著:《著作权合理使用制度研究》,中国政法大学出版社1996年版。
8. [美]迈克·波特著:《竞争优势》,陈小悦译,华夏出版社1997年版。
9. [美]庞德著:《通过法律的社会控制——法律的任务》,沈宗灵、董世忠译,商务印书馆1984年版。
10. 刘晓欣著:《虚拟经济与价值化积累》,南开大学出版社2005年版。
11. 蔡继明著:《无形资产评估理论与实践》,中国物价出版社2002年版。
12. 宗寒著:《脑力劳动经济学》,上海财经大学出版社2006年版。
13. 程恩富著:《现代政治经济学》,上海财经大学出版社2006年版。
14. 郑成思著:《版权公约、版权保护与版权贸易》,中国人民大学出版社1992年版。
15. [美]熊彼特著:《经济发展理论》,何畏、易家译等译,商务印书馆2000年版。
16. 马克斯·霍克海默、西奥多·阿道尔诺著:《启蒙辩证法》,渠敬东、曹卫东译,上海人民出版社2006年版。
17. 吴汉东主编:《知识产权法》,法律出版社2009年版。
18. 冯晓青著:《著作权法》,法律出版社2010年版。
19. 周林、李明山著:《中国版权史研究文献》,中国方正出版社1999年版。
20. 世界知识产权组织编:《版权产业的经济贡献调研指南》,法律出版社2006年版。
21. 顾江著:《文化产业经济学》,南京大学出版社2007年版。

22. 李明山主编:《中国版权保护政策研究》,河南大学出版社 2009 年版。
23. 柳斌杰主编:《中国版权相关产业的经济贡献》,中国书籍出版社 2010 年版。
24. 欧阳坚著:《文化产业政策与文化产业发展研究》,中国经济出版社 2011 年版。
25. 张志林等著:《北京版权贸易与版权产业发展研究》,印刷工业出版社 2011 年版。
26. 张养志等著:《全球化视域下的中国版权贸易发展战略研究》,对外经贸大学出版社 2013 年版。
27. 皇甫晓涛著:《版权经济论:泛版权经济的文化创新与文化金融市场体系建构》,光明日报出版社 2016 年版。
28. 郑友德、田志龙:"试论影响版权价值评估的若干经济学因素",载《华中理工大学学报(社会科学版)》1995 年第 4 期。
29. 卫兴华:"论深化对劳动和劳动价值论的一些问题",载《宏观经济研究》2001 年第 3 期。
30. 李琳:"知识产权质押贷款用知识转换融资",载《经济导刊》2007 年第 2 期。
31. 李洪亮、阮建强:"中国版权价值评估现状浅析",载《社科纵横》2009 第 12 期。
32. 崔波、蔡伊夏:"如何使版权价值流动起来",载《东南传播》2012 年第 7 期。
33. 袁煌、侯瀚宇:"版权价值评估对象及其价值影响因素探讨",载《中国资产评估》2011 年第 8 期。
34. 李康:《版权产业融资中的版权价值评估问题探析》,载《编辑》2011 年第 9 期。
35. 王智源:"论版权的经济性质与价值实现",载《编辑之友》2012 年第 7 期。
36. 何莹:"版权开发的路径选择及策略转向——以版权经济价值为中心的考察",载《宁夏社会科学》2014 年第 1 期。
37. 殷梅英等:"基于价值链和知识管理的分销绩效改进",载《东北大学学报(社会科学版)》2003 年第 5 期。
38. 夏火松:"企业知识价值链与知识价值链管理",载《情报杂志》2003 年第 7 期。

39. 杨丽娅:"中美版权产业与版权制度之比较",载《齐鲁艺苑》2005年第4期。
40. 厉无畏、于雪梅:"培育创意人才完善创意产业链",载《上海戏剧学院学报》2007年第1期。
41. 张先治:"论以现金流量为基础的价值评估",载《求是学刊》2000年第11期。
42. 严绍兵:"企业价值评估——直接市场数据法概述",载《财经问题研究》2000年第5期。
43. 卢永华、杨晓军:"公允价值计量属性研究",载《会计研究》2000年第4期。
44. 潘志强、陈银娥:"关于斯密与李嘉图劳动价值论的比较分析",载《经济评论》2006年第1期。
45. 钟祥财:"萨伊经济思想再议",载《贵州社会科学》2010年第4期。
46. 柳斌杰:"版权创造财富",载《光明日报》2008年11月1日第7版。
47. 方圆:"阎晓宏强调通过版权社会服务助推产业繁荣发展",载《中国新闻出版报》2014年9月19日。
48. 张志林、张养志、陈丹:"版权贸易与版权产业研究特点走势的梳理与评价",载《北京印刷学院学报》2009年第3期。
49. 李碧珍:"创意商品的价值构成与价值实现",载《当代经济研究》2007年第9期。
50. 崔也光:"无形资产的特征与计价方法的选择",载《会计研究》1999年第2期。
51. 唐雪松:"知识经济对无形资产计量的影响",载《会计研究》1999年第2期。
52. 李映照、潘昕:"从美国SFAS86看我国软件业软件成本的会计处理",载《财会月刊》2005年第14期。
53. 胡念:"企业版权价值评估的体系及新模型探讨",载《海峡科学》2008年第12期。
54. 刘诗白:"现代财富的性质、源泉及其生产机制",载《经济学动态》2005年第11期。
55. 尚永:"美国的版权产业和版权贸易",载《知识产权》2002年第6期。
56. 厉无畏、王慧梅:"创意产业促进经济增长方式转变机理、模式、路径",载《中国工业经济》2006年第11期。

57. 刘云波、李挺伟:"探索大数据在文化产业版权资产价值评估中的应用",载《中国资产评估》2015 年第 4 期。
58. 向志强、李明阳:"尽快构建我国版权产业评估与统计体系",载《出版发行研究》2007 年第 12 期。
59. 朱卫清:"入世后我国版权贸易发展前景分析",载《出版参考》2002 年第 2 期。
60. 肖晓:"创意产业价值链研究",载《中国集体经济》2008 年第 3 期。
61. 庞安超:"版权的多元价值及其法理分析",载《中国出版》2014 年第 2 期。
62. 宋戈:"我国版权价值评估制度的构建",载《改革与开放》2015 年第 1 期。
63. 王守龙、陈宇明、王智源:"版权资产价值评估基本方法及其市场化运用",载《出版发行研究》2015 年第 5 期。
64. 吴婧:"版权价值评估方法探析——以图书版权为例",载《中国版权》2015 年第 5 期。
65. 杨昆:"加强版权资产运营管理提升版权资产市场价值",载《出版参考》2015 年第 18 期。
66. Howkizis J. The Creative Economy: How People Make Money From Ideas. Allen Lane, The Penguin Press, 2001.
67. Henry Olsson. The Cultural and Economic Importance of Copyright and Neighboring Rights. See WIPO World Academy: WIPO Academy on Intellectual Property and Development, June 1999.
68. World Intellectual Property Organization, Guide on Surveying the Economic Contribution of the Copyright-Based Industries, WIPO Publication No. 893 (E), ISBN.
69. Creative London Commission, Creative Industries Mapping Document 1998.
70. John Howkins. Creative Economy: How People Make Money from Idea, London: Penguin Books, 2002.
71. Copyright Industries in the U. S. Economy: The 2014 Report, by Stephen E. Siwek of Economists Incorporated, Prepared for the International Intellectual Property Alliance (IIPA), November 2013, available at www. iipa. com.
72. Emyton. Knowledge Creation Knowledge Conversion Knowledge Commereiali-

zation. Intermational Journal of Uthan and Regional Researeh, 2006.
73. Clark Eustace. "A new perspeetive on the knowledge value chain", Journal of lntellectual Capital, vol. 4 iss:4. (2003).
74. Thieny M., Salomon M., VanNunen J., ete. Strategie Issue in Produet Reeovery Management. California Management Review, 1995.
75. Avery H. Accounting of Intangible Assets. The Accounting Review, 1942 (17).
76. Lev B. On the Usefulness of Earnings and Earnings Research: Lessons and Directions from Two Decades of Empirical Research. Journal of Accounting Research, 1989(27).